中等职业教育会计专业课程改革规划新教材

会计记账技能实训

第2版

主 编 宋海燕

副主编 朱道玲

参 编 于 莹 曹 清 李 智

机 械 工 业 出 版 社

本书模拟企业的实际经济业务平台，按照最新颁布和修订的企业会计准则及其解释以及税收法规编写。本书以一个企业的典型经济业务为主线，以学生亲自扮演不同会计工作岗位角色为组织形式，以会计工作过程中的证、账、表为主要操作对象，采用项目式教材编写体例，由九个单项技能实训项目和一个综合模拟实训项目组成，内容包括中职会计专业学生应该掌握的会计记账基本技能操作。

本书采用现实会计工作中的证、账、表，使学生了解各类会计资料的使用方法，学会在实践中分析各类经济业务的状况，掌握扎实的会计记账基本功。本书的证、账、表采用单面印刷，在实训时可将相关原始凭证剪裁后附于相应记账凭证后，操作方便，以增强学生的动手操作能力，使学生更好地了解企业会计实务操作流程，缩短会计专业学生的工作适应期。

本书适合中职会计专业使用，也适合中职金融类专业、商贸类专业、管理类专业相关实训课程使用。

图书在版编目（CIP）数据

会计记账技能实训/宋海燕主编．—2版．—北京：机械工业出版社，2015.10（2019.2重印）
中等职业教育会计专业课程改革规划新教材
ISBN 978-7-111-51892-1

Ⅰ．①会… Ⅱ．①宋… Ⅲ．①会计学—中等专业学校—教材 Ⅳ．①F230

中国版本图书馆CIP数据核字（2015）第247805号

机械工业出版社（北京市百万庄大街22号 邮政编码100037）
策划编辑：李 兴 责任编辑：李 兴
封面设计：马精明 责任校对：黄兴伟
责任印制：李 昂

北京机工印刷厂印刷

2019年2月第2版第3次印刷
184mm×260mm・17.25印张・268千字
6 001—9 000册
标准书号：ISBN 978-7-111-51892-1
定价：43.00元

凡购本书，如有缺页、倒页、脱页，由本社发行部调换

电话服务
服务咨询热线：010-88379833
读者购书热线：010-88379649

网络服务
机 工 官 网：www.cmpbook.com
机 工 官 博：weibo.com/cmp1952
教育服务网：www.cmpedu.com
金 书 网：www.golden-book.com

第2版前言

财政部2006年发布了《企业会计准则》，为了适应会计制度改革对会计教材更新换代的需要，我们组织有多年实践经验的一线老师团队精心编写了《会计记账技能实训》第1版，出版后得到了广大师生的欢迎、认可和支持。

本书是在《会计记账技能实训》第1版的基础上修订而成的，其特色体现在以下两个方面：

一是新颖性。在内容上体现了最新的财税知识，包括“营改增”、2018年新发布或新修订的会计准则等。我们根据最新的税法改革，对某些业务及其所附的原始凭证进行了调整。

二是实用性。针对现实中企业会计工作的要求，删减了部分经济业务，同时增加了部分更接近现实生活的经济业务。

在《会计记账技能实训 第2版》的编写过程中，我们本着“做中学，做中教”的指导思想，让学生自己动手，在实践中观察和思考，领悟新知识；同时将习得的知识与具体的生活实践相联系，学以致用，活学活用。该书与基础会计课程内容紧密结合，以资金筹集过程、供应过程、生产过程、销售过程、利润的形成和分配过程的主要经济业务为主线，以原始凭证、记账凭证、会计账簿、会计报表的方式呈现并对其进行操作，以增加学生的学习趣味。书中每一个实训任务都设计了“实训提示”以帮助学生完成操作，实训中要求小组合作学习，共同完成任务，并从个人、小组、教师三个方面进行评价，对培养学生的自学能力和团队合作意识有很大的帮助。

本书由宋海燕担任主编，并编写项目一～五；朱道玲任副主编，编写项目六、七；曹清编写项目八；于莹编写项目九；李智编写项目十；全书由宋海燕统稿。

在本书的编写过程中，参阅了最近出版的许多会计实训方面的资料和相关网站的内容，在此表示衷心的感谢。本书的每一位参与者都尽了最大的努力，但由于水平有限，搜集的资料还不够充分、完整，书中难免存在疏漏和不当之处，希望广大读者多提宝贵意见。

编 者

第1版前言

本书的编写以2007年1月1日开始执行的《企业会计准则》（以下简称新会计准则）为依据，以企业的生产经营活动为主线，以会计工作过程中的证、账、表为主要操作对象，力求使会计理论教学和实践教学相结合，缩短会计专业学生的工作适应期。

“会计记账实训”是中等职业教育会计专业的一门技能实训课程。中等职业学校学生（以下简称“中职生”）从企业的角度出发，通过体验企业生产经营的一系列过程，熟悉各项经济业务涉及的主要单证，掌握会计核算的基本流程以及操作技巧，有效地激活所学的理论知识。通过“做中学”，可以最大限度地唤醒学生的学习欲望，提高学生的学习兴趣，从而提高学生会计记账的基本技能。

一、本书的结构和特点

本书以企业的具体经济业务为导向，以会计记账的流程为主线，采用项目教材编写体例。全书共分为十个项目，包括填制原始凭证、审核原始凭证、编制记账凭证、审核记账凭证、编制科目汇总表及试算平衡表、会计凭证装订、登记账簿、编制银行存款余额调节表、编制会计报表和综合模拟实训。其中，前九个单项技能实训项目可以在教师的指导下进行，最后一个综合模拟实训项目要求学生独立完成，用以检验学生学习的成果。部分技能实训项目包括若干个实训任务，在实训任务中又灵活、精心地设计了不同的环节：

◆ 实训目标：介绍实训要达到的知识目标和技能目标。

◆ 情景设置：提供与实训相关的实训环境和经济业务内容。

◆ 实训准备：介绍与实训相关的知识准备、物品准备。

◆ 实训提示：提供与实训相关的指导，包括完成实训的具体操作步骤。

◆ 实训资料：提供与实训相关的实训素材。

◆ 实训评价：以倒扣分的方式进行实训评价，填写实训评价表（分为自评、组评和教师评价）。

◆ 巩固练习：根据每次实训必须掌握的主要知识点而设计的训练题。

本书的特点是：

1）内容新颖、编排合理。在教材内容的选择上以新会计准则为依据，在教材的编排上突出实训技巧，强化了教材对学生实践操作的指导，对提高学生分析问题、解决问题的能力有很大的帮助。

2）创设情景、仿真训练。创设一个仿真的模拟企业，让学生置身于企业的氛围之中，强化了角色意识。

3）分项实训、循序渐进。本书从证、账、表等会计工作的主要对象入手，共设计了九

个单项技能实训项目，这些技能实训项目既相互联系又相对独立，能够让学生循序渐进、系统全面地掌握会计的各项理论知识和操作技能。

4）综合实训、检验成果。九个单项技能实训项目可以在教师的指导下进行，为检验学生的学习成果，本书还设计了综合模拟实训项目，可以使学生更加系统地了解自己掌握的会计知识，全面提高操作技能。

5）全程评价、学生参与。每一次实训都设计了一套评价方案（分为自评、组评和教师评价），以表格的形式出现，通过一定的计算方法得出总分。该评价方案具有很强的操作性，大大降低了教师的阅卷量，增强了学生参与的积极性，并且由于学生可以提前预知评价的内容和方式，也强化了学生的质量意识，规范了学生的操作。

二、本书的定位及使用建议

本书是一本指导初学者进行会计记账技能实训的教程，着重从各个会计工作岗位的角度出发，较详细地介绍了会计记账工作的基本操作方法，内容丰富、简明扼要、通俗易懂，具有较强的可操作性，可作为会计记账工作入门时的参考用书。

本书的使用建议如下：

1）教师可以根据教学条件、实训人数和实训要求进行职业场景布置。实训场地可以选用教室，也可以选用专门的会计实训室，不论选用什么场地，都应尽量模仿企业财务部门进行布置，营造一种职业氛围。

2）教师可以根据不同情况灵活选用以下两种教学组织形式：单人实训、分组分角色实训。在分组实训时，可以每四人为一组，分别扮演不同岗位的会计人员，在分工、牵制的基础上共同完成会计模拟实训。

3）全书共分为十个项目，共计54学时。具体分配如下：

项　　目	内　　容	实训学时
项目一	填制原始凭证	8
项目二	审核原始凭证	2
项目三	编制记账凭证	8
项目四	审核记账凭证	2
项目五	编制科目汇总表及试算平衡表	4
项目六	会计凭证装订	2
项目七	登记账簿	12
项目八	编制银行存款余额调节表	2
项目九	编制会计报表	2
项目十	综合模拟实训	12
合　计		54

4）对于选用本书作为教材的中等职业学校及其老师，助教课件和参考答案可以通过机械工业出版社教材服务网（http//www.cmpedu.com）或通过联系责任编辑（联系电话：010-88379196）获取。

三、编写分工

本书由宋海燕任主编，并编写项目一～七；柳青编写项目八；刘涛编写项目九；李智编写项目十；彭纯宪对全书进行了审阅。

本书在编写过程中得到了武汉市财贸学校等单位的大力支持，参考了一些会计专业教学网站的资料和书籍，在此一并表示衷心的感谢！由于作者水平有限，不足之处在所难免，恳请读者提出宝贵意见或建议。

编　者

目 录

项目一 填制原始凭证 01

实训内容

原始凭证是企业、行政事业单位在经济业务发生或完成时取得或填制的，是进行会计核算、具有法律效力的原始书面证明。原始凭证是填制记账凭证和登记账簿的原始依据，是进行会计核算的原始资料。本项目希望学生通过实训了解各类原始凭证的来源，掌握原始凭证的基本内容、填制方法，以及各类原始凭证的传递方法。

情景设置

武汉和美公司是一家食品生产企业，被税务机关核定为增值税一般纳税人。

【公司基本信息】

（1）地址：湖北省武汉市球场路30号。

（2）电话：027-82896755。

（3）开户银行：中国银行武汉市球场支行。

（4）账号：206615368。

（5）纳税人登记号：420100196578432。

（6）公司组织机构和各部门部分人事安排，如图1-1所示。

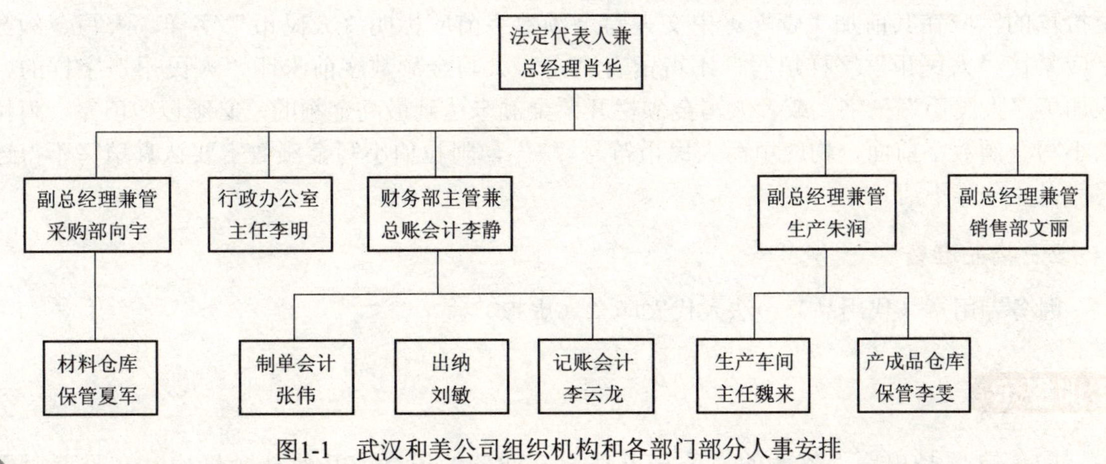

图1-1 武汉和美公司组织机构和各部门部分人事安排

任务一 填写支票

实训目标

正确填写现金支票和转账支票，了解支票正联和存根联的用途。

情景设置

2018年9月1日，武汉和美公司提取现金2 000元备用。

【武汉和美公司基本信息】

（1）开户银行：中国银行武汉市球场支行。

（2）账号：206615368。

（3）法人代表：肖华。

实训准备

1. 知识准备

票据和结算凭证是银行、单位和个人凭以记载账务的会计凭证，是记载经济业务和明确经济责任的一种书面证明。因此，填写票据和结算凭证必须做到标准化、规范化，必须要做到要素齐全、数字正确、字迹清晰、不错漏、不潦草，并且要避免涂改。

票据的出票日期必须使用中文大写。为防止变造票据的出票日期，在填写月、日时，月为壹、贰和壹拾的，日为壹至玖和壹拾、贰拾、叁拾的，应在其前加“零”；日为拾壹至拾玖的，应在其前加“壹”。中文大写金额数字前应标明“人民币”字样，大写金额数字应紧接“人民币”字样填写，不得留有空白。大写金额数字前未印“人民币”字样的，应加填“人民币”三字，或者大写金额栏开票金额未达到最高金额的，必须以⊗填充。阿拉伯小写金额数字前面，均应填写人民币符号“¥”，阿拉伯小写金额数字要认真填写不得连写，以免分辨不清。

2. 物品准备

财务专用章（代用品）、法人代表印章（虚拟）。

实训提示

（1）支票是出票人签发的，委托办理存款业务的银行或其他金融机构，在见票时无

条件支付确定的金额给收款人或者持票人的票据。支票分为现金支票、转账支票和普通支票三种。现金支票只能用于支取现金，转账支票只能用于转账，普通支票可以用于支取现金，也可以用于转账。但在普通支票左上角划两条平行线的，为划线支票，只能用于转账，不能支取现金。

（2）支票的绝对记载事项有：①表明“支票”的字样；②无条件支付的委托；③确定的金额；④付款人名称；⑤出票日期；⑥出票人签章。以上内容是《中华人民共和国票据法》（以下简称《票据法》）规定必填的记载事项，如果欠缺某一项记载事项则该票据无效。支票上的金额可以由出票人授权补记，未补记前的支票，不得使用。支票上未记载收款人名称的，经出票人授权，可以补记。

（3）填写支票的要求如下：

1）支票的提示付款期限为10天，签发人必须在银行账户余额内按照规定向收款人签发支票，不得签发空头支票，也不能透支。

2）支票大小写金额必须一致，数字填写要求完整清楚。

3）付款行名称、出票人账号，即为本单位开户银行名称及银行账号，账号小写。

4）支票正联的出票日期必须使用中文大写，存根联出票日期可用阿拉伯数字书写。

5）支票正面加盖财务专用章和法人章，缺一不可，印泥为红色，印章必须清晰。支票背面签章区分以下几种情况处理：①现金支票收款人填写为本单位名称时，支票背面“被背书人”栏内加盖本单位的财务专用章和法人章，之后收款人可凭现金支票直接到开户银行提取现金；②现金支票收款人填写为收款人个人姓名时，支票背面不盖任何章，收款人在现金支票背面填上身份证号码和发证机关名称，凭身份证和现金支票签字领款；③转账支票背面本单位不盖章，收款单位取得转账支票后，在支票背面被背书栏内加盖收款单位财务专用章和法人章，填写好银行进账单后连同该支票交给收款单位的开户银行委托银行收款。

6）支票上注明的收款人名称必须填写全称，并与银行印鉴中的单位名称保持一致。

7）如实写明用途，支票正联与存根联的用途应该一致。现金支票有一定限制，一般填写“备用金”“差旅费”“工资”“劳务费”等；转账支票没有具体规定，可填写如“货款”“代理费”等。

8）支票签发后，将支票沿存根联与正联之间的裁剪线剪开，正联交收款人办理转账，存根联留下作为记账依据。

实训资料

◆ 现金支票见附录中的附1-1-1。

实训评价

填制支票评价表，见表1-1。

表1-1　填制支票评价表

年　月　日

姓名：　　　　　　　　　　　　　　　　　班级：

项　目		自评分（30%）		组评分（30%）		教师评分（40%）	
		扣分情况	该项得分	扣分情况	该项得分	扣分情况	该项得分
金额（60分含大小写）。若此项错误，100分全扣							
非关键项目	日期（20分）						
	文字内容（10分）						
	相关签章（10分）						
合　计							

注：合计=自评分×30%+组评分×30%+教师评分×40%。

巩固练习

2018年9月12日，武汉和美公司向武汉诚诚百货公司开出转账支票一张，用于支付货款117 000元。填写转账支票，见附录中的附1-1-2。

任务二　填写发票

实训目标

正确填写增值税专用发票和普通发票，了解各联次的用途。

情景设置

2018年9月1日，武汉和美公司向联华百货公司销售小小酥1 000件，单价为120元，增值税税率为16%，开具增值税专用发票。

【武汉和美公司基本信息】

（1）公司地址：湖北省武汉市球场路30号。　　　　　电　　话：027-82896755。

（2）开户银行及账号：中国银行武汉市球场支行　206615368。

（3）纳税人识别号：420100196578432。　　　　　　开 票 人：刘敏。

【联华百货公司基本信息】

（1）公司地址：上海市淮海路12号。　　　　　　　电　　话：021-86756699。

（2）开户银行及账号：中国工商银行上海市淮海路支行　390025167。

（3）纳税人识别号：211500861932445。

实训准备

1．知识准备

发票是指在购销商品，提供或接受服务以及从事其他经营活动中开具、收取的收付款凭证。现行税制发票分为普通发票和增值税专用发票两大类。普通发票是指增值税专用发票以外的纳税人使用的其他发票。

增值税专用发票是由国家税务总局监制设计印制的，只限于增值税一般纳税人领购使用，既作为纳税人反映经济活动中的重要会计凭证，又兼作销货方纳税义务和购货方进项税额的合法证明；增值税专用发票不仅是购销双方收付款的凭证，而且可以用作购买方抵扣增值税的凭证。

普通发票由基本联次或者基本联次附加其他联次构成，基本联次为两联：发票联和记账联。增值税专用发票由基本联次或者基本联次附加其他联次构成，基本联次为三联：第三联发票联，是购货单位的记账凭证，此联是购货单位作为购买产品的原始凭证入账；第二联抵扣联，是购货单位的扣税凭证，此联最终由购货单位单独装订成册保留，以备稽查；第一联记账联，是销货单位的记账凭证，此联是销货单位作为销售产品的原始凭证入账。

2．物品准备

发票专用章（代用品）。

实训提示

增值税专用发票应按以下要求开具：

（1）项目齐全，各项目内容正确无误与实际交易相符。

（2）字迹清楚，不得压线、错格，不得涂改。

（3）全部联次一次填开，上、下联的内容和金额一致。

（4）发票联和抵扣联加盖发票专用章。

（5）按照增值税纳税义务的发生时间开具。

实训资料

◆　增值税专用发票见附录中的附1-2-1。

实训评价

填制发票评价表，见表1-2。

表1-2　填制发票评价表

年　月　日

姓名：　　　　　　　　　　　　班级：

项　　目		自评分（30%）		组评分（30%）		教师评分（40%）	
		扣分情况	该项得分	扣分情况	该项得分	扣分情况	该项得分
金额（60分含大小写）。若此项错误，100分全扣							
非关键项目	日期（10分）						
	文字内容（20分）						
	相关签章（10分）						
合　计							

注：合计=自评分×30%+组评分×30%+教师评分×40%。

巩固练习

2018年9月12日，武汉和美公司向某作坊销售食用油20升，单价6元，增值税税率16%，开具普通发票一张。填写普通发票，见附录中的附1-2-2。

任务三　填写进账单

实训目标

针对收到的各类银行结算票据，正确填写进账单，并了解企业到银行进账的基本程序。

情景设置

2018年9月1日，武汉和美公司收到一张转账支票，系武汉新天地公司支付前欠货款。财会人员收取支票后，填写进账单到银行进账。

【武汉和美公司基本信息】

（1）开户银行：中国银行武汉市球场支行。

（2）账号：206615368。

实训准备

1．知识准备

银行进账单是持票人或收款人将票据款项存入其开户银行账户的凭证，也是开户银行将票据款项记入持票人或收款人账户的凭证。单位将收到的转账支票送存开户行，或将现金送

9001存开户行，均应填写进账单，向银行办理进账手续。

银行进账单分为三联式银行进账单和二联式银行进账单。不同的持票人应按照规定使用不同的银行进账单。二联式银行进账单的第一联为给持票人的回单（即收账通知），第二联为银行的贷方凭证，由收款人开户行作为收入传票。

2．物品准备

一张转账支票。

实训提示

（1）现金进账单（也称现金缴款单）的收款人应该填写本单位的名称，并写清存入现金的总金额和各种票币的金额，注意合计数要相等。

（2）持票人填写银行进账单时，必须清楚地填写票据种类、票据张数、收款人名称、收款人开户银行及账号、付款人名称、付款人开户银行及账号、票据金额等栏目，并连同相关票据一并交给银行经办人员。对于二联式银行进账单，银行受理后，银行应在第一联上加盖转讫章并退给持票人，持票人凭此记账。

实训资料

- 武汉新天地公司签发给武汉和美公司的转账支票见附录中的附1-3-1。
- 中国银行进账单见附录中的附1-3-2。

实训评价

填制进账单评价表，见表1-3。

表1-3　填制进账单评价表

年　月　日

姓名：　　　　　　　　　　　　班级：

项　目		自评分（30%）		组评分（30%）		教师评分（40%）	
		扣分情况	该项得分	扣分情况	该项得分	扣分情况	该项得分
金额（含大小写60分）。若此项错误，100分全扣							
非关键项目	日期（10分）						
	文字内容（20分）						
	相关签章（10分）						
合　计							

注：合计=自评分×30%+组评分×30%+教师评分×40%。

巩固练习

2018年9月11日，出纳将多余现金536元（100元4张、50元1张、10元8张、5元1张、1元1张）存入银行，填写现金进账单（见附录中的附1-3-3）。

任务四 填写收料单

实训目标

正确进行材料采购成本的计算，填写收料单。

情景设置

2018年9月1日，武汉和美公司向湖南汇通商贸公司购进精制面粉一批，根据购货合同和收到的增值税专用发票、运费发票，由原材料仓库对材料进行验收并开具收料单（也称材料入库单）。

【武汉和美公司原材料采购、保管基本信息】

（1）采购员：吴飞。

（2）检验员：刘熊。

（3）原材料仓库保管员：夏军。

实训准备

1．知识准备

收料单是指在外购的材料物资验收入库时填制的凭证，一般为一式多联：一联验收人员留存，一联交仓库保管人员据以登记明细账，一联连同发货票交财会部门办理结算。

2．活动准备

每三人为一组，分别扮演采购员、检验员和仓库保管员。

实训提示

（1）收料单一般是由仓库保管员填制的，主要项目有：供应商名称、单据编号、材料类别、材料编号、材料名称、规格、单位、数量（含应收数量和实收数量）、单价、运费、总价等。

（2）企业应该根据实际收到的原材料进行记录，最后由相关人员签字或盖章。

实训资料

◆ 武汉和美公司收到的增值税专用发票见附录中的附1-4-1。

◆ 货物运费发票见附录中的附1-4-2。

◆ 收料单见附录中的附1-4-3。

实训评价

填制收料单评价表，见表1-4。

表1-4 填制收料单评价表

年 月 日

姓名： 班级：

<table>
<tr><th colspan="2" rowspan="2">项 目</th><th colspan="2">自评分（30%）</th><th colspan="2">组评分（30%）</th><th colspan="2">教师评分（40%）</th></tr>
<tr><th>扣分情况</th><th>该项得分</th><th>扣分情况</th><th>该项得分</th><th>扣分情况</th><th>该项得分</th></tr>
<tr><td colspan="2">金额（含大小写60分）。若此项错误，100分全扣</td><td></td><td rowspan="4"></td><td></td><td rowspan="4"></td><td></td><td rowspan="4"></td></tr>
<tr><td rowspan="3">非关键项目</td><td>日期（10分）</td><td></td><td></td><td></td></tr>
<tr><td>文字内容（20分）</td><td></td><td></td><td></td></tr>
<tr><td>相关签章（10分）</td><td></td><td></td><td></td></tr>
<tr><td colspan="2">合 计</td><td colspan="6"></td></tr>
</table>

注：合计=自评分×30%+组评分×30%+教师评分×40%。

任务五 填写领料单

实训目标

根据企业流水线的生产情况，合理进行材料领用活动，针对每次领料情况填写领料单。

情景设置

2018年9月1日，根据生产进度安排，武汉和美公司生产车间为生产小小酥向原材料仓库领用精制面粉1吨，经原材料仓库核定的精制面粉单价为每吨60 000元，填写领料单。

【武汉和美公司生产车间、原材料仓库人员基本信息】

（1）生产车间主任：魏来。

（2）领料人：向文兵。

（3）原材料仓库保管员：夏军。

实训准备

1．知识准备

领料单为自制原始凭证，是由领用材料的部门或人员（简称领料人）根据所需领用材料的数量填写的单据。为了便于分类汇总，领料单要采用“一料一单”的方式进行填制，即一种原材料填写一张单据。

限额领料单是一种一次开设、多次使用、领用限额已定的累计凭证。在有效期（最长1个月）内，只要领用数量累计不超过限额就可以连续使用。每月开始以前，应由供应部门根据生产计划、材料消耗定额等有关资料，按照产品和材料分别填制限额领料单。在限额领料单中，要填明领料单位、材料用途、发料仓库、材料名称以及根据本月产品计划产量和材料消耗定额计算确定的全月领料限额等项目。限额领料单一般为一式两联，经生产计划部门和供应部门负责人审核签章后，一联送交仓库据以发料，登记材料明细账；一联送交领料单位据以领料。

2．活动准备

每三人为一组，分别扮演车间主任、领料人和仓库保管员。

实训提示

（1）领用原材料需经领料车间负责人批准后，方可填制领料单。

（2）领料部门负责人、领料人和发料人（即仓库保管员）均需在领料单中签章，无签章或签章不全的属无效，不能作为记账的依据。

实训资料

◆ 领料单见附录中的附1-5-1。

实训评价

填制领料单评价表，见表1-5。

表1-5　填制领料单评价表

年　月　日

姓名：　　　　　　　　　　　　班级：

项　目		自评分（30%）		组评分（30%）		教师评分（40%）	
		扣分情况	该项得分	扣分情况	该项得分	扣分情况	该项得分
金额（含大小写60分）。若此项错误，100分全扣							
非关键项目	日期（10分）						
	文字内容（20分）						
	相关签章（10分）						
合　计							

注：合计=自评分×30%+组评分×30%+教师评分×40%。

2018年9月30日，根据本月材料领用情况，由会计张伟填写发料凭证汇总表。

本月材料领用情况见附录中的附1-5-2～附1-5-7。

发料凭证汇总表见附录中的附1-5-8。

任务六 填写收据和借据

实训目标

了解收据和借据的用途，正确填写收据和借据。

情景设置

2018年9月15日，武汉和美公司财务部收到武汉新天地公司交来的转账支票一张，遂给对方开具了收据。

【相关责任人基本信息】

出纳：刘敏。

实训准备

1. 知识准备

收据是企业在收到现金或票据时向对方开出的原始凭证。开具收据应当按照规定的时限、顺序，逐栏、全部联次一次性地如实填写，即必须做到按号码填开，填写项目要齐全，内容真实，字迹清楚，全部联次一次性复写或打印，且内容完全一致，并在收据联或者存根联加盖单位财务印章或收据专用章。

2. 物品准备

武汉和美公司财务专用章。

实训提示

收据上应该写明交款人（或单位）的名称、事由和收到现金的金额（或收到票据上载明的金额）大小写。收据由收款人签字并加盖财务专用章，收到现金时还要加盖“现金收讫”章。

实训资料

- ◆ 武汉新天地公司交来的转账支票见附录中的附1-6-1。
- ◆ 收据见附录中的附1-6-2。

实训评价

填制收据评价表，见表1-6。

表1-6　填制收据评价表

年　月　日

姓名：　　　　　　　　　　　　　　班级：

项　目		自评分（30%）		组评分（30%）		教师评分（40%）	
		扣分情况	该项得分	扣分情况	该项得分	扣分情况	该项得分
金额（含大小写60分）。若此项错误，100分全扣							
非关键项目	日期（10分）						
	文字内容（20分）						
	相关签章（10分）						
合　计							

注：合计=自评分×30%+组评分×30%+教师评分×40%。

巩固练习

2018年9月15日，采购部吴飞出差，填写借据预借差旅费800元（相关责任人：总经理肖华、采购部负责人向宇）。

借据见附录中的附1-6-3。

任务七　填写差旅费报销单

实训目标

根据实际发生的差旅费项目和金额，正确填写差旅费报销单并将附件粘贴在其后。

情景设置

2018年9月20日，采购员吴飞持住宿票、火车票和汽车票报销差旅费，企业规定出差期间按每天30元给予伙食补助（出差时间共4天）。吴飞原借款800元，余款退回后由出纳根据差旅费报销单开具收据。

【相关责任人基本信息】

（1）总经理：肖华。

（2）采购部负责人：向宇。

（3）出纳：刘敏。

实训提示

记账凭证附件的处理：

（1）对于纸张面积大于记账凭证的原始凭证，可按记账凭证的面积尺寸，先自右向后，再自下向后两次折叠。注意应把凭证的左上角或左侧面让出来，以便装订后还可以展开查阅。

（2）对于纸张面积过小的原始凭证，一般不能直接装订，可先按一定次序和类别排列，再粘在一张同记账凭证大小相同的纸上，粘贴时以胶水为宜。小票应分张排列，同类同金额的单据尽量粘在一起，同时应在一旁注明张数和合计金额。

实训资料

- 采购员吴飞在出差途中发生各项费用的发票，见附录中的附1-7-1～附1-7-5。
- 差旅费报销单见附录中的附1-7-6，收据见附录中的附1-7-7。

实训评价

填制差旅费报销单评价表，见表1-7。

表1-7　填制差旅费报销单评价表

年　月　日

姓名：　　　　　　　　　　班级：

项　目		自评分（30%）		组评分（30%）		教师评分（40%）	
		扣分情况	该项得分	扣分情况	该项得分	扣分情况	该项得分
金额（含大小写60分）。若此项错误，100分全扣							
非关键项目	日期（10分）						
	文字内容（20分）						
	相关签章（10分）						
合　计							

注：合计=自评分×30%+组评分×30%+教师评分×40%。

巩固练习

2018年9月24日，职工李欣报销出租车费（市内交通费）35元，填写支出证明单，经相关责任人签字后以现金支付。

出租车费发票见附录中的附1-7-8，支出证明单见附录中的附1-7-9。

任务八 填写成本税费计算单

实训目标

根据本月生产车间制造费用的发生情况和分配方式，将制造费用准确分配到各个产品中，并正确填写制造费用分配表。

情景设置

2018年9月30日，本月生产车间共发生制造费用36 650元，根据产品定额工时来分配制造费用，并编制制造费用分配表。

【各产品定额工时】

小麻花定额工时：54 100。

小小酥定额工时：92 500。

实训提示

分配制造费用时应该先计算制造费用分配率，再计算各种产品应负担的制造费用。

实训资料

◆ 制造费用分配表见附录中的附1-8-1。

实训评价

填制成本税费计算单评价表，见表1-8。

表1-8　填制成本税费计算单评价表

年　月　日

姓名：　　　　　　　　　　　　　班级：

项目		自评分（30%）		组评分（30%）		教师评分（40%）	
		扣分情况	该项得分	扣分情况	该项得分	扣分情况	该项得分
金额（含大小写60分）。若此项错误，100分全扣							
非关键项目	日期（10分）						
	文字内容（20分）						
	相关签章（10分）						
合　计							

注：合计=自评分×30%+组评分×30%+教师评分×40%。

巩固练习

2018年9月30日，计算本月应该缴纳的增值税（本月增值税销项税额为61 200元，可以抵扣的增值税进项税额为54 400元）、城市维护建设税（税率为7%）和教育费附加（税率为3%）。

增值税计算表见附录中的附1-8-2，税金及附加计算表见附录中的附1-8-3。

项目二 审核原始凭证 02

实训内容

审核原始凭证是会计核算工作中必不可少的环节，是国家赋予财会人员的监督权力。只有经审核无误后的原始凭证，才能作为编制记账凭证和登记明细分类账的依据。原始凭证的审核要符合合法性、真实性、完整性和正确性的要求，其审核的主要内容包括原始凭证的内容、签章、金额和联次等方面。

实训目标

对各类经济业务的原始凭证进行审核，指出存在的问题，掌握各类原始凭证审核的基本内容，并提出解决方法。

情景设置

2018年9月，制单会计张伟对本月发生的以下经济业务的原始凭证进行审核：

（1）9月5日，收到销售科交来的住宿费发票。

（2）9月12日，收到环保部门开出的罚款收据一张。

（3）9月15日，采购员吴飞出差，预借差旅费1 800元。

（4）9月16日，收到后勤部门报销的发票一张。

实训准备

知识准备

根据中华人民共和国财政部《会计基础工作规范》的规定，原始凭证的基本要求是：

（1）原始凭证的内容必须具备：凭证的名称，填制凭证的日期，填制凭证的单位名称或者填制人姓名，经办人员的签名或者盖章，接受凭证的单位名称，经济业务内容，数量、单价和金额。

（2）从外单位取得的原始凭证，必须盖有填制单位的公章；从个人取得的原始凭证，必须有填制人员的签名或者盖章。自制原始凭证必须有经办单位领导人或者其指定的人员签名或盖章。对外开出的原始凭证，必须加盖本单位公章。

（3）凡填有大写和小写金额的原始凭证，大写与小写金额必须相符。购买实物的原始凭证，必须有验收证明。支付款项的原始凭证，必须有收款单位和收款人的收款证明。

（4）一式几联的原始凭证，应当注明各联的用途，并且只能以一联作为报销凭证。

（5）一式几联的发票和收据，必须用双面复写纸（发票和收据本身具备复写功能的除外）套写，并连续编号。作废时应当加盖“作废”戳记，连同存根一起保存，不得撕毁。

（6）发生销货退回的，除填制退货发票外，还必须有退货验收证明。退款时，必须取得对方的收款收据或者汇款银行的凭证，不得以退货发票代替收据。

（7）职工公出借款凭据，必须附在记账凭证之后。收回借款时，应当另开收据或者退还借据副本，不得退还原借款收据。

（8）经上级有关部门批准的经济业务，应当将批准文件作为原始凭证附件。如果批准文件需要单独归档的，应当在凭证上注明批准机关名称、日期和文件字号。

实训提示

（1）会计人员主要应从以下几个方面对原始凭证进行审核。

1）看形状、格式：各种原始凭证的样式和格式都是有标准的，真票据具有从装订成册的多联票中撕下的明显特点。

2）看字迹、字体：看凭证所填写文字和金额的字迹是否清楚、规范，使用的笔和颜色是否符合要求等。这里所说的字迹，专指复写纸套写的痕迹。正常发票、收据等都是多联以复写纸套写的，发票、收据背面应透出以复写纸套写的痕迹，否则就值得怀疑；另外，查看复写纸套写的字迹颜色的深浅，也有助于识别票据的真伪。一般来说，在空白发票上自行以复写纸套写的字迹大多颜色较深，往往给人以不自然的感觉。

3）看编号、日期：看编号和日期的自然顺序号是否相符。了解有关单位的经济活动、人事变动等情况，也有助于从日期上识别票据的真伪。

4）看公章、签名：看公章是否是事先盖好的，一般空白凭证大多是先盖好公章的。不但要注意看签名的字体，还要注意其位置，以便于比较。在查阅后如有疑点，可与有关会计资料对照核实，必要时应与票据签名、盖章的经手人、批准人、开票人和收款人等有可能知情的人当面核对，以分辨真假。

5）看凭证的合法性、合理性：审核原始凭证所反映的经济业务是否合理、合法，有无违反财经制度规定，是否按计划办事，是否按成本开支范围办事等。

6）看凭证的完整性、正确性：审查原始凭证所应填写的内容是否全部具备，是否有遗漏。审查原始凭证的内容和填制手续是否符合规定的要求。首先应审核原始凭证是否具备作为合法凭证所必须具备的基本内容；其次审核原始凭证上有关数量、单价和金额是否正确无误；再次审核原始凭证所记载的经济业务是否真实发生，有关单位是否存在等。

（2）原始凭证审核后的处理：

1）原始凭证不得涂改、挖补。

2）发现原始凭证有错误的，应当由开出单位重开或者更正，更正处应当加盖开出单位的公章。如果是金额错误的原始凭证，必须要求开出单位重开。

3）从外单位取得的原始凭证如有遗失，应当取得原开出单位盖有公章的证明，并注明原来凭证的号码、金额和内容等，由经办单位会计机构负责人、会计主管人员和单位领导人批准后才能代作原始凭证。

4）如果确实无法取得证明的，如火车、轮船、飞机票等凭证，由当事人写出详细情况，由经办单位会计机构负责人、会计主管人员和单位领导人批准后才能代作原始凭证。

实训资料

- 销售科交来的住宿费发票见附录中的附2-1-1。
- 环保部门开出的罚款收据见附录中的附2-1-2。
- 采购员吴飞预借差旅费1 800元的借据，见附录中的附2-1-3。
- 后勤部门报销的发票见附录中的附2-1-4。

假如你是制单会计张伟，请对以上四张原始凭证进行审核，并填写原始凭证审核处理意见表（见表2-1）。

表2-1　原始凭证审核处理意见表

票　据	存在的问题	处 理 意 见
住宿费发票		
罚款收据		
借据		
后勤部门报销的发票		

实训评价

填制审核原始凭证评价表，见表2-2。

表2-2　审核原始凭证评价表

年　月　日

姓名：　　　　　　　　　　　　班级：

项　目	自评分（30%）		组评分（30%）		教师评分（40%）	
	扣分情况	该项得分	扣分情况	该项得分	扣分情况	该项得分
查找问题（40分，每错误一处扣10分）						
提出处理意见（60分，每错误一处扣15分）						
合　计						

注：合计=自评分×30%+组评分×30%+教师评分×40%。

项目三 编制记账凭证 03

实训内容

对不同类型经济业务取得的原始凭证进行分析，掌握在借贷记账法下记账凭证的编制方法。

情景设置

武汉和美公司财务部门有4名工作人员。

【财务部门人员分工】

（1）财务主管：李静（负责稽核和登记总分类账）。

（2）制单会计：张伟（负责制单）。

（3）记账会计：李云龙（负责登记明细分类账）。

（4）出纳：刘敏（负责保管现金及各种有价证券，登记现金日记账和银行存款日记账）。

实训提示

记账凭证必须根据审核无误的原始凭证填制，根据中华人民共和国财政部《会计基础工作规范》的规定，记账凭证的基本要求是：

（1）记账凭证的内容必须具备：填制凭证的日期；凭证编号；经济业务摘要；会计科目；金额；所附原始凭证张数；填制凭证人员、稽核人员、记账人员、会计机构负责人和会计主管人员的签名或者盖章。收款和付款记账凭证还应当由出纳人员签名或者盖章。

（2）填制记账凭证时，应当对记账凭证进行连续编号。一笔经济业务需要填制两张以上记账凭证时，可以采用分数编号法编号。

（3）记账凭证可以根据每一张原始凭证填制，或者根据若干张同类原始凭证汇总填制，也可以根据原始凭证汇总表填制，但不得将不同内容和类别的原始凭证汇总填制在一张记账凭证上。

（4）除结账和更正错误的记账凭证可以不附原始凭证外，其他记账凭证必须附有原始凭证。如果一张原始凭证涉及几张记账凭证，可以把原始凭证附在一张主要的记账凭证后面，并在其他记账凭证上注明附有该原始凭证的记账凭证的编号或者附原始凭证复印件。

（5）如果在填制记账凭证时发生错误，应当重新填制。

（6）记账凭证填制完经济业务事项后，如有空行，应当自金额栏最后一笔金额数字下的空行处至合计数上的空行处划线注销。

（注：对本技能实训项目任务一至任务五的经济业务采用通用记账凭证操作，凭证字号以业务笔号为准，最终形成企业2018年9月的一整套账务。）

任务一 资金筹集的核算

实训目标

对资金筹集过程中涉及的原始凭证进行审核、分析，正确编制记账凭证。

情景设置

2018年9月，制单会计张伟根据收到的本月筹集资金业务的原始凭证编制记账凭证：

第1笔：9月1日，收到武汉信诚公司投入的现金270 000元，双方签订投资协议，收到对方开出的转账支票一张，已经到银行进账。

第2笔：9月2日，向银行取得为期三个月的贷款50 000元。

第3笔：9月4日，通过银行转账，归还今日到期的短期借款80 000元。

实训准备

物品准备

收款凭证两张、付款凭证一张或记账凭证三张。

实训资料

第1笔：投资协议书见附录中的附3-1-1，银行进账单见附录中的附3-1-2。

第2笔：向中国银行球场支行贷款的凭证见附录中的附3-2-1。

第3笔：短期借款还款凭证见附录中的附3-3-1。

实训评价

填制记账凭证评价表一，见表3-1。

表3-1　记账凭证评价表一

年　月　日

姓名：　　　　　　　　　　　　班级：

项目		自评分（30%）		组评分（30%）		教师评分（40%）	
		扣分情况	该项得分	扣分情况	该项得分	扣分情况	该项得分
会计科目或金额	一级会计科目或金额错误扣10分						
	无合计金额或凭证涂改，每处扣2分						
	摘要或明细科目错误，每处扣1分						
	未划线注销扣1分						
非关键项目	日期（1分）						
	字号（1分）						
	附件及粘贴（1分）						
	相关人员签名（1分）						
合计（百分制）							

注：1. 每张记账凭证总分为10分，本次实训需要填写三张记账凭证，满分为30分。每出现一处错误或遗漏扣分一次，本次实训所有扣分均填入该表。

2. 会计科目或金额为关键项目，如果单张记账凭证发生会计科目或金额错误则此笔业务不得分（即扣10分），且本张记账凭证其他项目不扣分。

3. 合计=（自评分×30%+组评分×30%+教师评分×40%）÷0.3。

任务二　供应过程的核算

实训目标

对物资采购过程中涉及的原始凭证进行审核、分析，正确编制记账凭证。

情景设置

2018年9月，制单会计张伟根据收到的本月物资采购业务的原始凭证编制记账凭证：

第4笔：9月4日，向华海面粉厂采购精制面粉1吨，单价为60 000元，增值税为9 600元，货款已支付，材料尚未到达。

第5笔：9月9日，向山东鲁花公司购进食用油6 000升，单价为3.85元，增值税为3 696元，运费价款为900元，增值税税额为90元，货款及运费已全部支付。

第6笔：9月9日，向华海面粉厂购进的精制面粉验收入库。

第7笔：9月9日，三个月前开出的给山东鲁花公司的商业承兑汇票到期，银行转来付款通知。

第8笔：9月10日，向本市汉福公司购入食用油1 000升，单价为4元，食用盐1 000千克，单价为1元，增值税为800元，货款尚未支付。

第9笔：9月10日，上个月向河南新源面粉厂购入的精制面粉运到，验收入库。

实训准备

物品准备

付款凭证3张、转账凭证3张或记账凭证6张。

实训资料

第4笔：华海面粉厂开出的增值税专用发票见附录中的附3-4-1、附3-4-2，用于支付货款的支票存根见附录中的附3-4-3。

第5笔：山东鲁花公司开出的增值税专用发票见附录中的附3-5-1、附3-5-2，山东鲁花公司转来的运费发票见附录中的附3-5-3、附3-5-4，食用油验收单见附录中的附3-5-5，货款支出结算凭证见附录中的附3-5-6。

第6笔：精制面粉验收单见附录中的附3-6-1。

第7笔：银行转来的付款通知见附录中的附3-7-1。

第8笔：武汉汉福公司开出的增值税专用发票见附录中的附3-8-1、附3-8-2，食用油和食用盐的验收单见附录中的附3-8-3。

第9笔：精制面粉验收单见附录中的附3-9-1。

实训评价

填制记账凭证评价表二，见表3-2。

表3-2　记账凭证评价表二

年　月　日

姓名：　　　　　　　　班级：

项　目		自评分（30%）		组评分（30%）		教师评分（40%）	
		扣分情况	该项得分	扣分情况	该项得分	扣分情况	该项得分
会计科目或金额	一级会计科目或金额错误扣10分						
	无合计金额或凭证涂改，每处扣2分						
	摘要或明细科目错误，每处扣1分						
	未划线注销扣1分						
非关键项目	日期（1分）						
	字号（1分）						
	附件及粘贴（1分）						
	相关人员签名（1分）						
合计（百分制）							

注：1．每张记账凭证总分为10分，本次实训满分为60分。

2．会计科目或金额为关键项目，如果单张记账凭证发生会计科目或金额错误则此笔业务不得分（即扣10分），且本张记账凭证其他项目不扣分。

3．合计=（自评分×30%+组评分×30%+教师评分×40%）÷0.6。

任务三　生产过程的核算

实训目标

对产品生产过程中涉及的原始凭证进行审核、分析，正确编制记账凭证。

情景设置

2018年9月，制单会计张伟根据收到的本月物资采购业务的原始凭证编制记账凭证：

第10笔：9月10日，购进货车一辆，增值税专用发票上注明的价款是80 000元，增值税为12 800元，款项已支付，货车已交付使用。

第11笔：9月10日，向银行提取现金1 500元备用。

第12笔：9月10日，开出转账支票支付宽带使用费1 272元。

第13笔：9月10日，购买印花税票50元，以银行存款转账支付。

第15笔：9月11日，以现金120元购买办公用纸。

第18笔：9月14日，采购员吴飞预借差旅费500元，以现金支付。

第19笔：9月15日，业务员持发票报销以现金支付的餐费520元。

第21笔：9月16日，用现金支付职工家属丧葬补助费200元。

第22笔：9月16日，开出转账支票一张，支付职工培训费1 272元。

第23笔：9月16日，以现金支付职工王强的生活困难补助费200元。

第24笔：9月20日，采购员吴飞报销差旅费570元，补付现金70元。

第25笔：9月20日，向开户银行支付工本费10元，手续费50元。

第27笔：9月22日，开出转账支票一张，支付汽车修理厂车辆修理费2 320元。

第28笔：9月24日，职工李欣报销市内交通费35元，以现金支付。

第29笔：9月30日，收到银行转来的委托收款凭证，支付上月水费3 740元、电费5 452元。

第30笔：9月30日，根据本月分次领用材料的领料单编制发料凭证汇总表。

第31笔：9月30日，分配本月职工工资。

第32笔：9月30日，将本月发生的职工教育经费、福利费全额转入“管理费用”。

第33笔：9月30日，开出转账支票一张，支付本月职工的工资。

第34笔：9月30日，计提本月固定资产折旧。

第35笔：9月30日，分配本月制造费用。

第36笔：9月30日，本月生产的产品全部完工，验收入库（小麻花完工4 188件，小小酥完工5 080件）。

实训准备

物品准备

付款凭证16张、转账凭证9张或记账凭证24张。

实训资料

第10笔：购进货车收到的增值税专用发票见附录中的附3-10-1、附3-10-2，开出的转账支票存根见附录中的附3-10-3，货车验收证明见附录中的附3-10-4。

第11笔：开出的现金支票见附录中的附3-11-1。

第12笔：中国电信湖北省武汉分公司开出的发票见附录中的附3-12-1、附3-12-2，开出的转账支票存根见附录中的附3-12-3。

第13笔：购买印花税的凭证见附录中的附3-13-1。

第15笔：购买办公用纸的发票见附录中的附3-15-1。

第18笔：采购员吴飞预借差旅费的借据见附录中的附3-18-1。

第19笔：支出证明单见附录中的附3-19-1，收到的发票见附录中的附3-19-2。

第21笔：丧葬补助费付款凭单见附录中的附3-21-1。

第22笔：职工培训费发票见附录中的附3-22-1和附3-22-2，开出的转账支票存根见附录中的附3-22-3。

第23笔：经领导审批的生活困难补助申请表见附录中的附3-23-1。

第24笔：差旅费报销单见附录中的附3-24-1。

第25笔：购买转账支票的凭证见附录中的附3-25-1。

第27笔：收到的维修费发票见附录中的附3-27-1、附3-27-2，开出转账支票的存根见附录中的附3-27-3。

第28笔：市内交通费的支出证明单见附录中的附3-28-1。

第29笔：收到银行转来委托收款凭证的付款通知见附录中的附3-29-1、附3-29-2，水费发票和电费发票见附录中的附3-29-3～附3-29-6，水电费分配表见附录中的附3-29-7。

第30笔：发料凭证汇总表见附录中的附3-30-1。

第31笔：职工工资分配表见附录中的附3-31-1。

第32笔：职工教育经费、福利费结转表见附录中的附3-32-1。

第33笔：工资结算汇总表见附录中的附3-33-1，开出转账支票的存根见附录中的附3-33-2。

第34笔：固定资产折旧计提表见附录中的附3-34-1。

第35笔：制造费用分配表见附录中的附3-35-1。

第36笔：产品生产成本计算表见附录中的附3-36-1、附3-36-2。

实训评价

填制记账凭证评价表三，见表3-3。

表3-3 记账凭证评价表三

年 月 日

姓名： 班级：

项目		自评分（30%）		组评分（30%）		教师评分（40%）	
		扣分情况	该项得分	扣分情况	该项得分	扣分情况	该项得分
会计科目或金额	一级会计科目或金额错误扣10分						
	无合计金额或凭证涂改，每处扣2分						
	摘要或明细科目错误，每处扣1分						
	未划线注销扣1分						
非关键项目	日期（1分）						
	字号（1分）						
	附件及粘贴（1分）						
	相关人员签名（1分）						
合计（百分制）							

注：1. 每张记账凭证总分为10分，本次实训满分为220分。
2. 会计科目或金额为关键项目，如果单张记账凭证发生会计科目或金额错误则此笔业务不得分（即扣10分），且本张记账凭证其他项目不扣分。
3. 合计=（自评分×30%+组评分×30%+教师评分×40%）÷2.2。

任务四 销售过程的核算

实训目标

对产品销售过程中涉及的原始凭证进行审核、分析，正确编制记账凭证。

情景设置

2018年9月，制单会计张伟根据收到的本月销售业务的原始凭证编制记账凭证：

第14笔：9月10日，零售小小酥5件，单价为120元，增值税为96元，收到现金696元，当即送存银行。

第16笔：9月12日，销售小小酥5 000件，单价为120元，增值税为96 000元，已向运输部门办理托运手续，代垫运费1 200元，并办妥托收手续。

第17笔：9月12日，收到宏兴商贸城转账支票一张，系偿付上月所欠货款，出纳当即将支票送存银行。

第20笔：9月15日，销售润滑剂一桶，单价为200元，增值税为32元，收到现金232元，开出收据一张。

第26笔：9月20日，收到托收承付凭证的收账通知，收回销货款697 200元。

第37笔：9月30日，计算本月销售产品的成本。

第38笔：9月30日，计算本月应该缴纳的增值税。

第39笔：9月30日，计算本月应该缴纳的城市维护建设税和教育费附加。

实训准备

物品准备

收款凭证4张、转账凭证4张或记账凭证8张

实训资料

第14笔：销售发票见附录中的附3-14-1，产品出库单见附录中的附3-14-2，现金进账单见附录中的附3-14-3。

第16笔：销售发票见附录中的附3-16-1，产品出库单见附录中的附3-16-2，代垫运费开出的转账支票存根见附录中的附3-16-3，办理托收手续的托收承付凭证回单见附录中的附3-16-4。

第17笔：收到的银行进账单见附录中的附3-17-1。

第20笔：销售发票见附录中的附3-20-1，收到现金开出的收据见附录中的附3-20-2，产品出库单见附录中的附3-20-3。

第26笔：银行转来托收承付凭证的收账通知见附录中的附2-26-1。

第37笔：产品销售成本计算表见附录中的附3-37-1、附3-37-2。

第38笔：增值税计算表见附录中的附3-38-1。

第39笔：税金及附加计算表见附录中的附3-39-1。

实训评价

填制记账凭证评价表四，见表3-4。

表3-4　记账凭证评价表四

年　月　日

姓名：　　　　　　　　　　　　　班级：

项　目		自评分（30%）		组评分（30%）		教师评分（40%）	
		扣分情况	该项得分	扣分情况	该项得分	扣分情况	该项得分
会计科目或金额	一级会计科目或金额错误扣10分						
	无合计金额或凭证涂改，每处扣2分						
	摘要或明细科目错误，每处扣1分						
	未划线注销扣1分						
非关键项目	日期（1分）						
	字号（1分）						
	附件及粘贴（1分）						
	相关人员签名（1分）						
合计（百分制）							

注：1. 每张记账凭证总分为10分，本次实训满分为80分。

2. 会计科目或金额为关键项目，如果单张记账凭证发生会计科目或金额错误则此笔业务不得分（即扣10分），且本张记账凭证其他项目不扣分。

3. 合计=（自评分×30%+组评分×30%+教师评分×40%）÷0.8。

任务五　利润形成的核算

实训目标

正确计算企业当期利润总额和净利润，对利润形成过程中的经济业务进行分析，正确编制记账凭证。

情景设置

2018年9月，制单会计张伟根据本月利润形成和分配的原始凭证编制记账凭证：

第40笔：9月30日，结转损益类收入类账户。

第41笔：9月30日，结转损益类费用类账户。

第42笔：9月30日，计算本月所得税。

第43笔：9月30日，结转本月所得税。

实训准备

物品准备

转账凭证6张或记账凭证6张。

实训资料

第40～43笔：所得税计算表见附录中的附3-40-1（其他信息见本项目任务一至任务五）。

实训评价

填制记账凭证评价表五，见表3-5。

表3-5　记账凭证评价表五

年　月　日

姓名：　　　　　　　　　　　　班级：

项　目		自评分（30%）		组评分（30%）		教师评分（40%）	
		扣分情况	该项得分	扣分情况	该项得分	扣分情况	该项得分
会计科目或金额	一级会计科目或金额错误扣10分						
	无合计金额或凭证涂改，每处扣2分						
	摘要或明细科目错误，每处扣1分						
	未划线注销扣1分						

（续）

项目		自评分（30%）		组评分（30%）		教师评分（40%）	
		扣分情况	该项得分	扣分情况	该项得分	扣分情况	该项得分
非关键项目	日期（1分）						
	字号（1分）						
	附件及粘贴（1分）						
	相关人员签名（1分）						
合计（百分制）							

注：1．每张记账凭证总分为10分，本次实训满分为40分。

2．会计科目或金额为关键项目，如果单张记账凭证发生会计科目或金额错误则此笔业务不得分（即扣10分），且本张记账凭证其他项目不扣分。

3．合计=（自评分×30%+组评分×30%+教师评分×40%）÷0.4。

任务六 利润分配的核算

实训目标

正确确认企业本年度可供分配的利润，按照要求进行利润分配，编制利润分配表，并对利润分配过程中的经济业务进行分析，正确编制记账凭证。

情景设置

武汉和美公司2018年12月实现净利润138 742.05元，1～11月实现净利润750 000元，制单会计张伟根据企业利润分配方案进行利润分配表的编制，并编制相应的记账凭证。

【武汉和美公司利润分配方案】

公司按月结转损益，年终进行利润分配：按全年净利润的10%提取法定盈余公积，按全年净利润的50%分配给投资者。

实训准备

物品准备

转账凭证4张或记账凭证4张。

实训提示

（1）企业年终进行利润分配的核算程序为：将全年实现的净利润从“本年利润”账户结转入“利润分配——未分配利润”账户。

（2）对全年实现的净利润进行分配：按全年净利润的10%提取法定盈余公积，按全年净利润的50%分配给投资者。

（3）将“利润分配——提取盈余公积”“利润分配——应付现金股利或利润”账户结转入“利润分配——未分配利润”账户。

实训资料

◆ 武汉和美公司2018年度利润分配表见附录中的附3-41-1。

实训评价

填制记账凭证评价表六，见表3-6。

表3-6　记账凭证评价表六

年　月　日

姓名：　　　　　　　　　　　　　　班级：

项　　目		自评分（30%）		组评分（30%）		教师评分（40%）	
		扣分情况	该项得分	扣分情况	该项得分	扣分情况	该项得分
会计科目或金额	一级会计科目或金额错误扣10分						
	无合计金额或凭证涂改，每处扣2分						
	摘要或明细科目错误，每处扣1分						
	未划线注销扣1分						
非关键项目	日期（1分）						
	字号（1分）						
	附件及粘贴（1分）						
	相关人员签名（1分）						
合计（百分制）							

注：1．每张记账凭证总分为10分，本次实训满分为40分。

2．会计科目或金额为关键项目，如果单张记账凭证发生会计科目或金额错误则此笔业务不得分（即扣10分），且本张记账凭证其他项目不扣分。

3．合计=（自评分×30%+组评分×30%+教师评分×40%）÷0.4。

项目四 审核记账凭证 04

学习内容

为了使记账凭证能够真实、准确地反映经济业务的状况，保证账簿记录的质量，在依据记账凭证登记账簿之前，必须由有关人员对已经填制完毕的记账凭证进行认真、严格的审核。

实训目标

对企业在生产经营过程中编制的记账凭证及所附的原始凭证进行审核，并对发生的问题提出解决意见。

情景设置

2018年9月，会计主管李静对本月发生的以下经济业务的记账凭证进行审核：

（1）9月10日，购进食用油一批，货款未支付。

（2）9月16日，三个月前签发的商业汇票到期，银行成功划账。

（3）9月25日，向武汉市红十字会捐款10 000元。

（4）9月30日，分配本月生产车间制造费用。

实训准备

知识准备

（1）审核记账凭证是否附有原始凭证，所附原始凭证的张数与记账凭证上填写的附件张数是否一致，记账凭证上填写的经济业务内容与原始凭证上记载的经济业务内容是否相符，记账凭证上的金额与所附原始凭证上的金额是否相等。

（2）审核记账凭证中确定的会计分录是否正确：使用的会计科目是否准确，会计科目之间的对应关系是否清楚，借方金额和贷方金额的计算是否准确无误，两者的合计是否平衡相等，一级科目的金额与其所属明细科目的金额之和是否相等。

（3）审核记账凭证中所列示的各个项目是否已经填写齐全、完整，有关经办人员是否按照规定的手续和程序在记账凭证上签章。

（4）在期末结转和更正错账等类型的业务中，若所填制的记账凭证没有原始凭证作依据，

会计主管人员必须在所填制的这些记账凭证上签章加以证明，然后才能作为登记账簿的依据。因此，还要审核记账凭证是否具备了规定的手续，并了解其是否真实。

实训提示

（1）在审核记账凭证的过程中，如果发现未入账的记账凭证有错误，应重新填制。

（2）已经入账的记账凭证有错误，应该按照规定的方法予以更正。

（3）只有审核无误的记账凭证才能作为登记账簿的依据。

实训资料

- ◆ 9月10日的记账凭证见附录中的附4-1-1，所附原始凭证见附录中的附4-1-2、附4-1-3。
- ◆ 9月16日的记账凭证见附录中的附4-1-4，所附原始凭证见附录中的附4-1-5。
- ◆ 9月25日的记账凭证见附录中的附4-1-6，所附原始凭证见附录中的附4-1-7、附4-1-8。
- ◆ 9月30日的记账凭证见附录中的附4-1-9，所附原始凭证见附录中的附4-1-10。

假如你是会计主管，请对以上四张记账凭证进行审核，并填写记账凭证审核处理意见表（见表4-1）。

表4-1 记账凭证审核处理意见表

序 号	存在的问题	处 理 意 见
1		
2		
3		
4		

实训评价

填制审核记账凭证评价表，见表4-2。

表4-2 审核记账凭证评价表

年 月 日

姓名： 班级：

<table>
<tr><td rowspan="2">项 目</td><td colspan="2">自评分（30%）</td><td colspan="2">组评分（30%）</td><td colspan="2">教师评分（40%）</td></tr>
<tr><td>扣分情况</td><td>该项得分</td><td>扣分情况</td><td>该项得分</td><td>扣分情况</td><td>该项得分</td></tr>
<tr><td>查找问题（40分，每错误一处扣10分）</td><td></td><td rowspan="2"></td><td></td><td rowspan="2"></td><td></td><td rowspan="2"></td></tr>
<tr><td>提出处理意见（60分，每错误一处扣15分）</td><td></td><td></td><td></td></tr>
<tr><td>合 计</td><td colspan="6"></td></tr>
</table>

注：合计=自评分×30%+组评分×30%+教师评分×40%。

项目五 编制科目汇总表及试算平衡表 05

学习内容

科目汇总表是根据一定时期内的全部记账凭证按总账科目进行汇总，据以计算出每一总分类账的本期借方发生额和贷方发生额，作为登记总分类账依据的凭证。科目汇总表的编制方法有两种：全部汇总、分类汇总。

实训目标

根据审核无误的记账凭证编制科目汇总表，为登记总分类账做好准备。

情景设置

武汉和美公司财务制度规定，公司会计核算组织形式采用科目汇总表核算程序，科目汇总表的编制全月汇总一次。

武汉和美公司2018年9月份的账务记录见项目三的任务一至任务五，共43笔业务。

实训提示

（1）按总账科目设置“T”形账户。

（2）根据记账凭证登记“T”形账户。

（3）计算各账户本期发生额合计。

（4）填制科目汇总表。

实训提示

◆ 项目三中根据任务一至任务五的资料编制的记账凭证。

◆ 科目汇总表见附录中的附5-1-1。

实训提示

填制科目汇总表评价表，见表5-1。

表5-1　科目汇总表评价表

年　月　日

姓名：　　　　　　　　　　　　班级：

项　目		自评分（30%）		组评分（30%）		教师评分（40%）	
		扣分情况	该项得分	扣分情况	该项得分	扣分情况	该项得分
表头（10分）	字号（5分）						
	编制日期（5分）						
表体（80分）	各会计科目及金额（60分，每错一处扣1分）						
	借方与贷方相等（20分）						
表尾（10分）	相关人员签章（10分）						
合　计							

注：合计=自评分×30%+组评分×30%+教师评分×40%。

巩固练习

根据本套资料编制试算平衡表。各账户期初余额资料见附录中的附5-1-2，试算平衡表见附录中的附5-1-3。

项目六 会计凭证装订 06

实训内容

会计凭证是企业、行政事业单位经济活动的见证和重要的历史资料。会计凭证作为会计档案的重要组成部分，必须妥善加以保护和管理。当期完成会计凭证的各项工作后，会计人员应将各种会计凭证加以汇总、整理，按记账凭证的编号顺序，连同所附的原始凭证或原始凭证汇总表进行折叠，使之排列整齐，并加具封面、封底，装订成册，加盖封签。

实训目标

掌握会计凭证的装订方法。

情景设置

将项目三中根据任务一至任务五的资料编制的记账凭证及所附的原始凭证和项目五编制的科目汇总表按图6-1的样式进行装订。

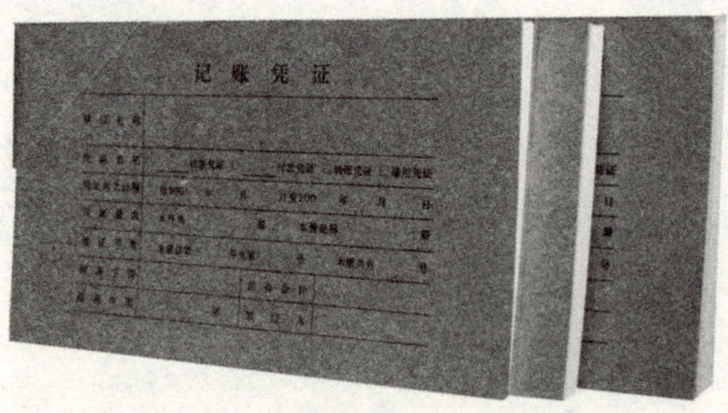

图6-1 记账凭证装订样式

实训准备

物品准备

装订机、绳子、凭证封面、固体胶或胶水。

实训提示

1．会计凭证装订前的整理工作

（1）分类整理，按顺序排列，检查日数、编号是否齐全。

（2）按凭证汇总日期归集（如按上旬、中旬、下旬汇总归集），确定装订成册的本数。

（3）摘除凭证内的金属物（如订书钉、大头针和回形针）。对大的张页或附件要折叠成记账凭证大小，且要避开装订线，以便翻阅，保持数字完整。

（4）整理检查凭证顺序号，如有颠倒要重新排列，发现缺号要查明原因。检查附件是否漏缺，如领料单、入库单、工资和奖金发放单是否随附齐全。

（5）检查记账凭证上有关人员（如财务主管、复核、记账和制单等）的印章是否齐全。

2．会计凭证装订时的要求

（1）将全部凭证以左上角为准对齐，加具封面，封面应用较为结实、耐磨、韧性较强的牛皮纸等。

（2）在左上角正面放一块长、宽各约9厘米的正方形牛皮纸，将牛皮纸对折为四块，剪掉右下角的那块，如图6-2所示。

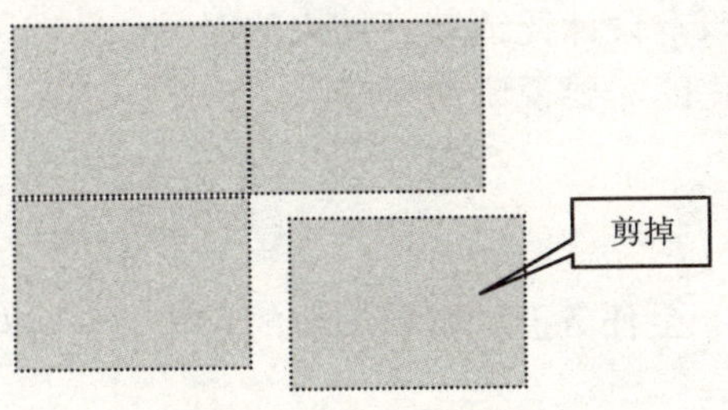

图6-2　裁剪样式

（3）在凭证封面左上角上钻两个孔，穿入装订绳，绕两圈（如图6-3所示）并在封底打上结。将牛皮纸右上角和左下角两块反折到凭证封底，粘在打好的结上，将结压在里面。

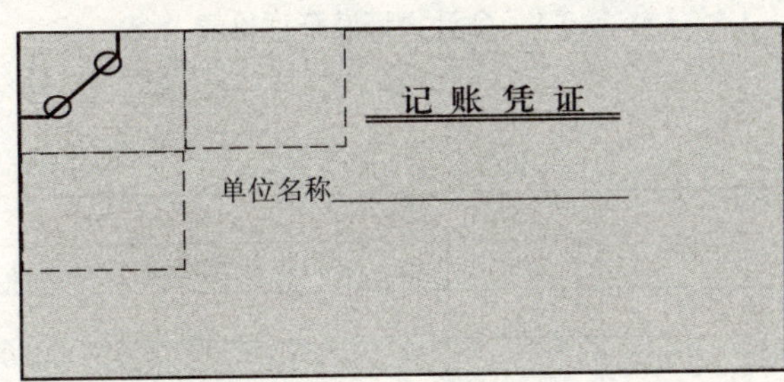

图6-3　装订样式

（4）由装订人盖上骑缝章，并在侧缝上填写时间及编号。

3．会计凭证装订后的注意事项

（1）在每本会计凭证封面上填写好单位名称、会计凭证名称、时间、册数、册次、记账凭证起止号、记账凭证数、附件数、会计凭证总数、装订时间、备注等，并盖上会计主管人员和装订人员的签章。

（2）在会计凭证封面上编好卷号，按编号顺序入柜，并要在显露处标明凭证种类编号，以便于调阅。

4．会计凭证封面填写要求

（1）单位名称：必须用全称或通用简称。

（2）会计凭证名称：填写能够反映会计凭证用途或内容的名称，如“收款凭证”“付款凭证”“转账凭证”等。

（3）时间：填写本册会计凭证的起止年月日。

（4）册数：填写会计凭证的册数。

（5）册次：填写本册会计凭证的序号。

（6）记账凭证起止号：填写本册记账凭证起号和止号。

（7）记账凭证数：填写记账凭证的张数。

（8）附件数：填写本册会计凭证的附件张数。

（9）会计凭证总数：填写本册所有凭证的合计张数。

（10）会计主管：填写单位内部具体负责会计工作的中层领导人员。

（11）装订人：填写负责该本会计凭证装订的人员。

（12）装订时间：填写该本会计凭证装订结束的时间。

（13）备注：填写该本凭证需要说明的事项。

实训资料

◆ 项目三中根据任务一至任务五的资料编制的记账凭证和项目五编制的科目汇总表。

实训评价

填制会计凭证装订评价表，见表6-1。

表6-1　会计凭证装订评价表

年　月　日

姓名：　　　　　　　　　　　　班级：

项目		自评分（30%）		组评分（30%）		教师评分（40%）	
		扣分情况	该项得分	扣分情况	该项得分	扣分情况	该项得分
装订方法（80分）	方法正确（60分）						
	侧缝露出并正确书写（10分）						
	包角美观（10分）						
封面书写（20分）	日期（5分）						
	册数编号（5分）						
	记账凭证起讫号数（5分）						
	相关人员签章（5分）						
合计							

注：合计=自评分×30%+组评分×30%+教师评分×40%。

项目七 登记账簿 07

学习内容

登记账簿是会计核算工作的重要阶段，其成果是编制财务会计报告的重要依据。本项目旨在让学生熟悉各类账簿的格式、基本用途和登记方法，并且采用正确的方式进行结账。

情景设置

武汉和美公司是一家食品生产企业。

【公司基本信息】

(1) 地址：湖北省武汉市球场路30号。

(2) 电话：027-82896755。

(3) 开户银行：中国银行武汉市球场支行。

(4) 账号：206615368。

(5) 纳税人登记号：420100196578432。

【财务部门人员分工】

(1) 财务主管：李静（负责稽核和登记总分类账）。

(2) 制单会计：张伟（负责制单）。

(3) 记账会计：李云龙（负责登记明细分类账）。

(4) 出纳：刘敏（负责保管现金及各种有价证券，登记现金日记账和银行存款日记账）。

实训提示

会计人员应当根据审核无误的会计凭证登记会计账簿。登记账簿的基本要求是：

(1) 登记会计账簿时，应当将会计凭证日期、编号、业务内容摘要、金额和其他有关资料逐项记入账内，做到数字准确、摘要清楚、登记及时、字迹工整。

(2) 登记完毕后，要在记账凭证上签名或者盖章，并标上已经登账的符号，表示已经记账。

(3) 在账簿中书写文字和数字时要留有适当的空格，不要写满格，一般应占格距的1/2。

(4) 登记账簿要用蓝黑墨水笔或者碳素墨水笔书写，不得使用圆珠笔（银行的复写账簿除外）或者铅笔书写。

(5) 下列情况，可以用红色墨水笔记账：

1）按照红字冲账的记账凭证，冲销错误记录。

2）在不设借贷等栏的多栏式账页中，登记减少数。

3）在三栏式账户的余额栏前，如未印明余额方向的，在余额栏内登记负数余额。

4）根据国家统一会计制度的规定，可以用红字登记的其他会计记录。

（6）各种账簿按页次顺序连续登记，不得跳行、隔页。如果发生跳行、隔页，应当将空行、空页划线注销，或者注明“此行空白”“此页空白”字样，并由记账人员签名或者盖章。

（7）凡需要结出余额的账户，结出余额后应当在“借或贷”等栏内写明“借”或者“贷”等字样。没有余额的账户，应当在“借或贷”等栏内写“平”字，并在余额栏内用“Q”表示。现金日记账和银行存款日记账必须逐日结出余额。

（8）每一账页登记完毕结转下页时，应当结出本页合计数及余额，写在本页最后一行和下页第一行的有关栏内，并在摘要栏内注明“过次页”和“承前页”字样；也可以将本页合计数及金额只写在下页第一行的有关栏内，并在摘要栏内注明“承前页”字样。

（9）对需要结计本月发生额的账户，结计“过次页”的本页合计数应当为自本月初起至本页末止的发生额合计数；对需要结计本年累计发生额的账户，结计“过次页”的本页合计数应当为自年初起至本页末止的累计数；对既不需要结计本月发生额也不需要结计本年累计发生额的账户，可以只将每页末的余额结转次页。

任务一 登记日记账

实训目标

通过实训，使学生掌握三栏式现金日记账、银行存款日记账的登记方法。

情景设置

2018年9月，出纳刘敏按照经济业务发生的时间顺序，根据有关现金、银行存款的记账凭证，逐日、逐笔登记现金日记账和银行存款日记账。“库存现金”账户期初余额：161元。“银行存款”账户期初余额：290 079.40元。

2018年9月，企业发生如下现金和银行存款业务：

（1）9月1日，收到武汉信诚公司投入的货币资金270 000元。

（2）9月2日，向银行借入流动资金借款50 000元。

（3）9月4日，归还短期借款80 000元。

（4）9月4日，向华海面粉厂购入精制面粉，价税合计为69 600元。

（5）9月9日，向山东鲁花公司购入食用油，价税合计为27 786元，采用电汇方式支付货款。

（6）9月9日，为期三个月的商业承兑汇票（35 100元）到期，银行转来委托收款凭证的付款通知。

（7）9月10日，购买货车一辆，价税合计为92 800元。

（8）9月10日，提取现金1 500元备用。

（9）9月10日，支付宽带使用费1 272元。

（10）9月10日，购买印花税票50元，以银行存款转账支付。

（11）9月10日，零售产品，将收取的货款696元存入银行。

（12）9月11日，以现金购买办公用纸120元。

（13）9月12日，销售产品，代垫运费1 200元。

（14）9月12日，收到武汉宏兴商贸城前欠货款58 500元。

（15）9月14日，采购员吴飞预借差旅费500元，以现金支付。

（16）9月15日，业务员文林报销业务招待费520元，以现金支付。

（17）9月15日，销售材料一批，收取现金232元。

（18）9月16日，以现金支付职工丧葬补助200元。

（19）9月16日，支付职工培训费1 272元。

（20）9月16日，以现金支付职工困难补助200元。

（21）9月20日，采购员吴飞报销差旅费570元，补付70元现金。

（22）9月20日，向开户银行购买转账支票，工本费10元，手续费50元，以银行存款转账支付。

（23）9月20日，收到河南豫园百货公司货款697 200元，收到托收承付凭证的收账通知。

（24）9月22日，向广济汽车修配厂支付修理费2 320元。

（25）9月24日，职工李欣报销市内交通费35元，以现金支付。

（26）9月30日，银行转来委托收款凭证的付款通知，支付水费3 740元，支付电费5452元。

（27）9月30日，以银行存款支付职工工资73 250元。

实训准备

物品准备

现金日记账、银行存款日记账（订本式账簿）各一本。

实训提示

（1）现金日记账和银行存款日记账通常使用订本式账簿，采用设有“借方”“贷方”“余额”或“收入”“支出”“余额”三栏式结构的账页。

（2）出纳人员每天应该依据审核无误的现金收款凭证、付款凭证和提取现金的银行存款付款凭证登记现金日记账，依据审核无误的银行存款收款凭证、付款凭证和向银行存入现金的现金付款凭证登记银行存款日记账。

（3）每日终了，出纳人员应将现金日记账余额数与库存现金进行核对，以检查账实是否相符，做到日清日结。期末，出纳人员应将本单位的银行存款日记账与开户银行转来的对账单进行逐笔核对，以检查银行存款日记账的记录是否正确。

实训资料

- 本期发生的与现金、银行存款有关业务的原始凭证和记账凭证见项目三。
- 现金日记账账页见附录中的附7-1-1。
- 银行存款日记账账页见附录中的附7-1-2。

实训评价

填制现金日记账登记评价表和银行存款日记账登记评价表，见表7-1和表7-2。

表7-1　现金日记账登记评价表

年　月　日

姓名：　　　　　　　　　　班级：

项　目		自评分（30%）		组评分（30%）		教师评分（40%）	
		扣分情况	该项得分	扣分情况	该项得分	扣分情况	该项得分
期初余额（10分）							
登记发生额	日期、字号、摘要（10分，每错一处扣0.5分）						
	发生额及方向（40分，每错一处扣2分）						
结账（40分，每错一处扣5分）							
合　计							

注：1. 日清日结要求每天结计一个余额即可。
2. 合计=自评分×30%+组评分×30%+教师评分×40%。

表7-2　银行存款日记账登记评价表

年　月　日

姓名：　　　　　　　　　　班级：

项　目		自评分（30%）		组评分（30%）		教师评分（40%）	
		扣分情况	该项得分	扣分情况	该项得分	扣分情况	该项得分
期初余额（10分）							
登记发生额	日期、字号、摘要（10分，每错一处扣1分）						
	发生额及方向（40分，每错一处扣4分）						
结账（40分，每错一处扣4分）							
合　计							

注：合计=自评分×30%+组评分×30%+教师评分×40%。

任务二 登记存货明细账

实训目标

通过实训，使学生掌握在永续盘存制下存货明细账的登记方法，明确总分类账与所属明细账户之间的关系，理解平行登记的要点。

情景设置

2018年9月，记账会计李云龙依据记载本月原材料收发情况的记账凭证及所附的原始凭证，逐笔登记原材料明细分类账。

2018年9月“原材料”账户的期初余额见表7-3。

表7-3 “原材料”账户2018年9月期初余额

金额单位：元

材料名称	计量单位	数量	单价	金额
精制面粉	吨	5	60 000	300 000
食用油	升	6 000	4	24 000
食用盐	千克	10 000	1	10 000
润滑剂	桶	20	150	3 000
合计	—	—	—	337 000

9月原材料收发情况如下：

（1）9月9日，向山东鲁花公司购入的食用油6 000升验收入库，合计金额为24 000元。

（2）9月9日，向武汉华海面粉厂购入的精制面粉1吨验收入库，合计金额为60 000元。

（3）9月10日，向汉福超市购入的食用油、食用盐验收入库，其中食用油1 000升，单价为4元；食用盐1 000千克，单价为1元。

（4）9月10日，向河南新源面粉厂购入的精制面粉10吨验收入库，合计金额为600 000元。

（5）9月30日，根据发料凭证汇总表，9月共发出精制面粉7吨，单价为60 000元；食用油3 600升，单价为4元；食用盐1 700千克，单价为1元；润滑剂7桶，单价为150元。

实训准备

物品准备

数量金额式账页4张、三栏式账页1张。

实训提示

（1）“原材料”账户按照材料的品种进行明细核算。

（2）根据记账凭证逐笔登记“原材料”总分类账户，根据记账凭证及所附的收发料单原始凭证逐笔登记“原材料”明细分类账户。

（3）数量金额式明细账的登记要领是既要登记材料物资的金额，又要登记其数量、单价。本次实训要求原材料的核算采用实际成本法，发出材料的成本采用全月一次加权平均法计算。

实训资料

- 本期发生的与原材料有关业务的原始凭证和记账凭证见项目三。
- 原材料明细账账页见附录中的附7-2-1～附7-2-4。
- 原材料总分类账账页见附录中的附7-2-5。

实训评价

填制存货明细账登记评价表，见表7-4。

表7-4　存货明细账登记评价表

年　月　日

姓名：　　　　　　　　　　　　　　班级：

<table>
<tr><th colspan="2" rowspan="2">项　目</th><th colspan="2">自评分（30%）</th><th colspan="2">组评分（30%）</th><th colspan="2">教师评分（40%）</th></tr>
<tr><th>扣分情况</th><th>该项得分</th><th>扣分情况</th><th>该项得分</th><th>扣分情况</th><th>该项得分</th></tr>
<tr><td colspan="2">期初余额（10分，每错一处扣2.5分。若金额正确，数量、单价未登记，则每一处扣2分）</td><td></td><td rowspan="4"></td><td></td><td rowspan="4"></td><td></td><td rowspan="4"></td></tr>
<tr><td rowspan="2">登记发生额</td><td>日期、字号、摘要（9分，每错一处扣1分）</td><td></td><td></td><td></td></tr>
<tr><td>发生额及方向（36分,每错一处扣4分。若金额正确，数量、单价未登记，则每一处扣3分）</td><td></td><td></td><td></td></tr>
<tr><td colspan="2">结账（45分，每错一处扣5分。若金额正确，数量、单价未登记，则每一处扣3分）</td><td></td><td></td><td></td></tr>
<tr><td colspan="2">合　计</td><td colspan="6"></td></tr>
</table>

注：1. 本次实训仅针对存货明细账的登记进行评价。

2. 合计=自评分×30%+组评分×30%+教师评分×40%。

任务三　登记成本费用明细账

实训目标

通过实训，使学生掌握“制造费用”“生产成本”和“管理费用”等采用多栏式账页登记明细分类账的方法。

情景设置

2018年9月，记账会计李云龙依据记载本月有关管理费用的记账凭证及所附的原始凭证，逐笔登记管理费用明细账。

（1）9月10日，支付宽带使用费1 200元。

（2）9月11日，购买办公用纸120元。

（3）9月15日，业务员文林报销业务招待费520元。

（4）9月20日，采购员吴飞报销差旅费570元。

（5）9月20日，购买转账支票，支付工本费10元。

（6）9月22日，向广济汽车修配厂支付修理费2 320元。

（7）9月24日，职工李欣报销市内交通费35元。

（8）9月30日，支付水电费，其中管理部门分配1 300元。

（9）9月30日，支付厂部材料费150元。

（10）9月30日，支付厂部管理人员工资费18 000元。

（11）9月30日，将本月发生的职工教育经费、福利费共计1 600元转入“管理费用”。

（12）9月30日，计提厂部固定资产折旧费6 891元。

实训准备

物品准备

多栏式账页两张。

实训提示

（1）对本企业的制造费用、管理费用按项目进行明细核算，项目分别为办公费、差旅费、人工费、折旧费、业务招待费和其他费用。

（2）在没有贷方的账户中用红色表示贷方。

实训资料

- 本期发生的与管理费用有关业务的原始凭证和记账凭证见项目三。
- 管理费用明细账账页见附录中的附7-3-1。

实训评价

填制管理费用明细账登记评价表，见表7-5。

表7-5　管理费用明细账登记评价表

年　月　日

姓名：　　　　　　　　　　　　　　　　班级：

<table>
<tr><th colspan="2" rowspan="2">项　目</th><th colspan="2">自评分（30%）</th><th colspan="2">组评分（30%）</th><th colspan="2">教师评分（40%）</th></tr>
<tr><th>扣分情况</th><th>该项得分</th><th>扣分情况</th><th>该项得分</th><th>扣分情况</th><th>该项得分</th></tr>
<tr><td rowspan="2">登记发生额</td><td>日期、字号、摘要（19分，每错一处扣1分）</td><td></td><td rowspan="3"></td><td></td><td rowspan="3"></td><td></td><td rowspan="3"></td></tr>
<tr><td>发生额及方向（57分，每错一处扣3分。若明细项目未登记，则每一处扣2分）</td><td></td><td></td><td></td></tr>
<tr><td colspan="2">结账（24分，每错一处扣1分，月终结账错误扣5分）</td><td></td><td></td><td></td></tr>
<tr><td colspan="2">合　计</td><td colspan="6"></td></tr>
</table>

注：合计=自评分×30%+组评分×30%+教师评分×40%。

任务四　登记往来账

实训目标

通过实训，使学生掌握“应收账款”“应付账款”明细账的登记方法，明确总分类账与所属明细账户之间的关系，理解平行登记的要点。

情景设置

2018年9月，记账会计李云龙依据记载本月有关应收款项的记账凭证及所附的原始凭证，逐笔登记“应收账款”明细账。“应收账款——武汉宏兴商贸城”期初借方余额为175 500元。

（1）9月12日，向河南豫园百货公司销售产品一批，价税合计为697 200元，办妥托收手续。

（2）9月12日，收到武汉宏兴商贸城前欠货款58 500元。

（3）9月20日，收到银行转来的托收承付凭证的收账通知，收到河南豫园百货公司货款697 200元。

实训准备

物品准备

三栏式账页两张。

实训提示

往来账按照往来单位进行明细核算，其账页格式使用三栏式账页。

实训资料

- 本期发生的与应收账款有关的原始凭证和记账凭证见项目三。
- 三栏式明细账账页见附录中的附7-4-1和附7-4-2。

实训评价

填制往来账登记评价表，见表7-6。

表7-6　往来账登记评价表

年　月　日

姓名：　　　　　　　　　　　　　　班级：

<table>
<tr><th colspan="2" rowspan="2">项　目</th><th colspan="2">自评分（30%）</th><th colspan="2">组评分（30%）</th><th colspan="2">教师评分（40%）</th></tr>
<tr><th>扣分情况</th><th>该项得分</th><th>扣分情况</th><th>该项得分</th><th>扣分情况</th><th>该项得分</th></tr>
<tr><td colspan="2">期初余额（10分）</td><td></td><td rowspan="4"></td><td></td><td rowspan="4"></td><td></td><td rowspan="4"></td></tr>
<tr><td rowspan="2">登记发生额</td><td>日期、字号、摘要（15分，每错一处扣5分）</td><td></td><td></td><td></td></tr>
<tr><td>发生额及方向（30分，每错一处扣10分）</td><td></td><td></td><td></td></tr>
<tr><td colspan="2">结账（45分，每错一处扣15分）</td><td></td><td></td><td></td></tr>
<tr><td colspan="2">合　计</td><td colspan="6"></td></tr>
</table>

注：合计=自评分×30%+组评分×30%+教师评分×40%。

任务五　登记应交增值税明细账

实训目标

通过实训，使学生对“应交税费——应交增值税”明细账的构成项目进行了解，掌握其登记方法。

情景设置

2018年9月，记账会计李云龙依据记载本月有关应交税费——应交增值税的记账凭证及所附的原始凭证，逐笔登记“应交税费——应交增值税”明细分类账。“应交税费——应交增值税”无期初余额。

（1）9月4日，向武汉华海面粉厂购进精制面粉，支付价款60 000元，增值税9 600元。

（2）9月9日，向山东鲁花公司购进食用油，支付价款23 100元，增值税3 960元，并支付运费900元，增值税90元。

（3）9月10日，向武汉汉福超市购进食用油、食用盐，支付价款5 000元，增值税800元。

（4）9月10日，向通用汽车制造厂购进货车一辆，支付价款80 000元，增值税12 800元。

（5）9月10日，支付宽带使用费1 200元，增值税72元。

（6）9月10日，向为民商场销售产品，收到价款600元，增值税96元。

（7）9月12日，向河南豫园百货公司销售产品，价款600 000元，增值税96 000元。

（8）9月15日，向江亚公司销售材料，取得价款200元，增值税32元。

（9）9月16日，支付培训费1 200元，增值税72元。

（10）9月22日，支付修理费2 000元，增值税320元。

（11）9月30日，支付水费3 400元，增值税340元；电费4 700元，增值税752元。

实训准备

物品准备

应交增值税多栏式明细账页一张。

实训提示

（1）将所有购进材料或接受劳务支付的增值税进项税额登记入“应交税费——应交增值税”账户的借方“进项税额”栏。

（2）将所有销售产品取得的增值税销项税额登记入“应交税费——应交增值税”账户的贷方“销项税额”栏。

（3）将本月已经缴纳的本月增值税计入“应交税费——应交增值税”账户的借方“已交税金”栏。

（4）将本月尚未缴纳的本月增值税计入“应交税费——应交增值税”账户的借方“转出未交增值税”栏，并在月末时将此金额从该账户转入“应交税费——未交增值税”账户。

实训资料

◆ 本期发生的与应交增值税有关的原始凭证和记账凭证见项目三。

◆ 应交增值税多栏式明细账账页见附录中的附7-5-1。

实训评价

填制应交增值税明细分类账登记评价表，见表7-7。

表7-7　应交增值税明细分类账登记评价表

年　月　日

姓名：　　　　　　　　　　　　班级：

<table>
<tr><th colspan="2" rowspan="2">项　　目</th><th colspan="2">自评分（30%）</th><th colspan="2">组评分（30%）</th><th colspan="2">教师评分（40%）</th></tr>
<tr><th>扣分情况</th><th>该项得分</th><th>扣分情况</th><th>该项得分</th><th>扣分情况</th><th>该项得分</th></tr>
<tr><td rowspan="2">登记发生额</td><td>日期、字号、摘要（40分，每错一处扣4分）</td><td></td><td rowspan="3"></td><td></td><td rowspan="3"></td><td></td><td rowspan="3"></td></tr>
<tr><td>发生额及合计（50分，每错一处扣5分）</td><td></td><td></td><td></td></tr>
<tr><td colspan="2">结账（10分）</td><td></td><td></td><td></td></tr>
<tr><td colspan="2">合　　计</td><td colspan="6"></td></tr>
</table>

注：合计=自评分×30%+组评分×30%+教师评分×40%。

任务六　科目汇总表核算程序下总分类账的登记

实训目标

通过实训，掌握在科目汇总表核算程序下总分类账的登记方法。

情景设置

武汉和美公司会计组织形式采用科目汇总表核算程序，2018年9月会计主管李静根据编制完成的科目汇总表登记总分类账。

2018年9月各账户期初余额见表7-8。

表7-8　总分类账户期初余额

单位：元

总账科目	余额	
	借　方	贷　方
库存现金	161.00	
银行存款	290 079.40	
应收账款	175 500.00	
在途物资	600 000.00	

（续）

总账科目	余额	
	借方	贷方
原材料	337 000.00	
库存商品	719 000.00	
固定资产	3 006 000.00	
累计折旧		371 700.00
应付票据		35 100.00
短期借款		80 000.00
应付职工薪酬		14 860.40
应付利息		500.00
实收资本		3 500 000.00
资本公积		213 880.00
盈余公积		141 700.00
本年利润		750 000.00
利润分配		20 000.00
合计	5 127 740.40	5 127 740.40

实训准备

物品准备

总分类账一本。

实训提示

（1）启用会计账簿时，应当在账簿封面上写明单位名称和账簿名称。在账簿扉页上应当附启用表，内容包括启用日期、账簿页数、记账人员姓名、会计机构负责人姓名和会计主管人员姓名，并加盖名章和单位公章。记账人员或者会计机构负责人、会计主管人员调动工作时，应当注明交接日期、接办人员或者监交人员姓名，并由交接双方人员签名或者盖章。

（2）启用订本式账簿时，应当从第一页到最后一页顺序编定页数，不得跳页、缺号。使用活页式账页，应当按账户顺序编号，并需定期装订成册。装订后再按实际使用的账页顺序编定页码，并加目录，记明每个账户的名称和页次。

（3）账簿记录发生错误时，不准涂改、挖补、刮擦或者用药水消除字迹，不准重新抄写，必须按照下列方法进行更正：

1）登记账簿发生错误时，应当将错误的文字或者数字划红线注销，但必须使原有字迹仍可辨认；然后在划线上方填写正确的文字或者数字，并由记账人员在更正处盖章。对于错误的数字，应当全部划红线更正，不得只更正其中的错误数字。对于文字错误，可只划去错误的部分。

2）由于记账凭证错误而使账簿记录发生错误，应当按更正的记账凭证登记账簿。

实训资料

◆ 本期发生经济业务的科目汇总表见项目五。

实训评价

填制总分类账登记评价表一，见表7-9。

表7-9　总分类账登记评价表一

年　月　日

姓名：　　　　　　　　　　　　班级：

<table>
<tr><th colspan="2" rowspan="2">项　目</th><th colspan="2">自评分（30%）</th><th colspan="2">组评分（30%）</th><th colspan="2">教师评分（40%）</th></tr>
<tr><th>扣分情况</th><th>该项得分</th><th>扣分情况</th><th>该项得分</th><th>扣分情况</th><th>该项得分</th></tr>
<tr><td colspan="2">期初余额（17分，每错一处扣1分）</td><td></td><td rowspan="4"></td><td></td><td rowspan="4"></td><td></td><td rowspan="4"></td></tr>
<tr><td rowspan="2">登记发生额</td><td>日期、字号、摘要（26分，每错一处扣1分）</td><td></td><td></td><td></td></tr>
<tr><td>发生额及合计（26分，每错一处扣1分）</td><td></td><td></td><td></td></tr>
<tr><td colspan="2">结账（31分，每错一处扣1分）</td><td></td><td></td><td></td></tr>
<tr><td colspan="2">合　计</td><td colspan="6"></td></tr>
</table>

注：合计=自评分×30%+组评分×30%+教师评分×40%。

项目八 编制银行存款余额调节表 08

实训内容

银行存款的清查是通过与单位开户银行核对账目记录的方法而进行的。清查之前应将本单位所发生的经济业务过入银行存款日记账，再对账面记录进行检查复核，确定账簿记录是完整、准确的；然后将银行提供的对账单与之逐笔核对。

实训目标

通过实训，掌握银行存款余额调节表的编制方法。

情景设置

2018年9月30日，会计张伟将银行转来的对账单与出纳登记的银行存款日记账进行核对，查找未达账项，并编制银行存款余额调节表。

实训准备

物品准备

银行存款余额调节表一张。

实训提示

（1）核对银行对账单和银行存款日记账的期末余额是否相符。

（2）如果银行对账单和银行存款日记账的期末余额不相符，则要将“银行日记账”与“银行对账单”进行逐笔勾对，找出未达账项。

（3）根据查找出的未达账项编制银行存款余额调节表。

实训资料

◆ 银行转来的对账单见附录中的附8-1-1。

◆ 企业出纳人员填制的银行存款日记账见项目七的任务一。

◆ 银行存款余额调节表见附录中的附8-1-2。

实训评价

填制银行存款余额调节表评价表，见表8-1。

表8-1　银行存款余额调节表评价表

年　月　日

姓名：　　　　　　　　　　　　班级：

项　目	自评分（30%）		组评分（30%）		教师评分（40%）	
	扣分情况	该项得分	扣分情况	该项得分	扣分情况	该项得分
调整前余额登记（20分）						
查找未达账项并正确登记在相应栏目（60分，每错一处扣30分）						
调整后余额计算正确（20分）						
合　计						

注：合计=自评分×30%+组评分×30%+教师评分×40%。

项目九 编制会计报表 09

实训内容

会计报表是根据会计账簿记录和有关资料，按照规定的报表格式，总括反映一定期间的经济活动、财务收支情况及其结果的一种报告文件。会计报表至少应当包括资产负债表、利润表、现金流量表和所有者权益（或股东权益）变动表等报表。

任务一 编制资产负债表

实训目标

通过实训，使学生掌握资产负债表的编制方法。

情景设置

2018年9月30日，财务主管李静根据总分类账及其他资料提供的相关信息编制资产负债表。

实训准备

1. 知识准备

资产负债表是企业财务报表的重要组成部分，是反映企业一定日期财务状况的静态报表。资产负债表的编制依据包括会计报告期末的总账账户余额、有关明细分类账户记录和上年末的资产负债表。资产负债表的编制过程就是通过对账户资料的有关数据进行归类、整理和汇总，加工成报表项目数据的过程。

2. 活动准备

完成本期各账户的对账、结账工作。

3. 物品准备

资产负债表一张。

实训提示

1. “年初余额”栏填列方法

“年初余额”栏的各项数字应根据上年末资产负债表“期末余额”栏内所列数字填列。如果本年度资产负债表各项目的名称和内容与上年度不一致，应对上年年末资产负债表各项目的名称和数字按本年度的规定进行调整，填入本年“年初余额”栏。

2. “期末余额”栏填列方法的六种情况

（1）根据总账科目期末余额直接填列，如“交易性金融资产”“短期借款”“应付票据”“应付职工薪酬”各总账科目的余额直接填列。

（2）根据几个总账科目的期末余额计算填列，如“货币资金”科目需根据“库存现金”“银行存款”“其他货币资金”三个总账科目的期末余额的合计数填列。

（3）根据明细账科目余额计算填列：

1）“应收账款”科目，应根据“应收账款”和“预收账款”科目所属的明细科目期末借方余额合计数，减去“坏账准备”科目中有关应收账款计提的坏账准备余额后的金额填列。

2）“预收款项”科目，应根据“应收账款”和“预收账款”科目所属的明细科目期末贷方余额合计数填列。

3）“预付款项”科目，应根据“应付账款”和“预付账款”科目所属的明细科目期末借方余额合计数，减去“坏账准备”科目中有关预付账款计提的坏账准备余额后的金额填列。

4）“应付账款”科目，应根据“应付账款”和“预付账款”科目所属的明细科目期末贷方余额合计数填列。

（4）根据总账科目和明细账科目余额分析计算填列。如“长期借款”科目，需要根据“长期借款”总账科目余额扣除“长期借款”科目所属的明细科目中将在一年内到期的长期借款后的金额计算填列。

（5）根据有关科目余额减去其备抵科目余额后的净额填列。如资产负债表中的“应收票据”“应收账款”“长期股权投资”“在建工程”等科目，应根据“应收票据”“应收账款”“长期股权投资”“在建工程”等科目的期末余额减去“坏账准备”“长期股权投资减值准备”“在建工程减值准备”等科目余额后的净额填列。如“固定资产”科目，应根据“固定资产”科目的期末余额减去“累计折旧”“固定资产减值准备”备抵科目余额后的净额填列；又如“无形资产”科目，应根据“无形资产”科目的期末余额减去“累计摊销”“无形资产减值准备”备抵科目余额后的净额填列。

（6）综合运用上述填列方法分析填列。如资产负债表中的“存货”科目，需要根据“原材料”“委托加工物资”“周转材料”“材料采购”“在途物资”“发出商品”和“材料成本差异”等总账科目期末余额的分析汇总数，再减去“存货跌价准备”科目余额后的净额填列。

实训资料

- 总分类账户期末信息见附录中的附9-1-1。
- 资产负债表见附录中的附9-1-2。

实训评价

填制资产负债表评价表，见表9-1。

表9-1 资产负债表评价表

年 月 日

姓名：　　　　　　　　班级：

项目		自评分（30%）		组评分（30%）		教师评分（40%）	
		扣分情况	该项得分	扣分情况	该项得分	扣分情况	该项得分
表头（10分）	编制单位（5分）						
	编制日期（5分）						
表体（80分）	资产负债各项目（60分）						
	资产与权益平衡（20分）						
表尾（相关人员签章，10分）							
合计							

注：合计=自评分×30%+组评分×30%+教师评分×40%。

任务二 编制利润表

实训目标

通过实训，使学生掌握利润表的编制方法。

情景设置

2018年9月30日，记账会计李云龙根据损益类账户本期发生额提供的相关信息编制利润表。

实训准备

1．知识准备

利润表是反映企业在一定会计期间内的经营成果的报表。通过利润表，可以反映企业在一定会计期间内收入、费用、利润（或亏损）的数额和构成情况，帮助财务报表使用者全面了解企业的经营成果，分析企业的获利能力及盈利增长趋势，从而为其做出经济决策提供依据。

2．活动准备

完成本期损益类账户的对账、结账工作。

3．物品准备

利润表一张。

实训提示

（1）企业的利润表分为以下三个步骤编制：

第一步，以营业收入为基础，减去营业成本、营业税金及附加、销售费用、管理费用、财务费用、资产减值损失，加上公允价值变动收益（或减去公允价值变动损失）和投资收益（或减去投资损失），计算出营业利润。

第二步，以营业利润为基础，加上营业外收入，减去营业外支出，计算出利润总额。

第三步，以利润总额为基础，减去所得税费用，计算出净利润（或净亏损）。

（2）普通股或潜在普通股已公开交易的企业，以及正处于公开发行普通股或潜在普通股过程中的企业，还应当在利润表中列示每股收益信息。

实训资料

- 武汉和美公司2018年9月损益类账户本期发生额见附录中的附9-2-1。
- 利润表见附录中的附9-2-2。

实训评价

填制利润表评价表，见表9-2。

表9-2 利润表评价表

年 月 日

姓名： 班级：

项 目		自评分（30%）		组评分（30%）		教师评分（40%）	
		扣分情况	该项得分	扣分情况	该项得分	扣分情况	该项得分
表头（10分）	编制单位（5分）						
	编制日期（5分）						
表体（80分）	资产负债各项目（60分）						
	资产与权益平衡（20分）						
表尾（相关人员签章，10分）							
合 计							

注：合计=自评分×30%+组评分×30%+教师评分×40%。

项目十 综合模拟实训 10

实训目标

根据给定的企业会计资料进行综合模拟实训，全面检验学习成果。

情景设置

武汉云海电器公司是一家生产经营各种类型电扇的加工企业，被税务机关核定为增值税一般纳税人。

【公司基本信息】

（1）地址：湖北省武汉市青年路附1号。

（2）电话：027-85773222。

（3）开户银行：中国银行武汉市青年路支行。

（4）账号：253443256。

（5）纳税人登记号：420100236556321。

（6）公司组织机构和各部门部分人事安排，如图10-1所示。

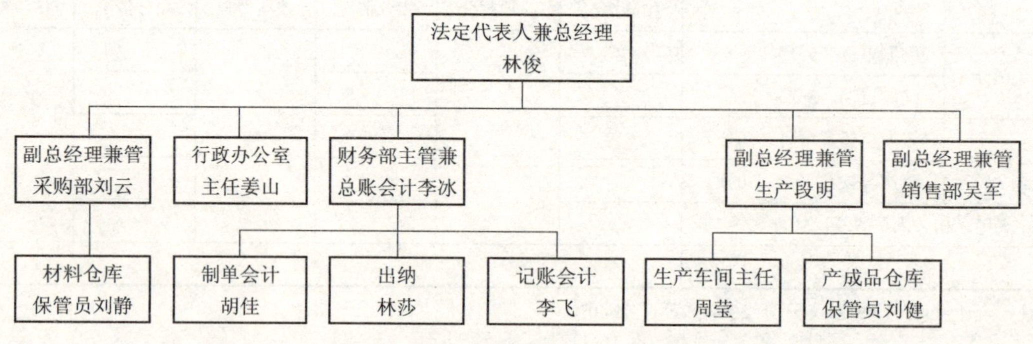

图10-1 武汉云海电器公司组织机构和各部门部分人事安排

【企业内部会计制度规定】

（1）记账方法采用借贷记账法，记账凭证采用通用记账凭证，企业会计核算组织程序

采用科目汇总表核算程序。

（2）企业的原材料和库存商品要求采用数量金额核算法；原材料采用实际成本法计价，分次领用，月末汇总；生产费用采用不计算在产品成本法进行分配；发出存货成本采用全月一次加权平均法核算。

（3）固定资产按平均年限法分类计提折旧，其中厂房的月折旧率为0.4%，机器设备的月折旧率为0.6%，运输工具的月折旧率为0.8%。

（4）企业销售货物的增值税税率为16%，企业购进货物、接受劳务和服务时取得的增值税专用发票均可抵扣增值税进项税额。

（5）城市维护建设税按流转税的7%计算缴纳，教育费附加按流转税的3%计算缴纳。企业所得税税率为25%，采用按月预缴，年终汇算清缴的方式计算并交纳所得税，企业1～11月的利润总额为750 000元，无纳税调整项目，已经预交所得税250 000元。

（6）公司月末制造费用按生产工人工资比例法进行分配。

（7）有关福利项目计提标准如下：

1）养老保险：单位上缴比例为工资总额的20%，个人上缴比例为工资总额的8%。

2）医疗保险：单位上缴比例为工资总额的8%，个人上缴比例为工资总额的2%。

3）失业保险：单位上缴比例为工资总额的1%。

4）住房公积金：单位上缴比例为工资总额的10%，个人上缴比例为工资总额的5%。

5）职工教育经费和职工福利费用：职工教育经费和职工福利费据实列支，在每月月末全额转入“管理费用”。

6）工会经费：按工资总额的2%计提，由单位承担，列作“管理费用”。

（8）公司按月结转损益，年终进行利润分配。公司利润分配按全年净利润的10%提取法定盈余公积，按全年净利润的50%分配给投资者。

【公司2018年12月的产品报价】

台式转页扇120元、落地扇150元。

【使用的主要原材料】

风扇电机、塑胶扇叶、风扇底座、电机接线板。

2018年12月1日，公司各账户的期初余额，见表10-1。12月发生如下业务：

（1）12月1日，从中国银行提取现金2 000元备用（请填写现金支票，见附录中的附10-1-1）。

（2）12月1日，采购部刘云去义乌出差，预支差旅费1 200元（请填写借据，见附录中的附10-2-1）。

（3）12月2日，收到武汉中心商城用于支付前欠货款535 000元的转账支票一张（转账支票见附录中的附10-3-1），填写进账单（见附录中的附10-3-2）到银行进账。

（4）12月2日，向合肥青青商贸城销售台式转页扇2 000台，单价为120元，落地扇1 000台，单价为150元，共计货款390 000元，增值税62 400元（增值税专用发票见附录中的附10-4-1、产品出库单见附录中的附10-4-2），并为对方代垫运杂费1 000元（开出的转账支票存根见附录中的附10-4-3），已经办妥托收手续（见附录中的附10-4-4）。

（5）12月3日，向武汉悠扬广告公司支付广告费2 000元，增值税120元（见附录中的附10-5-1～附10-5-3）。

（6）12月4日，向武汉国维设备修理厂支付生产车间设备维修费2 000元，增值税320元（见附录中的附10-6-1～附10-6-3）。

表10-1 武汉云海电器公司各账户的期初余额

单位：元

总账科目	明细科目	余额	
		借方	贷方
库存现金		1 200	
银行存款	中国银行	1 080 000	
应收账款	欣宜商场	175 500	
	武汉中心商城	535 000	
其他应收款	生产车间周莹	1 000	
原材料	Ⅰ型风扇电机（3000台×40）	120 000	
	Ⅱ型风扇电机（3600台×50）	180 000	
	塑胶扇叶（5000套×10）	50 000	
	电机接线板（5400个×2）	10 800	
	Ⅰ型风扇底座（3000台×5）	15 000	
	Ⅱ型风扇底座（1950台×10）	19 500	
库存商品	台式转页扇（5000台×76）	380 000	
	落地扇（2400台×110）	264 000	
固定资产	厂房（车间100万元，厂部35万元）	1 350 000	
	机器设备（车间）	956 000	
	运输工具（厂部）	780 000	
累计折旧			845 580
应付账款	欣欣电扇配件厂		70 000
应付票据	佳缘塑胶模具公司		47 000
短期借款			50 000
应付职工薪酬	工资		109 000
	职工福利		3 490
	社会保险费		31 610
	住房公积金		10 900
应付利息	预提短期借款利息		500
应交税费	未交增值税		27 200
	应交城市维护建设税		1 904
	应交教育费附加		816
实收资本			3 600 000
资本公积			210 000
盈余公积			140 000
本年利润			750 000
利润分配	未分配利润		20 000
合　计		5 918 000	5 918 000

（7）12月5日，报销采购部办公用品费640元（见附录中的附10-7-1）。

（8）12月5日，缴纳上月增值税27 200元（见附录中的附10-8-1）。

（9）12月5日，缴纳上月城市维护建设税1 904元，教育费附加816元（见附录中的附10-9-1）。

（10）12月6日，报销生产车间周莹差旅费990元（见附录中的附10-10-1），余款退回（请开具收据，见附录中的附10-10-2）。

（11）12月6日，收到合肥青青商贸城承付的货款457 300元（见附录中的附10-11-1）。

（12）12月8日，根据上月工资结算汇总表（见附录中的附10-12-1），开出转账支票（见附录中的附10-12-2）支付上月职工工资。

（13）12月8日，以银行存款划付上月按一定比例计提的，分别由单位和个人负担的养老保险、医疗保险、失业保险（见附录中的附10-13-1～附10-13-3）。

（14）12月8日，以银行存款划付上月计提的住房公积金（见附录中的附10-14-1）。

（15）12月10日，向武汉中心商城销售台式转页扇3 000台，单价为120元，增值税57 600元（增值税专用发票见附录中的附10-15-1、产品出库单见附录中的附10-15-2），价款和税款尚未收到。

（16）12月10日，向欣欣电扇配件厂购入Ⅰ型风扇电机2 000台，单价为40元，Ⅱ型风扇底座2 000台，单价为10元，增值税16 000元（增值税专用发票见附录中的附10-16-1、附10-16-2），全部价款和税款共计116 000元尚未支付，材料已经验收入库（收料单见附录中的附10-16-3）。

（17）12月12日，开具给佳缘塑胶模具公司的票据到期，银行划款47 000元（付款通知见附录中的附10-17-1）。

（18）12月12日，向中环机械制造厂购买设备3台，价值为30 000元（增值税专用发票见附录中的附10-18-1、附10-18-2），货款以银行存款支付（见附录中的附10-18-3）。

（19）12月12日，收到亦非机械设备公司投入的资金120 000元（投资协议书见附录中的附10-19-1、附10-19-2）。

（20）12月15日，收到欣宜商场支付的前欠货款175 500元（见附录中的附10-20-1）。

（21）12月15日，向武汉市红十字会捐款10 000元（见附录中的附10-21-1、附10-21-2）。

（22）12月16日，向武汉中心商城销售落地扇2 000台，单价为150元，增值税48 000元（增值税专用发票见附录中的附10-22-1、产品出库单见附录中的附10-22-2），货款尚未收到。

（23）12月20日，购买办公用纸，价值600元，款项已经支付（见附录中的附10-23-1、附10-23-2）。

（24）12月20日，以银行存款支付绿化补偿费600元（见附录中的附10-24-1、附10-24-2）。

（25）12月23日，向欣宜商场销售台式转页扇1 000台，单价为120元；落地扇500台，单价为150元（增值税专用发票见附录中的附10-25-1、产品出库单见附录中的附10-25-2）。货款尚未收到。

（26）12月25日，支付职工培训费1 000元，增值税60元（见附录中的附10-26-1～附

10-26-3）。

（27）12月31日，支付本月各部门应分摊的水电费（见附录中的附10-27-1～附10-27-7）。

（28）12月31日，计算本月应该支付的短期借款利息250元，并缴纳本季度短期借款利息共750元（见附录中的附10-28-1、附10-28-2）。

（29）12月31日，计提本月固定资产折旧费（见附录中的附10-29-1）。

（30）12月31日，分配本月材料费用（见附录中的附10-30-1）。

（31）12月31日，分配本月工资费用（见附录中的附10-31-1）。

（32）12月31日，计提本月工会经费（见附录中的附10-32-1）。

（33）12月31日，计提本月职工养老保险、医疗保险、失业保险（见附录中的附10-33-1）。

（34）12月31日，计提本月职工住房公积金（见附录中的附10-34-1）。

（35）12月31日，将本月发生的培训费1 000元全额转入“管理费用”（见附录中的附10-35-1）。

（36）12月31日，以生产工人工资为标准分配本月生产车间制造费用（见附录中的附10-36-1）。

（37）12月31日，本月完工台式转页扇3 000台、落地扇2 000台，编制产品成本计算表和产品入库单，结转完工产品成本（见附录中的附10-37-1～附10-37-3）。

（38）12月31日，编制产品销售成本计算表，结转产品销售成本（见附录中的附10-38-1）。

（39）12月31日，计算本月应该缴纳的增值税（见附录中的附10-39-1）。

（40）12月31日，计算本月应该缴纳的城市维护建设税和教育费附加（见附录中的附10-40-1）。

（41）12月31日，结转损益类账户。

（42）12月31日，计算本月所得税（见附录中的附10-42-1）。

（43）12月31日，结转本月所得税费用。

（44）12月31日，结转全年净利润。

（45）12月31日，按全年净利润的10%提取法定盈余公积，50%分配给股东现金股利（见附录中的附10-44-1）。

（46）12月31日，结转本年度未分配利润。

实训提示

（1）根据给定的经济业务信息填制相应的原始凭证。

（2）根据2018年12月发生的经济业务编制记账凭证，并审核。

（3）根据2018年12月发生的经济业务编制科目汇总表，并对凭证进行装订。

（4）开设总分类账户，并进行各总分类账户的登记。

（5）开设现金日记账和银行存款日记账，并进行登记。

（6）对以下账户开设明细分类账户，并进行登记：应收账款、应付账款、原材料、库存商品、管理费用、制造费用、生产成本、应交税费—— 应交增值税。

（7）将总分类账与日记账、明细分类账进行核对，无误后对登记的所有账簿进行结账。

（8）根据各账簿记录的信息编制2018年12月份的资产负债表和利润表。

实训评价

填制下列评价表，见表10-2～表10-9。

表10-2　原始凭证评价表

年　月　日

姓名：　　　　　　　　　　　　　班级：

项　目		自评分（30%）		组评分（30%）		教师评分（40%）	
		扣分情况	该项得分	扣分情况	该项得分	扣分情况	该项得分
金额（含大小写60分）							
非关键项目	日期（20分）						
	文字内容（10分）						
	相关签章（10分）						
合　计							

注：1．共需要填制18张原始凭证。非关键项目中，日期每错误或遗漏一处扣1分，文字内容、相关签章错误或遗漏一处扣0.5分。若原始凭证为支票、进账单、收据和借据，金额大写、小写每错误一处扣1.5分；若原始凭证为各种计算单，总金额每错误一处扣3分（若单张原始凭证过程正确，可酌情给1～2分）。

2．合计=自评分×30%+组评分×30%+教师评分×40%。

表10-3　记账凭证评价表七

年　月　日

姓名：　　　　　　　　　　　　　班级：

项　目		自评分（30%）		组评分（30%）		教师评分（40%）	
		扣分情况	该项得分	扣分情况	该项得分	扣分情况	该项得分
会计科目或金额	一级会计科目或金额错误扣10分						
	无合计金额或凭证涂改，各处扣2分						
	摘要或明细科目错误，各处扣1分						
	未划线注销扣1分						
非关键项目	日期（1分）						
	字号（1分）						
	附件及粘贴（1分）						
	相关人员签名（1分）						
合计（百分制）							

注：1．每张记账凭证总分为10分，本次实训满分为470分。

2．会计科目或金额为关键项目，如果单张记账凭证发生会计科目或金额错误则此笔业务不得分（即扣10分），且本张记账凭证其他项目不扣分。

3．合计=（自评分×30%+组评分×30%+教师评分×40%）÷4.7。

表10-4 会计凭证装订评价表二

年 月 日

姓名： 班级：

项目		自评分（30%）		组评分（30%）		教师评分（40%）	
		扣分情况	该项得分	扣分情况	该项得分	扣分情况	该项得分
装订方法（80分）	方法正确（60分，含科目汇总表编制正确并进行正确装订）						
装订方法（80分）	侧缝露出并正确书写（10分）						
	包角美观（10分）						
封面书写（20分）	日期（5分）						
	册数编号（5分）						
	记账凭证起讫号数（5分）						
	相关人员签名（5分）						
合计							

注：1．在装订方法正确的60分中含科目汇总表的编制，科目汇总表每错误一处金额扣1分，表头、表尾未书写或书写错误分别扣5分。

2．合计=自评分×30%+组评分×30%+教师评分×40%。

表10-5 日记账登记评价表

年 月 日

姓名： 班级：

项目		自评分（30%）		组评分（30%）		教师评分（40%）	
		扣分情况	该项得分	扣分情况	该项得分	扣分情况	该项得分
期初余额（10分，每错一处扣5分）							
登记发生额	日期、字号、摘要（12分，每错一处扣0.5分）						
	发生额及方向（36分，每错一处扣1.5分						
结账（42分，含月末合计，每错一处扣1.5分）							
合计							

注：合计=自评分×30%+组评分×30%+教师评分×40%。

表10-6 总分类账登记评价表二

年 月 日

姓名： 班级：

项目		自评分（30%）		组评分（30%）		教师评分（40%）	
		扣分情况	该项得分	扣分情况	该项得分	扣分情况	该项得分
期初余额（19分，每错一处扣1分）							
登记发生额	日期、字号、摘要（20分，每错一处扣0.7分）						
	发生额及合计（30分，每错一处扣1分）						
结账（31分，每错一处扣1分）							
合计							

注：合计=自评分×30%+组评分×30%+教师评分×40%。

表10-7 明细账登记评价表

年 月 日

姓名： 班级：

项目		自评分（30%）		组评分（30%）		教师评分（40%）	
		扣分情况	该项得分	扣分情况	该项得分	扣分情况	该项得分
期初余额（13分，每错一处扣1分）							
登记发生额	日期、字号、摘要（10分，每错一处扣0.3分）						
	发生额及方向（60分，每错一处扣1分）						
结账（17分，每错一处扣1分）							
合　计							

注：合计=自评分×30%+组评分×30%+教师评分×40%。

表10-8 会计报表评价表

年 月 日

姓名： 班级：

项目		自评分（30%）		组评分（30%）		教师评分（40%）	
		扣分情况	该项得分	扣分情况	该项得分	扣分情况	该项得分
表头（10分）	编制单位（5分，每错误或遗漏一处扣2.5分）						
	编制日期（5分，每错误或遗漏一处扣2.5分）						
表体（80分）	各项目内容（60分）						
	资产负债表平衡（20分）						
表尾（10分）	相关人员签章（10分）						
合　计							

注：合计=自评分×30%+组评分×30%+教师评分×40%。

表10-9 综合实训总分计算表

姓名： 班级：

序　号	实 训 项 目	分项目得分	所占比例（%）	得　分
1	原始凭证		15	
2	记账凭证		30	
3	记账凭证装订		5	
4	日记账		10	
5	总分类账		15	
6	明细分类账		15	
7	会计报表		10	
合　计		——	100	

附录 技能实训资料

附1-1-1

中国银行
现金支票存根
10401110
22978412
附加信息
出票日期　年　月　日
收款人：
金　额：
用　途：
单位主管　会计

XX印务公司 · XX年印制

付款期限自出票之日起十天

中国银行　现金支票　10401110 22978412
出票日期(大写)　年　月　日　付款行全称：
收款人：　出票人账号：

人民币（大写）	亿	千	百	十	万	千	百	十	元	角	分

用途　密码
上列款项请从
我账户内支付
出票人签章　武汉和美公司 财务专用章　肖华印　复核　记账

附1-1-2

中国银行
转账支票存根
10401120
31106934
附加信息
出票日期　年　月　日
收款人：
金　额：
用　途：
单位主管　会计

XX印务有限公司 · XX年印制

付款期限自出票之日起十天

中国银行　转账支票　10401120 31106934
出票日期（大写）　年　月　日　付款行名称：
收款人：　出票人账号：

人民币（大写）	亿	千	百	十	万	千	百	十	元	角	分

用途　密码
上列款项请从
我账户内支付
出票人签章　武汉和美公司 财务专用章　肖华印　复核　记账

附1-2-1

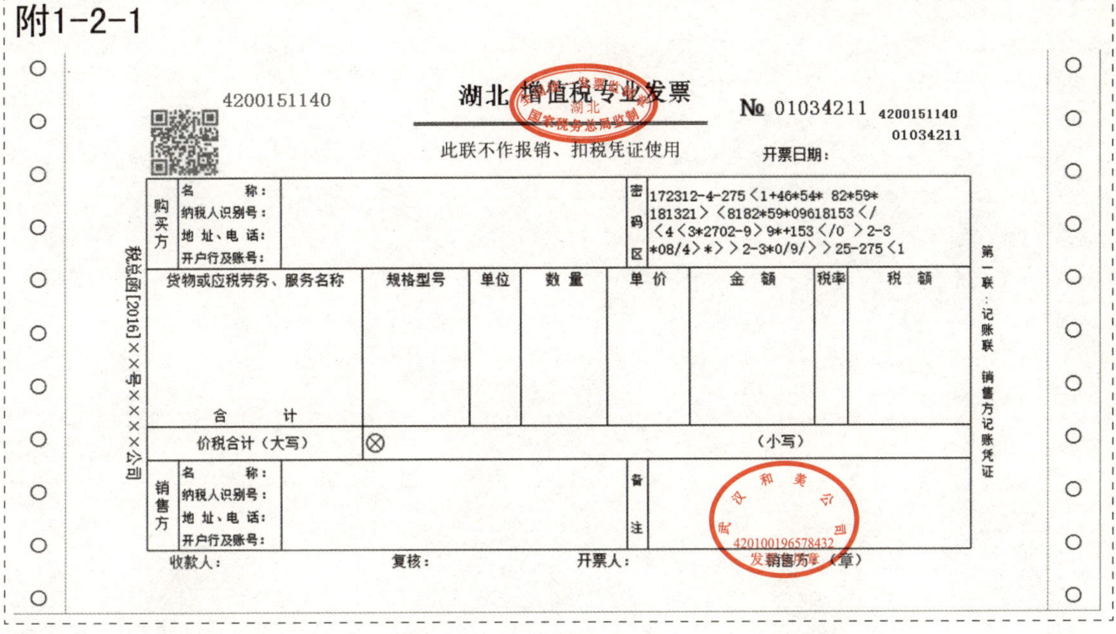

湖北增值税专用发票

此联不作报销、扣税凭证使用

4200151140　　№ 01034211　　4200151140 01034211

开票日期：

购买方	名　　称： 纳税人识别号： 地 址、电 话： 开户行及账号：	密码区	172312-4-275<1+46*54* 82*59* 181321><8182*59*09618153</ <4<3*2702-9>9*+153</0 >2-3 *08/4>*>>2-3*0/9/>>25-275<1

货物或应税劳务、服务名称	规格型号	单位	数 量	单 价	金 额	税率	税 额
合　　计							
价税合计（大写）	⊗				（小写）		

销售方	名　　称： 纳税人识别号： 地 址、电 话： 开户行及账号：	备注	

收款人：　　复核：　　开票人：　　销售方：（章）

税总函[2016]××号×××公司

第一联：记账联　销售方记账凭证

附1-2-2

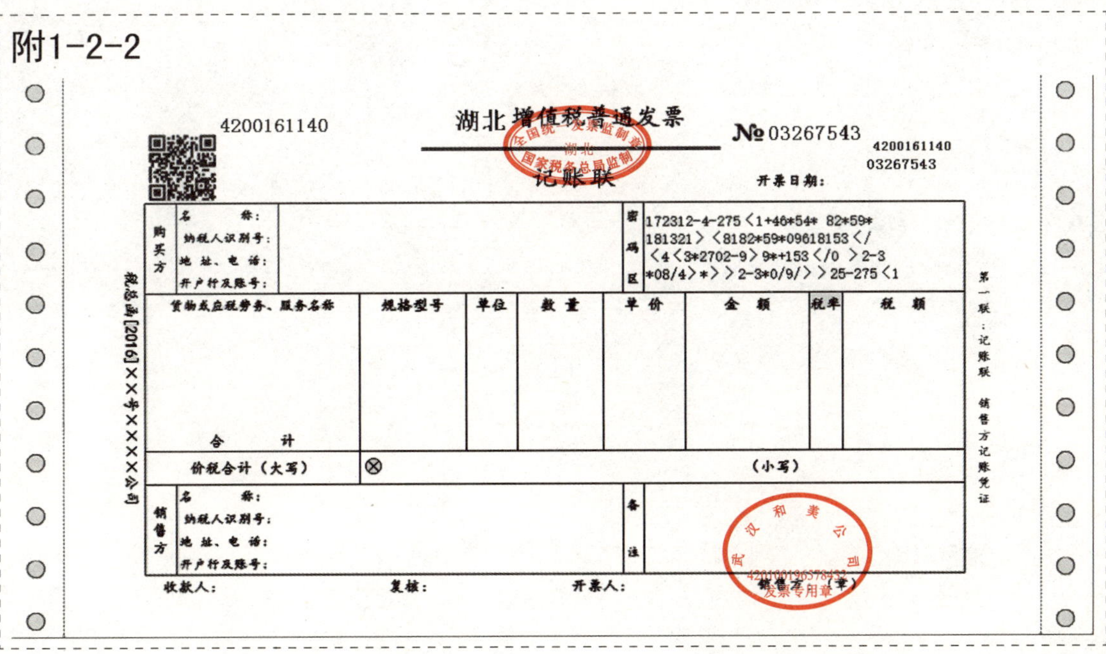

湖北增值税普通发票

记账联

4200161140　　№ 03267543　　4200161140 03267543

开票日期：

购买方	名　　称： 纳税人识别号： 地 址、电 话： 开户行及账号：	密码区	172312-4-275<1+46*54* 82*59* 181321><8182*59*09618153</ <4<3*2702-9>9*+153</0 >2-3 *08/4>*>>2-3*0/9/>>25-275<1

货物或应税劳务、服务名称	规格型号	单位	数 量	单 价	金 额	税率	税 额
合　　计							
价税合计（大写）	⊗				（小写）		

销售方	名　　称： 纳税人识别号： 地 址、电 话： 开户行及账号：	备注	

收款人：　　复核：　　开票人：　　销售方：（章）

税总函[2016]××号×××公司

第一联：记账联　销售方记账凭证

附1-3-1

中国工商银行 转账支票　　10200020 1053942

付款期限自出票之日起十天

出票日期（大写）　贰零壹捌　年　零玖　月零壹　日　　付款行名称：工商行武汉市开明支行

收款人：武汉和美公司　　出票人账号：634598763

人民币（大写）	壹拾伍万元整	亿	千	百	十	万	千	百	十	元	角	分
				¥	1	5	0	0	0	0	0	0

用途 支付购货款　　密码

上列款项请从

我账户内支付

出票人签章　（武汉新天地公司 财务专用章）（柳林 印）　　复核　　记账

附1-3-2

中国银行 进账单（收账通知）　3

年　月　日　　№ 94442526

出票人	全　称		收款人	全　称	
	账　号			账　号	
	开户银行			开户银行	

金额	人民币（大写）	亿	千	百	十	万	千	百	十	元	角	分

票据种类		票据张数		
票据号码				
复核　　记账				收款人开户银行签章

此联是收款人开户银行交给收款人的收账通知

附1-3-3

中国银行 现金存款凭条

日期： 年 月 日

存款人	全称			
	账号		款项来源	
	开户行		交款人	
金额	人民币（大写）		金额（小写）	亿 千 百 十 万 千 百 十 元 角 分

券面	张数	十	万	千	百	十	元	券面	张数	千	百	十	元	角	分	备注
壹佰元								伍角								
伍拾元								贰角								
贰拾元								壹角								
拾元								伍分								
伍元								贰分								
贰元								壹分								
壹圆								其他								

201508 190*100mm

第一联 银行核对联

附1-4-1

4300151140 **湖南增值税专用发票** №8920032 4300151140 8920032

（印章：全国统一发票监制章 湖南 国家税务总局监制）

发票联 开票日期：2018年9月1日

购买方	名称：武汉和美公司 纳税人识别号：420100196578432 地址、电话：湖北省武汉市球场路30号027-82896755 开户行及账号：中国银行武汉市球场支行206615368	密码区	172312-4-275 <1+46*54* 82*59* 181321> <8182*59*09618153 </ <4 <3*2702-9> 9*+153 </0 >2-3 *08/4>*> >2-3*0/9/> >25-275 <1

货物或应税劳务、服务名称	规格型号	单位	数量	单价	金额	税率	税额
精制面粉		吨	1	60,000.00	60,000.00	16%	9,600.00
合计					¥60,000.00		¥9,600.00
价税合计（大写）	⊗陆万玖仟陆佰元整				（小写）¥69,600.00		

销售方	名称：汇通商贸公司 纳税人识别号：356904357865111 地址、电话：常德市三水路10号 开户行及账号：建设银行常德市三水支行456376786	备注	（印章：汇通商贸公司 356904357865111 发票专用章）

收款人： 复核：李俊 开票人：刘琳 销售方：（章）

税总函[2016]××号××××公司

第三联：发票联 购买方记账凭证

附1-4-2

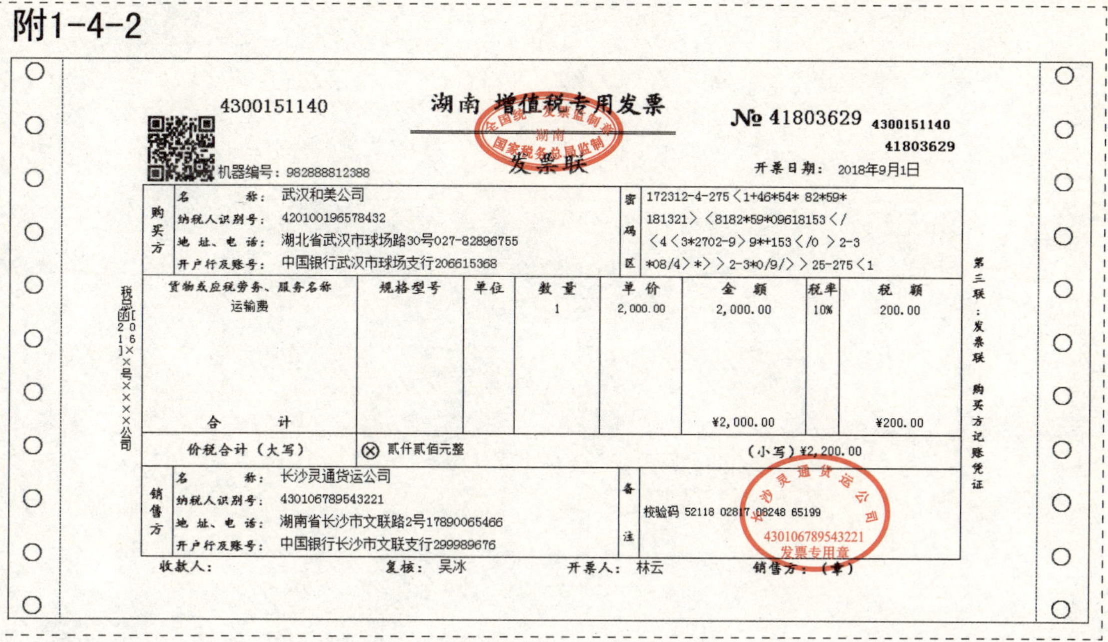

4300151140

湖南增值税专用发票

发票联

№ 41803629　4300151140　41803629

机器编号：982888812388　　开票日期：2018年9月1日

购买方	名　　称：武汉和美公司 纳税人识别号：420100196578432 地 址、电 话：湖北省武汉市球场路30号027-82896755 开户行及账号：中国银行武汉市球场支行206615368	密码区	172312-4-275<1+46*54* 82*59* 181321><8182*59*09618153</ <4<3*2702-9>9*+153</0>2-3 *08/4>*>>2-3*0/9/>>25-275<1

货物或应税劳务、服务名称	规格型号	单位	数量	单价	金额	税率	税额
运输费			1	2,000.00	2,000.00	10%	200.00
合　　计					¥2,000.00		¥200.00
价税合计（大写）	⊗贰仟贰佰元整				（小写）¥2,200.00		

销售方	名　　称：长沙灵通货运公司 纳税人识别号：430106789543221 地 址、电 话：湖南省长沙市文联路2号17890065466 开户行及账号：中国银行长沙市文联支行299989676	备注	校验码 52118 02817 08248 65199

收款人：　　复核：吴冰　　开票人：林云　　销售方：（章）

税总函[2016]××号×××公司

第三联：发票联　购买方记账凭证

附1-4-3

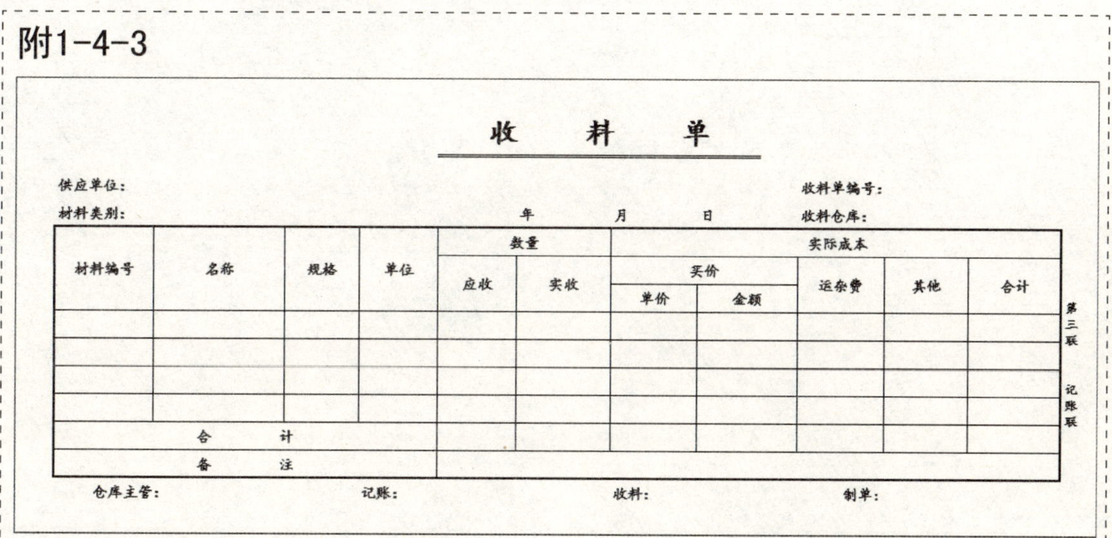

收　料　单

供应单位：　　　　　　　　　　　　收料单编号：

材料类别：　　　年　　月　　日　　收料仓库：

材料编号	名称	规格	单位	数量		实际成本					
				应收	实收	买价		运杂费	其他	合计	
						单价	金额				
合　　计											
备　　注											

仓库主管：　　记账：　　收料：　　制单：

第三联　记账联

附1-5-1

领　料　单

领料部门：

用　　途：　　　　　　　　年　　月　　日　　　　编号：2501

材料编号	材料名称	规格	计量单位	数量		成本	
				请领	实发	单价	金额
合计							

主管：　　记账：　　仓管主管：　　领料：　　发料：

附1-5-2

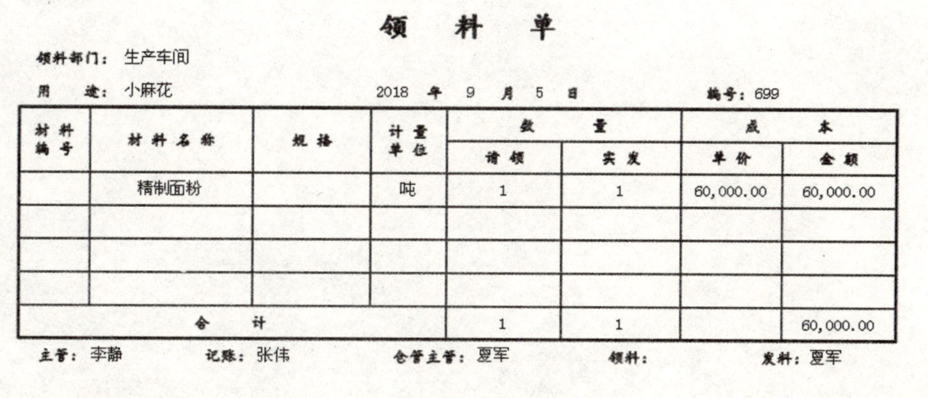

领　料　单

领料部门：生产车间

用　　途：小麻花　　2018 年 9 月 5 日　　编号：699

材料编号	材料名称	规格	计量单位	数量		成本	
				请领	实发	单价	金额
	精制面粉		吨	1	1	60,000.00	60,000.00
合计				1	1		60,000.00

主管：李静　　记账：张伟　　仓管主管：夏军　　领料：　　发料：夏军

附1-5-3

领　料　单

领料部门：厂部

用　　途：一般耗用　　2018 年 9 月 6 日　　编号：700

材料编号	材料名称	规格	计量单位	数量		成本	
				请领	实发	单价	金额
	润滑剂		桶	1	1	150.00	150.00
合计				1	1		150.00

主管：李静　　记账：张伟　　仓管主管：夏军　　领料：　　发料：夏军

附1-5-4

领　　料　　单

领料部门：生产车间

用　　途：小小酥　　　　2018 年 9 月 9 日　　　　编号：701

材料编号	材料名称	规格	计量单位	数量		成本	
				请领	实发	单价	金额
	精制面粉		吨	2	2	60,000.00	120,000.00
合　计				2	2		120,000.00

主管：李静　　记账：张伟　　仓管主管：夏军　　领料：　　发料：夏军

附1-5-5

领　　料　　单

领料部门：销售部门

用　　途：一般耗用　　　　2018 年 9 月 13 日　　　　编号：702

材料编号	材料名称	规格	计量单位	数量		成本	
				请领	实发	单价	金额
	润滑剂		桶	1	1	150.00	150.00
合　计				1	1		150.00

主管：李静　　记账：张伟　　仓管主管：夏军　　领料：　　发料：夏军

附1-5-6

领　　料　　单

领料部门：生产车间

用　　途：一般耗用　　　　2018 年 9 月 13 日　　　　编号：703

材料编号	材料名称	规格	计量单位	数量		成本	
				请领	实发	单价	金额
	润滑剂		桶	2	2	150.00	300.00
合　计				2	2		300.00

主管：李静　　记账：张伟、宋云龙　　仓管主管：夏军　　领料：　　发料：夏军

附1-5-7

武汉和美公司
限额领料单

领料部门：生产车间

用途：生产小小酥　　2018　年　9　月　　编号：09331781

材料类别	材料名称	规格	计量单位	单价	领用限额	全月实领	
						数量	金额
原材料	食用油		升	4.00	1500	1200	4,800.00

日期	请领			实发		限额结余
	数量	领料单位负责人签章	领料人签章	数量	发料人签章	
2018-09-01	150	朱润	向文兵	150	夏军	1350
2018-09-05	120	朱润	向文兵	120	夏军	1230
2018-09-11	200	朱润	向文兵	200	夏军	1030
2018-09-15	150	朱润	向文兵	150	夏军	880
2018-09-20	200	朱润	向文兵	200	夏军	680
2018-09-24	150	朱润	向文兵	150	夏军	530
2018-09-29	230	朱润	向文兵	230	夏军	300
合计	1200			1200		

生产计划部门负责人：朱润　　供应部门负责人：　　仓库管理员：夏军

附1-5-8

武汉和美公司发料凭证汇总表

年　月　日

材料名称	领用部门					
	生产产品		车　间	厂　部	销售部门	合　计
	小　麻　花	小　小　酥				
精制面粉						
食用油						
食用盐						
润滑剂						
合计						

财务主管：　　记账：　　复核：　　制单：

附1-6-1

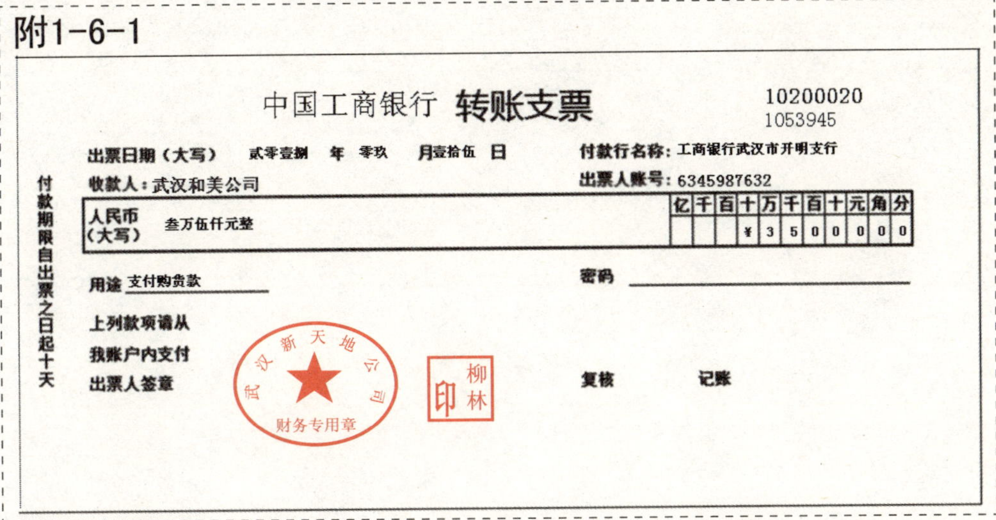

中国工商银行 转账支票　　10200020 1053945

出票日期（大写）　贰零壹捌　年　零玖　月壹拾伍　日　　付款行名称：工商银行武汉市开明支行

收款人：武汉和美公司　　出票人账号：6345987632

付款期限自出票之日起十天

人民币（大写）	叁万伍仟元整	亿	千	百	十	万	千	百	十	元	角	分
					¥	3	5	0	0	0	0	0

用途　支付购货款　　密码

上列款项请从
我账户内支付
出票人签章

复核　　记账

附1-6-2

年　月　日　　字　№ 78252422

今收到

交来

人民币（大写）

¥

收款单位
公　　章

收款人		交款人	

此收据不得作为经营性业务收支结算凭证使用

第三联　记账联

附1-6-3

借　款　单

资金性质　　　　年　月　日

借款单位			
借款理由			
借款数额	人民币（大写）		¥
本单位负责人意见		借款人（签章）	
领导指示：	会计主管人员核批：	付款记录： 年　月　日　以第　号 支票或现金支出凭单付给	

附1-7-1

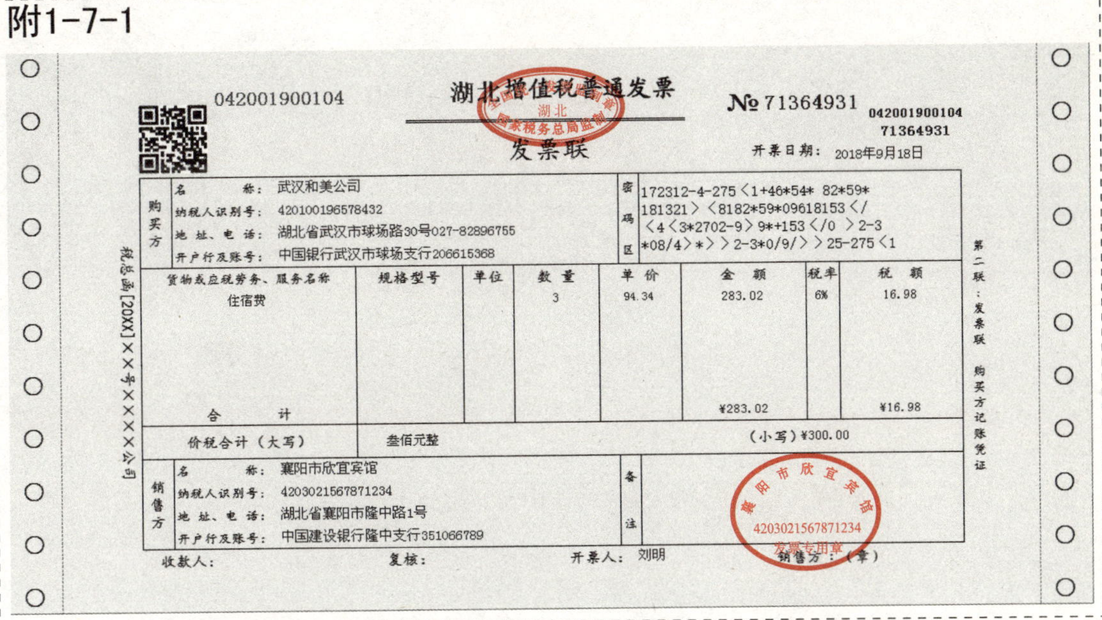

042001900104　　湖北增值税普通发票　　№ 71364931　　042001900104 71364931

发票联　　开票日期：2018年9月18日

购买方	名　　称：武汉和美公司 纳税人识别号：420100196578432 地址、电话：湖北省武汉市球场路30号027-82896755 开户行及账号：中国银行武汉市球场支行206615368	密码区	172312-4-275＜1+46*54* 82*59* 181321＞＜8182*59*09618153＜/ ＜4＜3*2702-9＞9*+153＜/0 ＞2-3 *08/4＞*＞＞2-3*0/9/＞＞25-275＜1

货物或应税劳务、服务名称	规格型号	单位	数量	单价	金额	税率	税额
住宿费			3	94.34	283.02	6%	16.98
合　　计					¥283.02		¥16.98
价税合计（大写）	叁佰元整				（小写）¥300.00		

销售方	名　　称：襄阳市欣宜宾馆 纳税人识别号：4203021567871234 地址、电话：湖北省襄阳市隆中路1号 开户行及账号：中国建设银行隆中支行351066789	备注	

收款人：　　复核：　　开票人：刘明　　销售方：（章）

税总函[20XX]××号××××公司

第二联：发票联　购买方记账凭证

附1-7-2

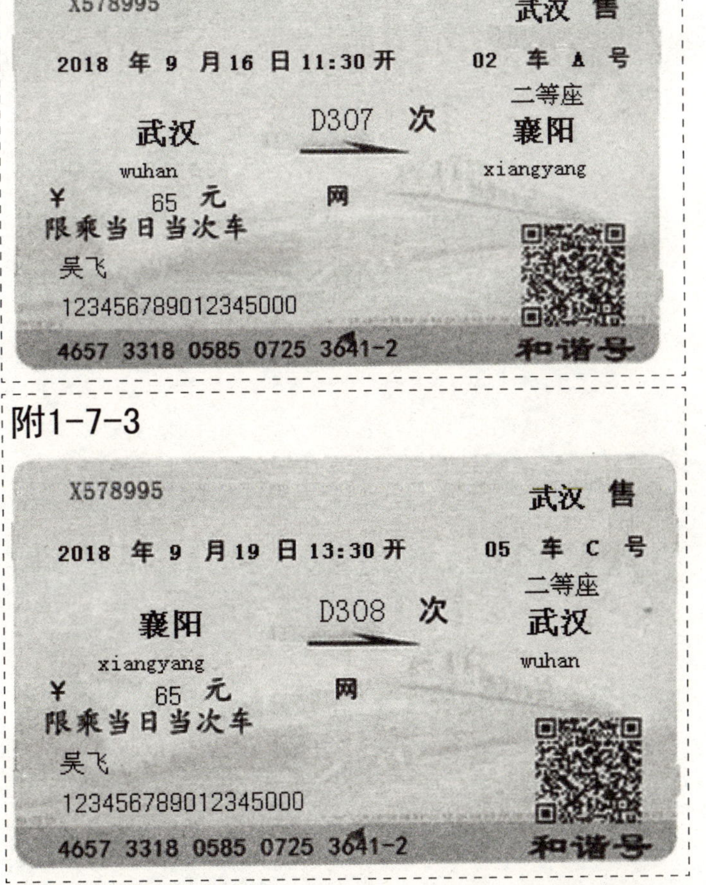

X578995　　武汉　售

2018 年 9 月 16 日 11:30 开　　02 车 A 号

二等座

武汉 wuhan　D307 次　襄阳 xiangyang

¥ 65 元　　网

限乘当日当次车

吴飞

123456789012345000

4657 3318 0585 0725 3641-2　　和谐号

附1-7-3

X578995　　武汉　售

2018 年 9 月 19 日 13:30 开　　05 车 C 号

二等座

襄阳 xiangyang　D308 次　武汉 wuhan

¥ 65 元　　网

限乘当日当次车

吴飞

123456789012345000

4657 3318 0585 0725 3641-2　　和谐号

附1-7-4

湖北 国家税务局通用定额发票

发票联

发票代码：420016114000

发票号码：08350369

密码：

叁拾元整

（加盖公章有效）

付款单位：湖北省宏发客运公司　　开票日期：2018年9月17日

郑金翔印2016年3月印50000本@50#号码起讫

（印章：湖北省宏发客运公司 12345678901234 发票专用章）

附1-7-5

湖北 国家税务局通用定额发票

发票联

发票代码：420016114000

发票号码：08358327

密码：

叁拾元整

（加盖公章有效）

付款单位：湖北省宏发客运公司　　开票日期：2018年9月18日

郑金翔印2016年3月印50000本@50#号码起讫

（印章：湖北省宏发客运公司 12345678901234 发票专用章）

附1-7-6

差旅费报销单

部门＿＿＿＿＿＿＿＿　　年　　月　　日

出差人								出差事由							
出发				到达				交通工具	交通费		出差补贴		其他费用		
月	日	时	地点	月	日	时	地点		单据张数	金额	天数	金额	项目	单据张数	金额
													住宿费		
													市内车费		
													邮电费		
													办公用品费		
													不买卧铺补贴		
													其他		
合计															
报销总额	人民币（大写）							预借金额					补领金额		
													退还金额		

附件　　张

主管　　　　审核　　　　出纳　　　　领款人

附1-7-7

收　款　收　据　　No. 8010005

年　　月　　日

今收到 ____________________

交　来 ____________________

金额（大写）____ 拾 ____ 万 ____ 仟 ____ 佰 ____ 拾 ____ 元 ____ 角 ____ 分

¥ ________　　收款单位（公章）

第一联　存根

核准　　会计　　记账　　出纳　　经办人

附1-7-8

湖北省客运出租车统一发票

TAXIERCPIPT

发票联

发票代码：420100356789

发票号码：100345

发票查询电话：

服务监督电话：

书写无效

车号：鄂A-07515

证号：10053

日期：2018 年 9 月 20 日

上车：15:07

下车：15:40

单价：¥1.40

里程：25

等候：00:00:00

金额：¥35.00

卡号：

原额：

余额：

批号：47914559

附1-7-9

支出凭单

年　月　日　　　　第　　号

即　付 ……………………

……………………款　　对方科目编号

计人民币：……………………　¥

领款人：　　　　主管审批：

附单据　　张

财务主管　　记账　　出纳　　审核　　制单

附1-8-1

制造费用分配表

车间：　　　　　　年　月　日

产品名称	分配标准（　　　）	分配总额	分配率	分配金额
合计				

制表：　　　　　　审核：

附1-8-2

应交增值税计算表

年　月　日　　　　单位：元

项目	进项税额	销项税额	进项税额转出	本月应交增值税
金额				

审核：　　　　　　制单：

附1-8-3

税金及附加计算表

年　　月　　日　　　　单位：元

项目	计提基数			计提比例	计提金额
	增值税	消费税	合计		
城市维护建设税					
教育费附加					
地方教育费附加					

审核：　　　　制表：

附2-1-1

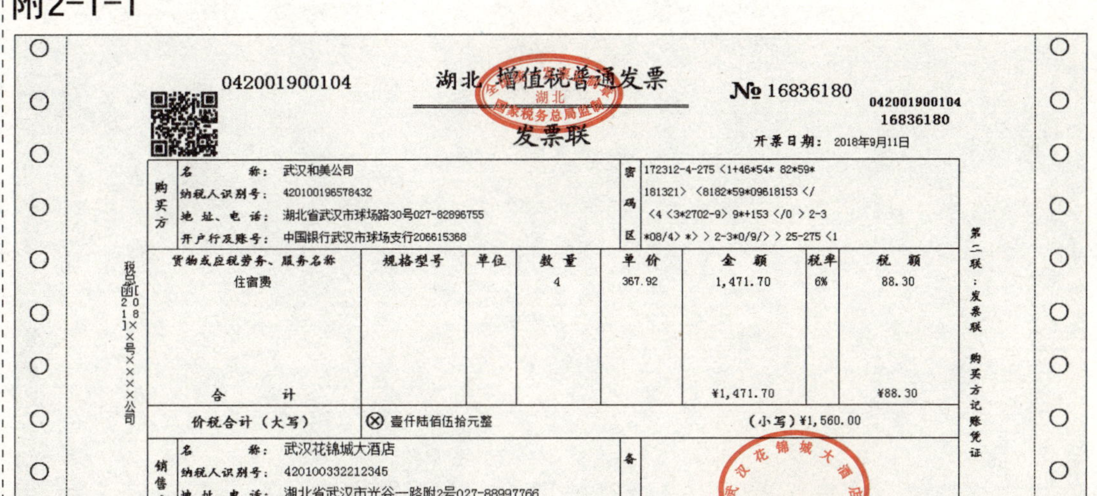

湖北增值税普通发票
发票联

042001900104　　№ 16836180　042001900104 16836180

开票日期：2018年9月11日

购买方	名称：武汉和美公司 纳税人识别号：420100196578432 地址、电话：湖北省武汉市球场路30号027-82896755 开户行及账号：中国银行武汉市球场支行206615368	密码区	172312-4-275 <1+46*54* 82*59* 181321> <8182*59*09618153 </ <4 <3*2702-9> 9*+153 </0 > 2-3 *08/4> *> > 2-3*0/9/> > 25-275 <1

货物或应税劳务、服务名称	规格型号	单位	数量	单价	金额	税率	税额
住宿费			4	367.92	1,471.70	6%	88.30
合计					¥1,471.70		¥88.30
价税合计（大写）	⊗壹仟陆佰伍拾元整				（小写）¥1,560.00		

销售方	名称：武汉花锦城大酒店 纳税人识别号：420100332212345 地址、电话：湖北省武汉市光谷一路附2号027-88997766 开户行及账号：中国建设银行光谷支行390078965	备注	武汉花锦城大酒店 420100332212345 发票专用章

收款人：　　复核：阳光　　开票人：陆仟　　销售方：（章）

第二联：发票联　购买方记账凭证

附2-1-2

收款收据

No：53240451

2018 年 9 月 12 日

交款单位或个人	武汉和美公司		
款项内容	排污水罚款	收款方式	现金
人民币（大写）	叁佰元整		¥300.00 现金收讫
收款单位盖章		收款人签字 林云	经办人 刘聪

第三联　记账联

附2-1-3

借　支　单

2018 年 9 月 15 日　　　　部门：

借支人姓名	吴飞			职务	采购员	
借支事由	出差					
人民币（大写）	壹仟捌佰元整				￥ 1,800.00	
核准	李静	会计	张伟	出纳	借支人	吴飞

现金收讫

附2-1-4

通用机打卷式发票

发票联

发票代码：591398282322
发票号码：81469009
收款单位：武汉懒洋洋商城
付款单位（个人）　武汉和美公司
开票日期：　2018年09月11日21时14分
发票号：　81469009
付款单位：　武汉和美公司

项目	单价	数量	金额
纸张	100.00	5	500.00

除付款单位外手填无效

备注：
原总合计：500.00　　　　折让：
合计（小写）：￥500.00
合计（大写）：伍佰元整
税控码：　86503025633872887782
机器编号：　1882320632923526
收款单位：　武汉懒洋洋商城
收款员：
税号：

X印总厂XXXX年XX月印
起讫号码XXXXXXXX-XXXXXXXX

附3-1-1

投资协议书

（ 2018 ）第 101 号文

投资单位(甲方)	武汉信诚公司	受资单位(乙方)	武汉和美公司
地址	湖北省武汉市滨湖路1号	地址	湖北省武汉市球场路30号
账号	389900112	账号	206615368
开户银行	招商银行武汉市分行	开户银行	中国银行武汉市球场支行
投资金额	人民币(大写)　贰拾柒万元整		
协议条款	双方经协商决定由甲方投入现金贰拾柒万元整供乙方使用，甲方享有乙方5%的注册资本(乙方注册资本总额为叁佰伍拾万元整)。 投资期间每年的净利润按甲方投入资本的比例分配，投资利润的结算待分配时双方商定。 2018年9月1日 甲方签章：（印章：武汉信诚公司 合同专用章）　乙方签章：（印章：武汉和美公司 合同专用章）		

附3-1-2

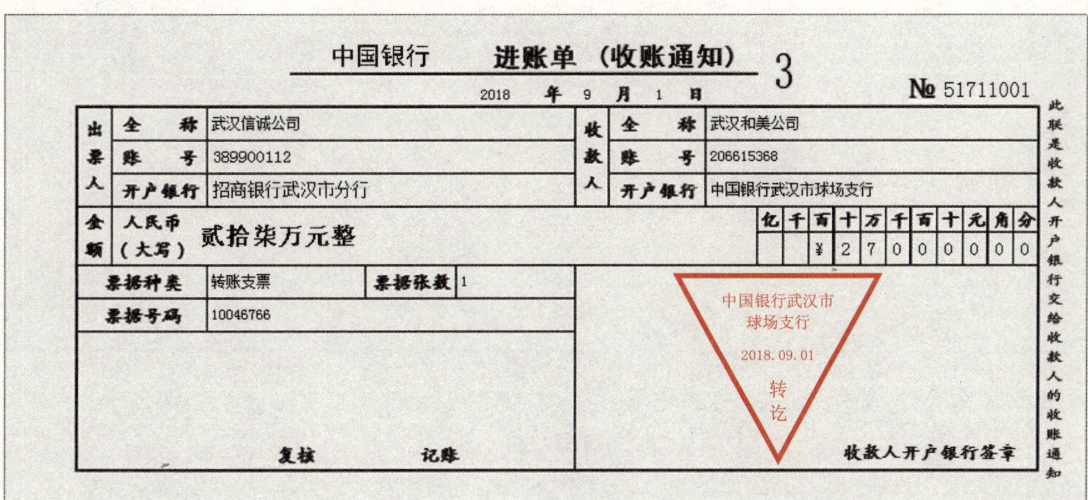

中国银行　进账单（收账通知）　3

2018 年 9 月 1 日　№ 51711001

出票人	全称	武汉信诚公司	收款人	全称	武汉和美公司
	账号	389900112		账号	206615368
	开户银行	招商银行武汉市分行		开户银行	中国银行武汉市球场支行

金额	人民币(大写)	贰拾柒万元整	亿	千	百	十	万	千	百	十	元	角	分
					¥	2	7	0	0	0	0	0	0

票据种类	转账支票	票据张数	1
票据号码	10046766		

复核　记账

（印章：中国银行武汉市球场支行 2018.09.01 转讫）

收款人开户银行签章

此联是收款人开户银行交给收款人的收账通知

附3-2-1

中国银行 借款借据 第一联 借据回单

银行编号：10400010　借款日期：2018 年 9 月 2 日　№ 1201

借款单位名称	武汉和美公司	放款账号	2750953520249281	利率	
		存款账号	206615368		
借款金额（大写）	伍万元整		¥50000.00		
约定还款日期	2018 年 12 月 2 日	借款种类	流动资金借款	借款合同号码	54873732
实际放款日期	2018 年 9 月 2 日				

借款直接用途		还款记录	年	月	日	还款金额	余额
1.	4.						
2.	5.						
3.	6.						

根据签订的借款合同和你单位申请借款用途，经审查同意发放上列金额贷款。

中国银行　批准人：

（银行转账盖章）中国银行武汉市球场支行 2018.09.02 讫

2018 年 9 月 2 日

开户银行：中国银行武汉市球场支行

此联退交借款单位

附3-3-1

银行（ 短期 贷款 ）还款凭证（回单）

2018 年 9 月 4 日　原借款凭证银行编号：1001

还款单位	名称	中国银行武汉市球场支行	付款单位	名称	武汉和美公司
	往来户账号	206615368		存款户账号	206615368
	开户银行	中国银行武汉市球场支行		开户银行	中国银行武汉市球场支行
还款时间		2018年9月4日	还款次序		
还款金额	货币及金额（大写）：	捌万元整	¥80000.00		
还款原因					

中国银行武汉市球场支行 2018.09.04 收讫

附3-4-1

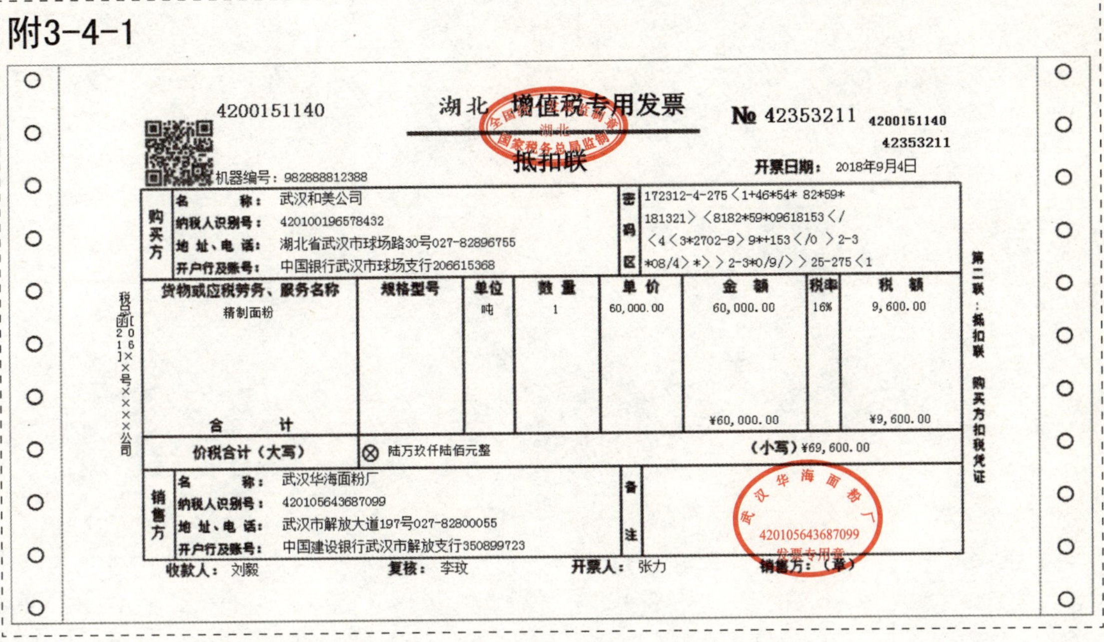

4200151140 湖北增值税专用发票 № 42353211 4200151140 42353211

抵扣联

机器编号：982888812388 开票日期：2018年9月4日

购买方	名称：武汉和美公司 纳税人识别号：420100196578432 地址、电话：湖北省武汉市球场路30号027-82896755 开户行及账号：中国银行武汉市球场支行206615368	密码区	172312-4-275 〈1+46*54* 82*59* 181321〉〈8182*59*09618153〈/ 〈4〈3*2702-9〉9*+153〈/0 〉2-3 *08/4〉*〉〉2-3*0/9/〉〉25-275〈1

货物或应税劳务、服务名称	规格型号	单位	数量	单价	金额	税率	税额
精制面粉		吨	1	60,000.00	60,000.00	16%	9,600.00
合计					¥60,000.00		¥9,600.00
价税合计（大写）	⊗陆万玖仟陆佰元整				（小写）¥69,600.00		

销售方	名称：武汉华海面粉厂 纳税人识别号：420105643687099 地址、电话：武汉市解放大道197号027-82800055 开户行及账号：中国建设银行武汉市解放支行350899723	备注	

收款人：刘毅 复核：李玫 开票人：张力 销售方：（章）

第二联：抵扣联 购买方扣税凭证

税总函[2016]××号×××公司

附3-4-2

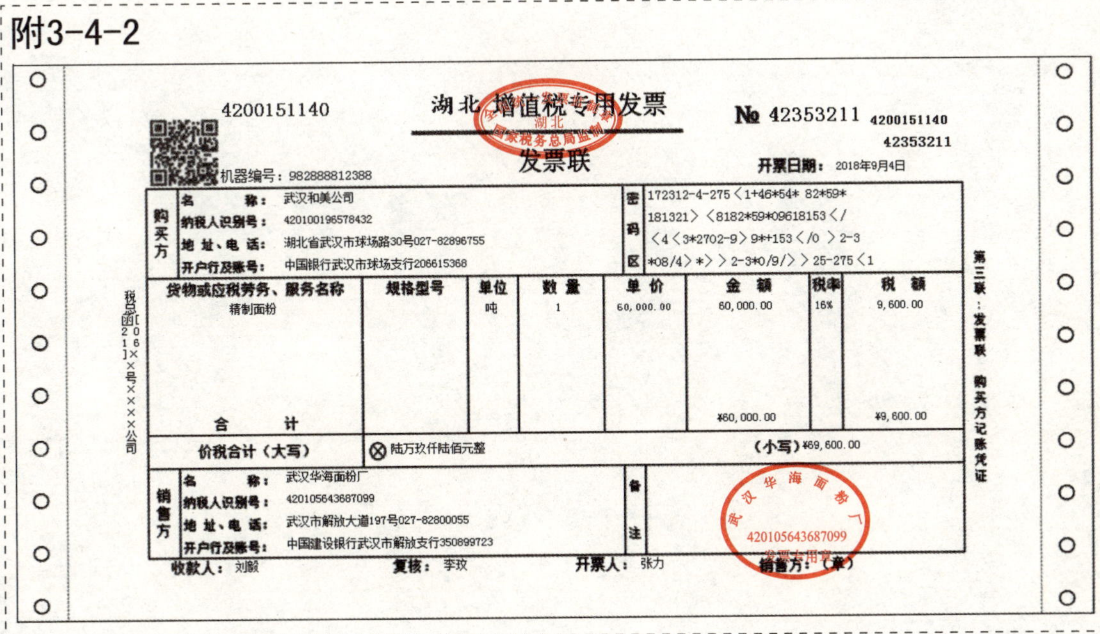

4200151140 湖北增值税专用发票 № 42353211 4200151140 42353211

发票联

机器编号：982888812388 开票日期：2018年9月4日

购买方	名称：武汉和美公司 纳税人识别号：420100196578432 地址、电话：湖北省武汉市球场路30号027-82896755 开户行及账号：中国银行武汉市球场支行206615368	密码区	172312-4-275 〈1+46*54* 82*59* 181321〉〈8182*59*09618153〈/ 〈4〈3*2702-9〉9*+153〈/0 〉2-3 *08/4〉*〉〉2-3*0/9/〉〉25-275〈1

货物或应税劳务、服务名称	规格型号	单位	数量	单价	金额	税率	税额
精制面粉		吨	1	60,000.00	60,000.00	16%	9,600.00
合计					¥60,000.00		¥9,600.00
价税合计（大写）	⊗陆万玖仟陆佰元整				（小写）¥69,600.00		

销售方	名称：武汉华海面粉厂 纳税人识别号：420105643687099 地址、电话：武汉市解放大道197号027-82800055 开户行及账号：中国建设银行武汉市解放支行350899723	备注	

收款人：刘毅 复核：李玫 开票人：张力 销售方：（章）

第三联：发票联 购买方记账凭证

税总函[2016]××号×××公司

附3-4-3

中国银行
转账支票存根

10404220
19757001

附加信息

出票日期　2018 年　9　月　10　日

收款人：	武汉华海面粉厂
金　额：	¥69,600.00
用　途：	支付货款

单位主管　　　　会计

××印务有限公司·××年印制

附3-5-1

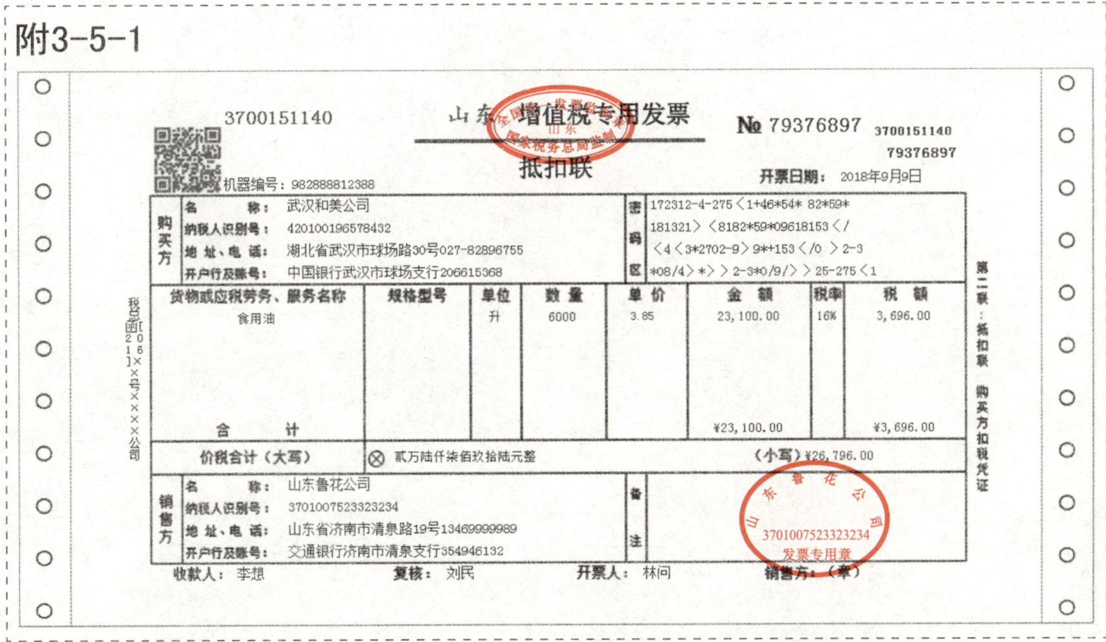

3700151140　　山东增值税专用发票　　№ 79376897　3700151140 79376897

抵扣联

机器编号：982888812388　　开票日期：2018年9月9日

购买方	
名　　称：	武汉和美公司
纳税人识别号：	420100196578432
地址、电话：	湖北省武汉市球场路30号027-82896755
开户行及账号：	中国银行武汉市球场支行206615368

密码区：
172312-4-275 <1+46*54* 82*59*
181321> <8182*59*09618153 </
<4 <3*2702-9> 9*+153 </0 > 2-3
*08/4> *> > 2-3*0/9/> > 25-275 <1

货物或应税劳务、服务名称	规格型号	单位	数量	单价	金额	税率	税额
食用油		升	6000	3.85	23,100.00	16%	3,696.00
合　计					¥23,100.00		¥3,696.00
价税合计（大写）	⊗ 贰万陆仟柒佰玖拾陆元整				（小写）¥26,796.00		

销售方	
名　　称：	山东鲁花公司
纳税人识别号：	370100752332323 4
地址、电话：	山东省济南市清泉路19号13469999989
开户行及账号：	交通银行济南市清泉支行354946132

备注

收款人：李想　　复核：刘民　　开票人：林问　　销售方：（章）

第二联：抵扣联　购买方扣税凭证

税总函[2016]××号××××公司

附3-5-2

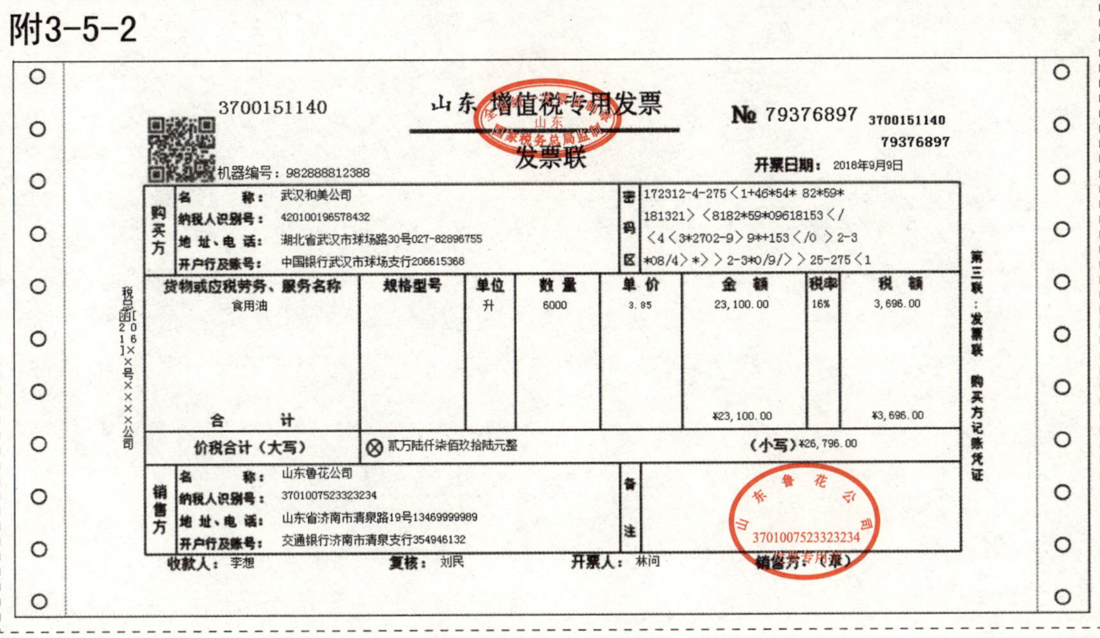

3700151140　　山东增值税专用发票　　№ 79376897　3700151140　79376897

发票联

机器编号：982888812388　　开票日期：2018年9月9日

购买方		密码区	
名　　称：	武汉和美公司		172312-4-275 <1+46*54* 82*59*
纳税人识别号：	420100196578432		181321> <8182*59*09618153 </
地 址、电 话：	湖北省武汉市球场路30号027-82896755		<4 <3*2702-9> 9*+153 </0 > 2-3
开户行及账号：	中国银行武汉市球场支行206615368		*08/4> *> > 2-3*0/9/> > 25-275 <1

货物或应税劳务、服务名称	规格型号	单位	数量	单价	金额	税率	税额
食用油		升	6000	3.85	23,100.00	16%	3,696.00
合　　计					¥23,100.00		¥3,696.00
价税合计（大写）	⊗贰万陆仟柒佰玖拾陆元整				（小写）¥26,796.00		

销售方		备注
名　　称：	山东鲁花公司	
纳税人识别号：	3701007523323234	
地 址、电 话：	山东省济南市清泉路19号13469999989	
开户行及账号：	交通银行济南市清泉支行354946132	

收款人：李想　　复核：刘民　　开票人：林问　　销售方：（章）

税总函[2016]××号×××公司

第三联：发票联　购买方记账凭证

附3-5-3

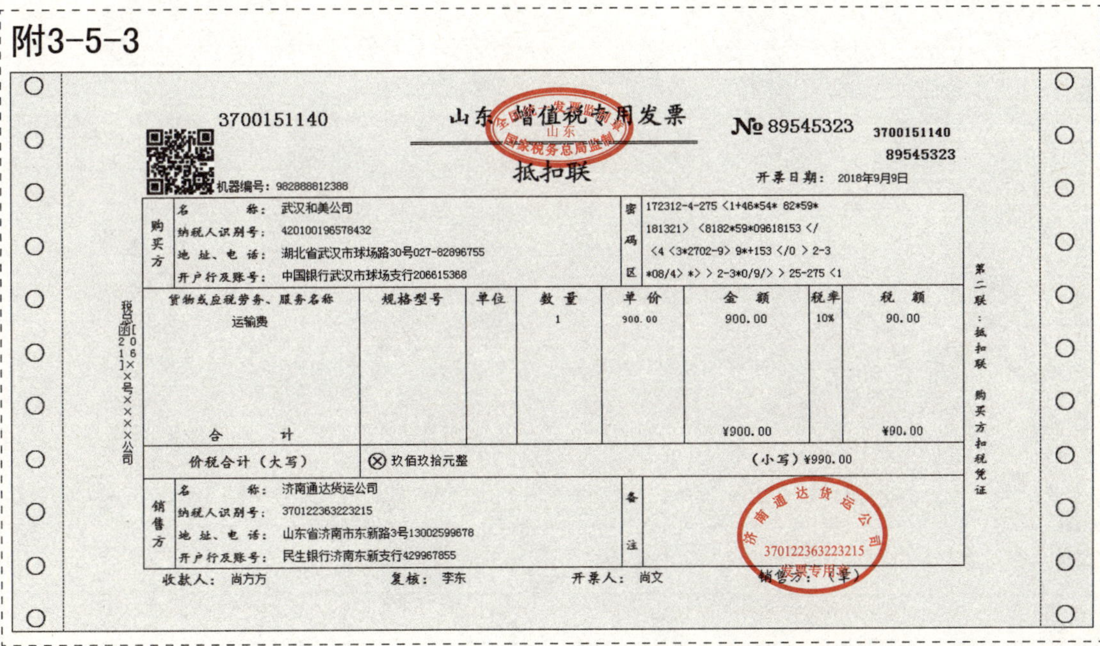

3700151140　　山东增值税专用发票　　№ 89545323　3700151140　89545323

抵扣联

机器编号：982888812388　　开票日期：2018年9月9日

购买方		密码区	
名　　称：	武汉和美公司		172312-4-275 <1+46*54* 82*59*
纳税人识别号：	420100196578432		181321> <8182*59*09618153 </
地 址、电 话：	湖北省武汉市球场路30号027-82896755		<4 <3*2702-9> 9*+153 </0 > 2-3
开户行及账号：	中国银行武汉市球场支行206615368		*08/4> *> > 2-3*0/9/> > 25-275 <1

货物或应税劳务、服务名称	规格型号	单位	数量	单价	金额	税率	税额
运输费			1	900.00	900.00	10%	90.00
合　　计					¥900.00		¥90.00
价税合计（大写）	⊗玖佰玖拾元整				（小写）¥990.00		

销售方		备注
名　　称：	济南通达货运公司	
纳税人识别号：	370122363223215	
地 址、电 话：	山东省济南市东新路3号13002599678	
开户行及账号：	民生银行济南东新支行429967855	

收款人：尚方方　　复核：李东　　开票人：尚文　　销售方：（章）

税总函[2016]××号×××公司

第二联：抵扣联　购买方扣税凭证

附3-5-4

3700151140　　**山东增值税专用发票**　　№ 89545323　3700151140 89545323

发票联

机器编号：982888812388　　开票日期：2018年9月9日

购买方		密码区	
名　　称：	武汉和美公司		172312-4-275〈1+46*54* 82*59*
纳税人识别号：	420100196578432		181321〉〈8182*59*09618153〈/
地 址、电 话：	湖北省武汉市球场路30号027-82896755		〈4〈3*2702-9〉9*+153〈/0 〉2-3
开户行及账号：	中国银行武汉市球场支行206615368		*08/4〉*〉〉2-3*0/9/〉〉25-275〈1

货物或应税劳务、服务名称	规格型号	单位	数量	单价	金额	税率	税额
运输费			1	900.00	900.00	10%	90.00
合　　计					¥900.00		¥90.00
价税合计（大写）	⊗玖佰玖拾元整				（小写）¥990.00		

销售方		备注
名　　称：	济南通达货运公司	
纳税人识别号：	370122363223215	
地 址、电 话：	山东省济南市东新路3号13002599678	
开户行及账号：	民生银行济南东新支行429967855	

收款人：尚方方　　复核：李东　　开票人：尚文　　销售方：（章）

税总函[2016]××号×××公司

第三联：发票联　购买方记账凭证

附3-5-5

收　　料　　单

供应单位：山东鲁花公司　　收料单编号：10967

材料类别：原料及主要材料　　2018 年 9 月 9 日　　收料仓库：

材料编号	名称	规格	单位	数量 应收	数量 实收	买价 单价	买价 金额	运杂费	其他	合计
	食用油		升	6000	6000	3.85	23,100.00	900.00		¥24,000.00
合　计				6000	6000		23,100.00	900.00		¥24,000.00
备　注										

（表头：数量；实际成本——买价、运杂费、其他、合计）

仓库主管：夏军　　记账：张伟　　收料：夏军　　制单：张伟

第三联　记账联

附3-5-6

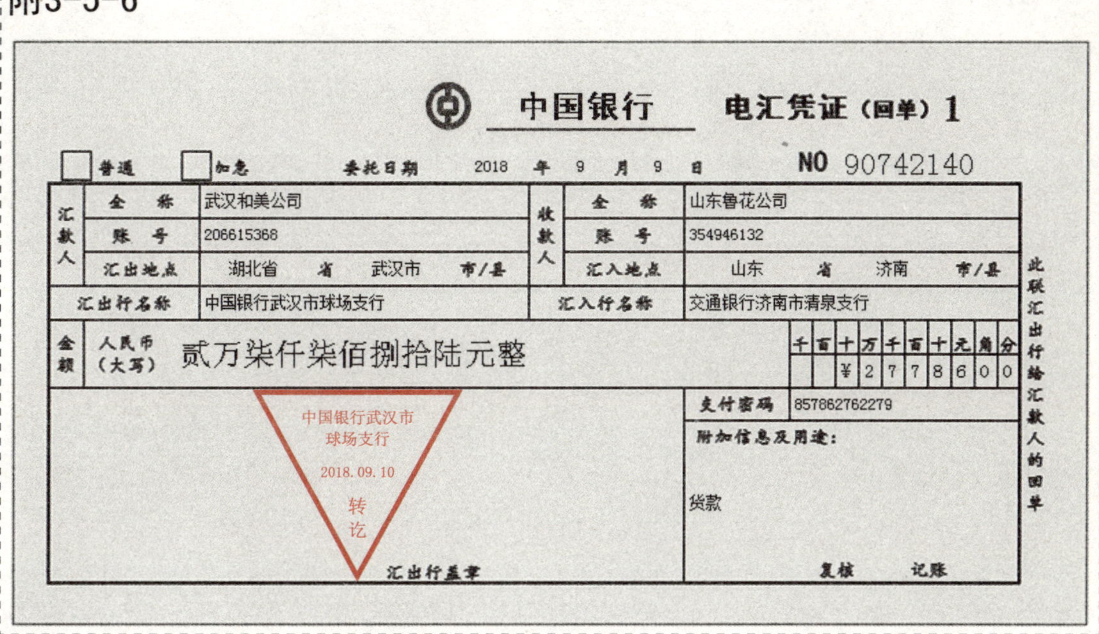

中国银行　电汇凭证（回单）1

□普通　□加急　委托日期 2018 年 9 月 9 日　NO 90742140

汇款人	全称	武汉和美公司	收款人	全称	山东鲁花公司
	账号	206615368		账号	354946132
	汇出地点	湖北省 省 武汉市 市/县		汇入地点	山东 省 济南 市/县
汇出行名称		中国银行武汉市球场支行	汇入行名称		交通银行济南市清泉支行
金额	人民币（大写）	贰万柒仟柒佰捌拾陆元整	千百十万千百十元角分		¥ 2 7 7 8 6 0 0
中国银行武汉市球场支行 2018.09.10 转讫 汇出行盖章			支付密码		857862762279
			附加信息及用途：货款 复核　记账		

此联汇出行给汇款人的回单

附3-6-1

收　料　单

供应单位：华海面粉厂　　收料单编号：0907

材料类别：原料及主要材料　2018 年 9 月 9 日　收料仓库：

材料编号	名称	规格	单位	数量		实际成本				
				应收	实收	买价		运杂费	其他	合计
						单价	金额			
	精制面粉		吨	1	1	60,000.00	60,000.00			¥60,000.00
合计				1	1		60,000.00			¥60,000.00
备注										

仓库主管：夏军　记账：张伟　收料：夏军　制单：张伟

第三联　记账联

附3-7-1

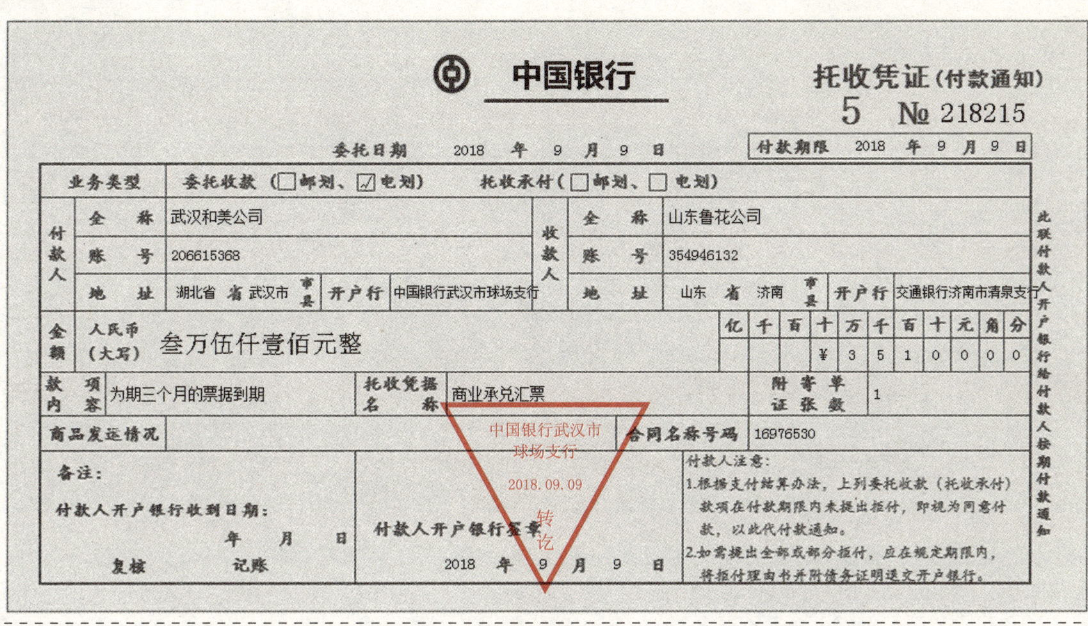

中国银行　托收凭证（付款通知）　5　№ 218215

委托日期 2018 年 9 月 9 日　付款期限 2018 年 9 月 9 日

业务类型	委托收款（□邮划、☑电划）		托收承付（□邮划、□电划）	
付款人 全称	武汉和美公司	收款人 全称	山东鲁花公司	
账号	206615368	账号	354946132	
地址	湖北省 省 武汉市 市/县　开户行 中国银行武汉市球场支行	地址	山东 省 济南 市/县　开户行 交通银行济南市清泉支行	
金额 人民币（大写）	叁万伍仟壹佰元整		¥35100.00	
款项内容	为期三个月的票据到期	托收凭据名称	商业承兑汇票	附寄单证张数 1
商品发运情况		合同名称号码	16976530	

备注：
付款人开户银行收到日期：　年　月　日
复核　记账

付款人开户银行签章　2018 年 9 月 9 日

（印章：中国银行武汉市球场支行 2018.09.09 转讫）

付款人注意：
1.根据支付结算办法，上列委托收款（托收承付）款项在付款期限内未提出拒付，即视为同意付款，以此代付款通知。
2.如需提出全部或部分拒付，应在规定期限内，将拒付理由书并附债务证明退交开户银行。

此联付款人开户银行给付款人按期付款通知

附3-8-1

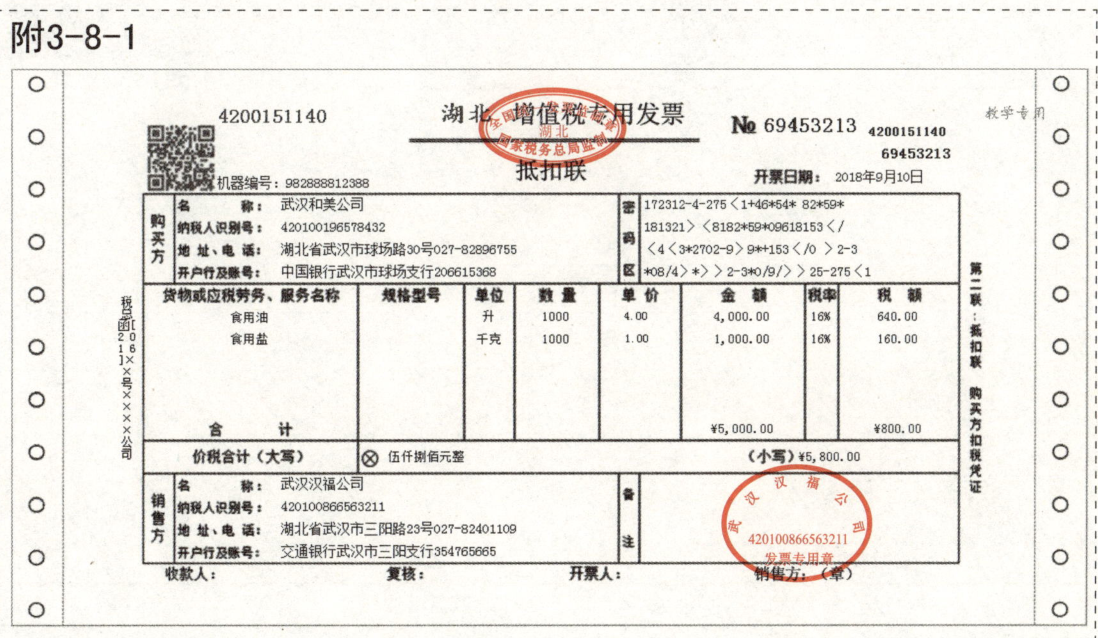

4200151140　湖北增值税专用发票　№ 69453213　4200151140　69453213　教学专用

抵扣联

机器编号：982888812388　开票日期：2018年9月10日

购买方	
名称	武汉和美公司
纳税人识别号	420100196578432
地址、电话	湖北省武汉市球场路30号027-82896755
开户行及账号	中国银行武汉市球场支行206615368

密码区：172312-4-275＜1+46*54* 82*59* 181321＞＜8182*59*09618153＜/ ＜4＜3*2702-9＞9*+153＜/0 ＞2-3 *08/4＞*＞＞2-3*0/9/＞＞25-275＜1

货物或应税劳务、服务名称	规格型号	单位	数量	单价	金额	税率	税额
食用油		升	1000	4.00	4,000.00	16%	640.00
食用盐		千克	1000	1.00	1,000.00	16%	160.00
合计					¥5,000.00		¥800.00
价税合计（大写）	⊗伍仟捌佰元整				（小写）¥5,800.00		

销售方	
名称	武汉汉福公司
纳税人识别号	420100866563211
地址、电话	湖北省武汉市三阳路23号027-82401109
开户行及账号	交通银行武汉市三阳支行354765665

备注：（印章：武汉汉福公司 420100866563211 发票专用章）

收款人：　复核：　开票人：　销售方：（章）

第二联：抵扣联　购买方扣税凭证

附3-8-2

4200151140　　　湖北增值税专用发票　　　№ 69453213　4200151140　69453213

发票联

机器编号：982888812388　　　开票日期：2018年9月10日

税总函[2016]××号×××公司

购买方	
名　　称：	武汉和美公司
纳税人识别号：	420100196578432
地址、电话：	湖北省武汉市球场路30号027-62896755
开户行及账号：	中国银行武汉市球场支行206615368

密码区：172312-4-275＜1+46*54* 82*59* 181321＞＜8182*59*09618153＜/ ＜4＜3*2702-9＞9*+153＜/0 ＞2-3 *08/4＞*＞＞2-3*0/9/＞＞25-275＜1

货物或应税劳务、服务名称	规格型号	单位	数量	单价	金额	税率	税额
食用油		升	1000	4.00	4,000.00	16%	640.00
食用盐		千克	1000	1.00	1,000.00	16%	160.00
合　　计					¥5,000.00		¥800.00
价税合计（大写）	⊗伍仟捌佰元整				（小写）¥5,800.00		

销售方	
名　　称：	武汉汉福公司
纳税人识别号：	420100866563211
地址、电话：	湖北省武汉市三阳路23号027-82401109
开户行及账号：	交通银行武汉市三阳支行354765665

备注：武汉汉福公司 420100866563211 发票专用章

收款人：　　复核：　　开票人：　　销售方：（章）

第三联：发票联　购买方记账凭证

附3-8-3

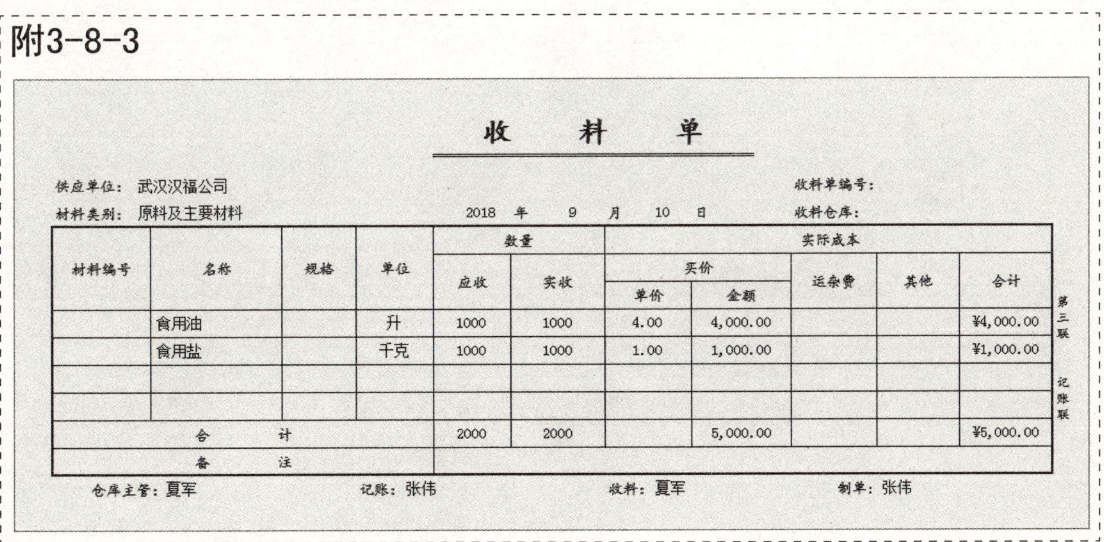

收　料　单

供应单位：武汉汉福公司　　　　收料单编号：

材料类别：原料及主要材料　　2018 年 9 月 10 日　　收料仓库：

材料编号	名称	规格	单位	数量		实际成本				
				应收	实收	买价		运杂费	其他	合计
						单价	金额			
	食用油		升	1000	1000	4.00	4,000.00			¥4,000.00
	食用盐		千克	1000	1000	1.00	1,000.00			¥1,000.00
合　　计				2000	2000		5,000.00			¥5,000.00
备　　注										

第三联　记账联

仓库主管：夏军　　记账：张伟　　收料：夏军　　制单：张伟

附3-9-1

收　料　单

供应单位：河南新源面粉厂　　　　　　　　　　　　　　　　　　收料单编号：

材料类别：原料及主要材料　　　2018 年　9 月　10 日　　　　收料仓库：

材料编号	名称	规格	单位	数量		实际成本				
				应收	实收	买价		运杂费	其他	合计
						单价	金额			
	精制面粉		吨	10	10	60,000.00	600,000.00			¥600,000.00
合　计				10	10		600,000.00			¥600,000.00
备　注										

第三联　记账联

仓库主管：夏军　　记账：张伟　　收料：夏军　　制单：张伟

附3-10-1

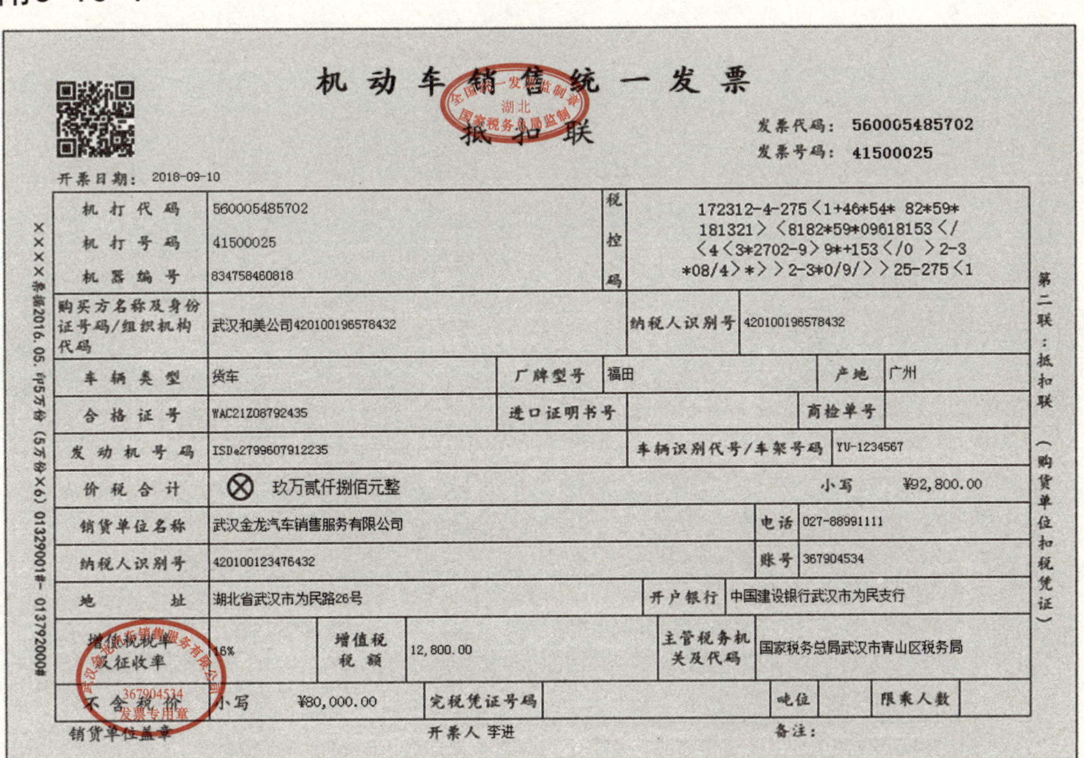

机动车销售统一发票

抵扣联

发票代码：560005485702
发票号码：41500025

开票日期：2018-09-10

机打代码	560005485702
机打号码	41500025
机器编号	834758460818
税控码	172312-4-275 <1+46*54* 82*59* 181321> <8182*59*09618153 </ <4 <3*2702-9> 9*+153 </0 >2-3 *08/4> *> >2-3*0/9/> >25-275 <1
购买方名称及身份证号码/组织机构代码	武汉和美公司420100196578432
纳税人识别号	420100196578432
车辆类型	货车
厂牌型号	福田
产地	广州
合格证号	WAC21Z08792435
进口证明书号	
商检单号	
发动机号码	ISDe2799607912235
车辆识别代号/车架号码	YU-1234567
价税合计	⊗玖万贰仟捌佰元整　小写 ¥92,800.00
销货单位名称	武汉金龙汽车销售服务有限公司
电话	027-88991111
纳税人识别号	420100123476432
账号	367904534
地址	湖北省武汉市为民路26号
开户银行	中国建设银行武汉市为民支行
增值税税率或征收率	16%
增值税税额	12,800.00
主管税务机关及代码	国家税务总局武汉市青山区税务局
不含税价	小写 ¥80,000.00
完税凭证号码	
吨位	
限乘人数	

销货单位盖章　　开票人 李进　　备注：

第二联：抵扣联（购货单位扣税凭证）

×××× [illegible] 2016.05. 印5万份（5万份×6）013290001#- 013792000#

附3-10-2

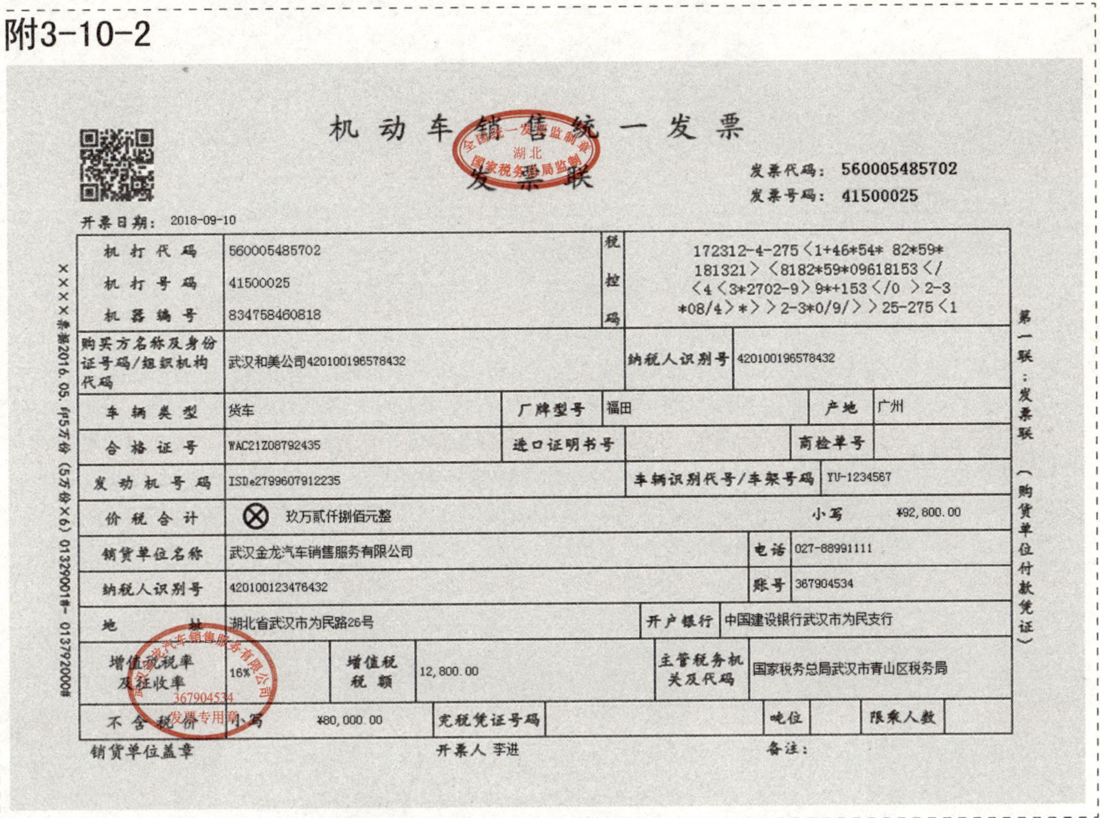

机动车销售统一发票

发票联

发票代码：560005485702
发票号码：41500025

开票日期：2018-09-10

机打代码	560005485702	税控码	172312-4-275 <1+46*54* 82*59* 181321> <8182*59*09618153 </ <4 <3*2702-9> 9*+153 </0 >2-3 *08/4>*> >2-3*0/9/> >25-275 <1
机打号码	41500025		
机器编号	834758460818		
购买方名称及身份证号码/组织机构代码	武汉和美公司420100196578432	纳税人识别号	420100196578432
车辆类型	货车	厂牌型号	福田　产地　广州
合格证号	WAC21Z08792435	进口证明书号	商检单号
发动机号码	ISDe2799607912235	车辆识别代号/车架号码	YU-1234567
价税合计	⊗ 玖万贰仟捌佰元整	小写	¥92,800.00
销货单位名称	武汉金龙汽车销售服务有限公司	电话	027-88991111
纳税人识别号	420100123476432	账号	367904534
地址	湖北省武汉市为民路26号	开户银行	中国建设银行武汉市为民支行
增值税税率或征收率	16%　增值税税额　12,800.00	主管税务机关及代码	国家税务总局武汉市青山区税务局
不含税价	小写　¥80,000.00	完税凭证号码	吨位　限乘人数

销货单位盖章　　开票人 李进　　备注：

第一联：发票联（购货单位付款凭证）

××××票据2016.05. 印5万份（5万份×6）01329001#-01379200#

附3-10-3

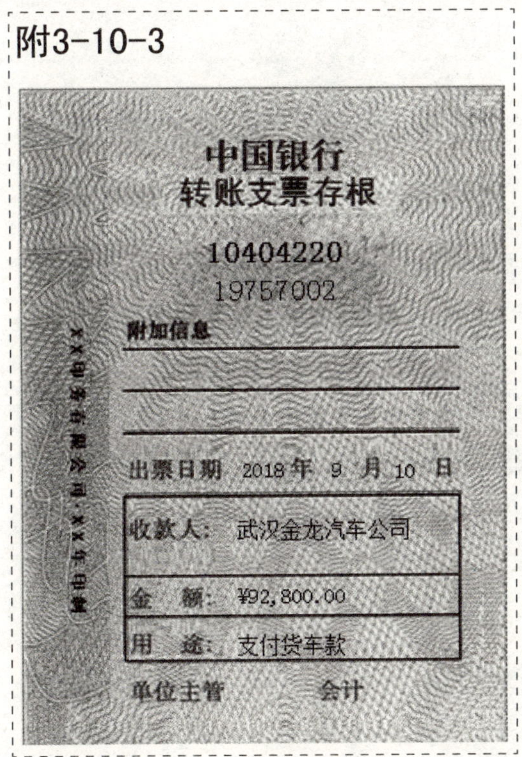

中国银行
转账支票存根

10404220
19757002

附加信息

出票日期　2018年　9　月　10　日

收款人：　武汉金龙汽车公司
金　额：　¥92,800.00
用　途：　支付货车款

单位主管　　　会计

××印务有限公司·××年印制

附3-10-4

固定资产验收单

2018 年 9 月 10 日　　　　编号：N651

<table>
<tr><td>名称</td><td colspan="2">规格型号</td><td>来源</td><td>数量</td><td>购（造）价</td><td>使用年限</td><td>预计残值</td></tr>
<tr><td>货车</td><td colspan="2"></td><td>外购</td><td>1</td><td>80,000.00</td><td>10</td><td>2,000.00</td></tr>
<tr><td>安装费</td><td colspan="2">月折旧率</td><td colspan="2">建造单位</td><td>交工日期</td><td colspan="2">附件</td></tr>
<tr><td></td><td colspan="2"></td><td colspan="2"></td><td></td><td colspan="2"></td></tr>
<tr><td>验收部门</td><td>销售部</td><td>验收人员</td><td>文丽</td><td>管理部门</td><td></td><td>管理人员</td><td></td></tr>
<tr><td>备注</td><td colspan="7"></td></tr>
</table>

审核：李静　　　　制单：张伟

附3-11-1

中国银行
现金支票存根
10404210
76500778

附加信息

出票日期 2018 年 9 月 10 日

收款人：武汉和美公司

金　额：¥1,500.00

用　途：备用

单位主管　　会计

××印务有限公司·××年印制

附3-12-1

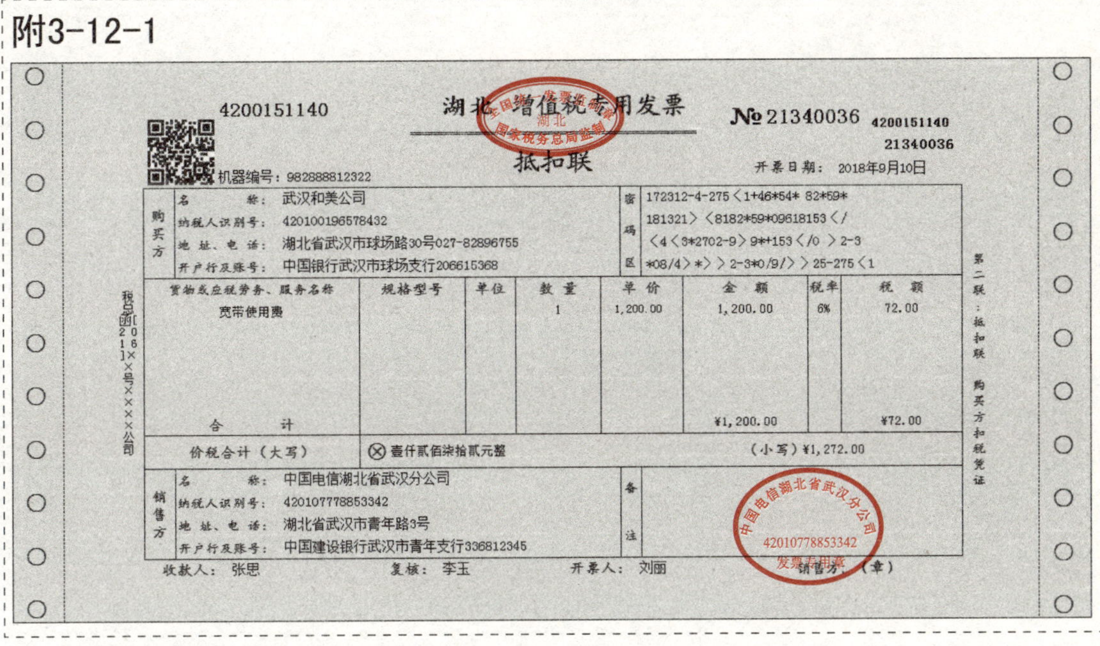

4200151140　　湖北增值税专用发票　　№21340036　4200151140　21340036

抵扣联

机器编号：982888812322　　开票日期：2018年9月10日

购买方　名称：武汉和美公司
纳税人识别号：420100196578432
地址、电话：湖北省武汉市球场路30号027-82896755
开户行及账号：中国银行武汉市球场支行206615368

密码区：172312-4-275<1+46*54* 82*59*
181321><8182*59*09618153</
<4<3*2702-9>9*+153</0 >2-3
08/4>>>2-3*0/9/>>25-275<1

货物或应税劳务、服务名称	规格型号	单位	数量	单价	金额	税率	税额
宽带使用费			1	1,200.00	1,200.00	6%	72.00
合　　计					¥1,200.00		¥72.00
价税合计（大写）	⊗壹仟贰佰柒拾贰元整				（小写）¥1,272.00		

销售方　名称：中国电信湖北省武汉分公司
纳税人识别号：420107778853342
地址、电话：湖北省武汉市青年路3号
开户行及账号：中国建设银行武汉市青年支行336812345

备注

收款人：张思　　复核：李玉　　开票人：刘丽　　销售方：（章）

税总函[2016]××号×××公司

第二联：抵扣联　购买方扣税凭证

附3-12-2

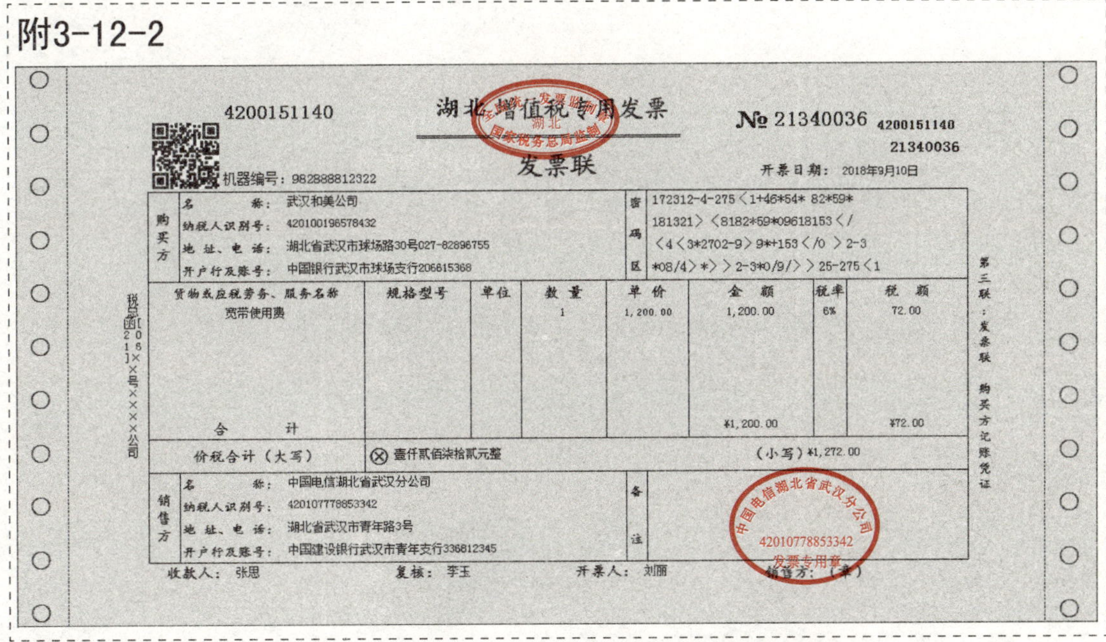

4200151140　　湖北增值税专用发票　　№21340036　4200151140　21340036

发票联

机器编号：982888812322　　开票日期：2018年9月10日

购买方　名称：武汉和美公司
纳税人识别号：420100196578432
地址、电话：湖北省武汉市球场路30号027-82896755
开户行及账号：中国银行武汉市球场支行206615368

密码区：172312-4-275<1+46*54* 82*59*
181321><8182*59*09618153</
<4<3*2702-9>9*+153</0 >2-3
08/4>>>2-3*0/9/>>25-275<1

货物或应税劳务、服务名称	规格型号	单位	数量	单价	金额	税率	税额
宽带使用费			1	1,200.00	1,200.00	6%	72.00
合　　计					¥1,200.00		¥72.00
价税合计（大写）	⊗壹仟贰佰柒拾贰元整				（小写）¥1,272.00		

销售方　名称：中国电信湖北省武汉分公司
纳税人识别号：420107778853342
地址、电话：湖北省武汉市青年路3号
开户行及账号：中国建设银行武汉市青年支行336812345

备注

收款人：张思　　复核：李玉　　开票人：刘丽　　销售方：（章）

税总函[2016]××号×××公司

第三联：发票联　购买方记账凭证

附3-12-3

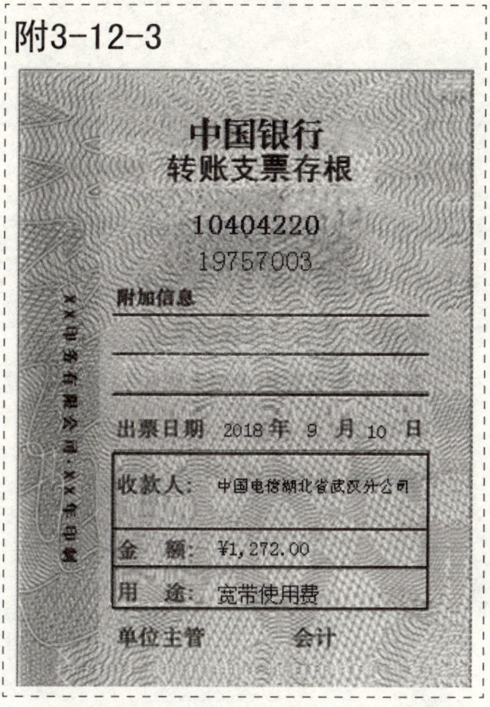

中国银行
转账支票存根

10404220
19757003

附加信息

出票日期 2018 年 9 月 10 日

收款人：中国电信湖北省武汉分公司

金　额：¥1,272.00

用　途：宽带使用费

单位主管　　　会计

××印务有限公司·××年印制

附3-13-1

电子缴款凭证

打印日期：2018年9月10日　　地 56456058437347

纳税人识别号	420100196578432				税务征收机关	国家税务总局武汉市江岸区税务局		
纳税人全称	武汉和美公司				开户银行	中国银行武汉市球场支行		
					银行账号	206615368		
系统税票号	征（费）种	税（品）目	所属时期起	所属时期止	实缴金额	缴款日期	备注	
	印花税				50.00	2018年9月10日		
金额合计	（大写）伍拾元整				¥50.00			
本缴款凭证仅作为纳税人记账核算凭证使用，电子缴税的需与银行对账单电子划缴记录核对一致方有效。纳税人如需汇总开具正式完税证明，请凭税务登记证或身份证明到主管税务机关开具。 国家税务总局武汉市江岸区税务局 税务机关（电子章） 征税专用章								

附3-14-1

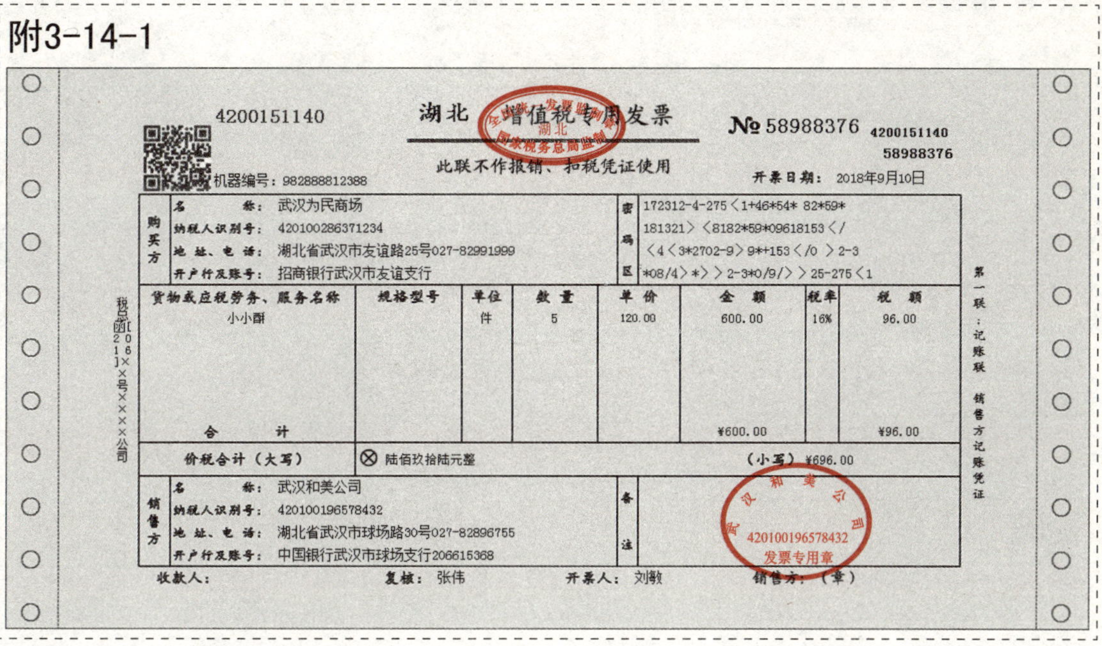

湖北增值税专用发票

4200151140　№ 58988376　4200151140 58988376

此联不作报销、扣税凭证使用

机器编号：982888812388　开票日期：2018年9月10日

购买方	名称：武汉为民商场 纳税人识别号：420100286371234 地址、电话：湖北省武汉市友谊路25号027-82991999 开户行及账号：招商银行武汉市友谊支行	密码区	172312-4-275＜1+46*54* 82*59* 181321＞＜8182*59*09618153＜/ ＜4＜3*2702-9＞9*+153＜/0 ＞2-3 *08/4＞*＞＞2-3*0/9/＞＞25-275＜1

货物或应税劳务、服务名称	规格型号	单位	数量	单价	金额	税率	税额
小小酥		件	5	120.00	600.00	16%	96.00
合计					¥600.00		¥96.00
价税合计（大写）	⊗ 陆佰玖拾陆元整				（小写）¥696.00		

销售方	名称：武汉和美公司 纳税人识别号：420100196578432 地址、电话：湖北省武汉市球场路30号027-82896755 开户行及账号：中国银行武汉市球场支行206615368	备注	

收款人：　复核：张伟　开票人：刘敏　销售方：（章）

第一联：记账联　销售方记账凭证

附3-14-2

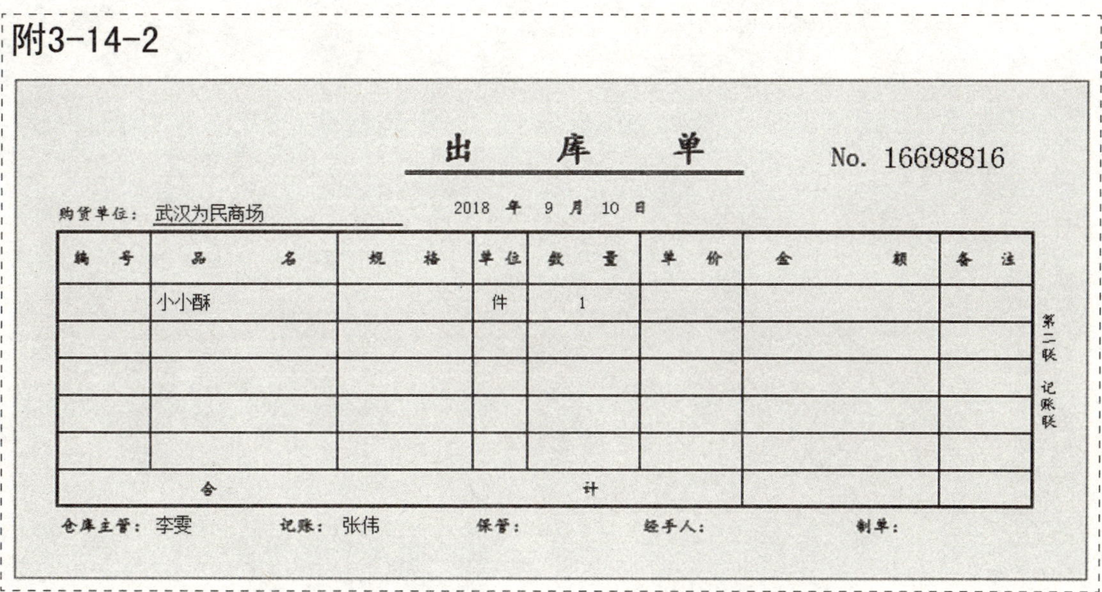

出　库　单　No. 16698816

购货单位：武汉为民商场　2018 年 9 月 10 日

编号	品名	规格	单位	数量	单价	金额	备注
	小小酥		件	1			
合计							

仓库主管：李雯　记账：张伟　保管：　经手人：　制单：

第二联　记账联

附3-14-3

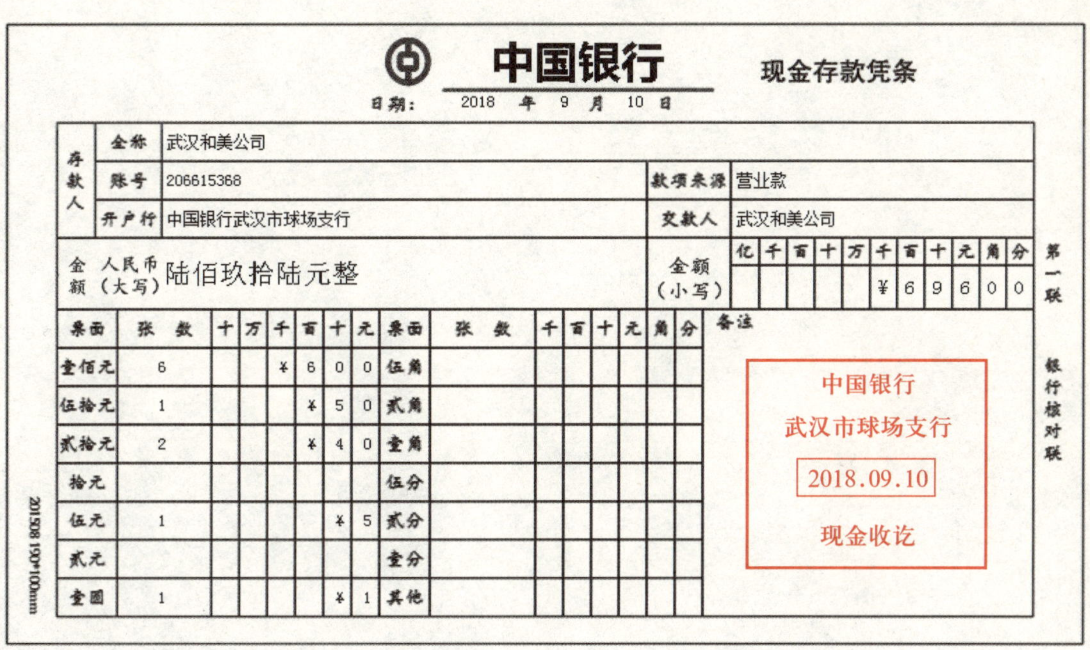

中国银行　现金存款凭条

日期：2018 年 9 月 10 日

存款人	全称	武汉和美公司		
	账号	206615368	款项来源	营业款
	开户行	中国银行武汉市球场支行	交款人	武汉和美公司

金额　人民币（大写）陆佰玖拾陆元整　金额（小写）¥696.00

券面	张数	十	万	千	百	十	元	券面	张数	千	百	十	元	角	分
壹佰元	6			¥	6	0	0	伍角							
伍拾元	1				¥	5	0	贰角							
贰拾元	2				¥	4	0	壹角							
拾元								伍分							
伍元	1					¥	5	贰分							
贰元								壹分							
壹圆	1					¥	1	其他							

备注：中国银行 武汉市球场支行 2018.09.10 现金收讫

第一联 银行核对联

201508 190*100mm

附3-15-1

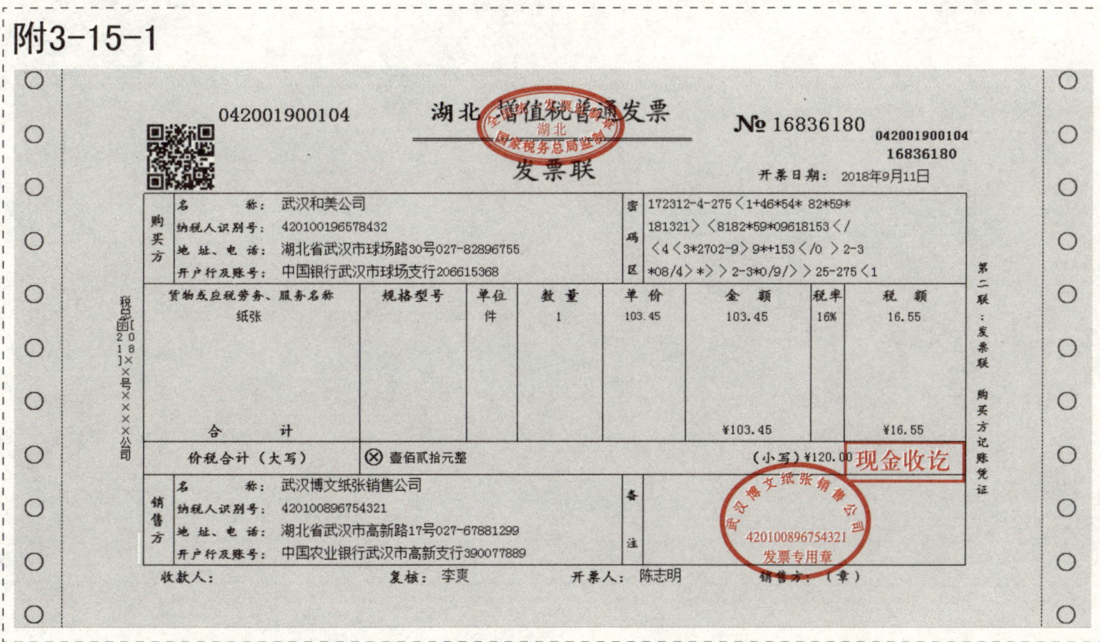

湖北增值税普通发票　发票联

042001900104　№ 16836180　042001900104 16836180

开票日期：2018年9月11日

购买方	
名称	武汉和美公司
纳税人识别号	420100196578432
地址、电话	湖北省武汉市球场路30号027-82896755
开户行及账号	中国银行武汉市球场支行206615368

密码区：172312-4-275<1+46*54* 82*59* 181321><8182*59*09618153</ <4<3*2702-9>9*+153</0 >2-3 *08/4>*>>2-3*0/9/>>25-275<1

货物或应税劳务、服务名称	规格型号	单位	数量	单价	金额	税率	税额
纸张		件	1	103.45	103.45	16%	16.55
合计					¥103.45		¥16.55

价税合计（大写）⊗壹佰贰拾元整　（小写）¥120.00　现金收讫

销售方	
名称	武汉博文纸张销售公司
纳税人识别号	420100896754321
地址、电话	湖北省武汉市高新路17号027-67881299
开户行及账号	中国农业银行武汉市高新支行390077889

备注：武汉博文纸张销售公司 420100896754321 发票专用章

收款人：　复核：李爽　开票人：陈志明　销售方：（章）

第二联：发票联　购买方记账凭证

附3-16-1

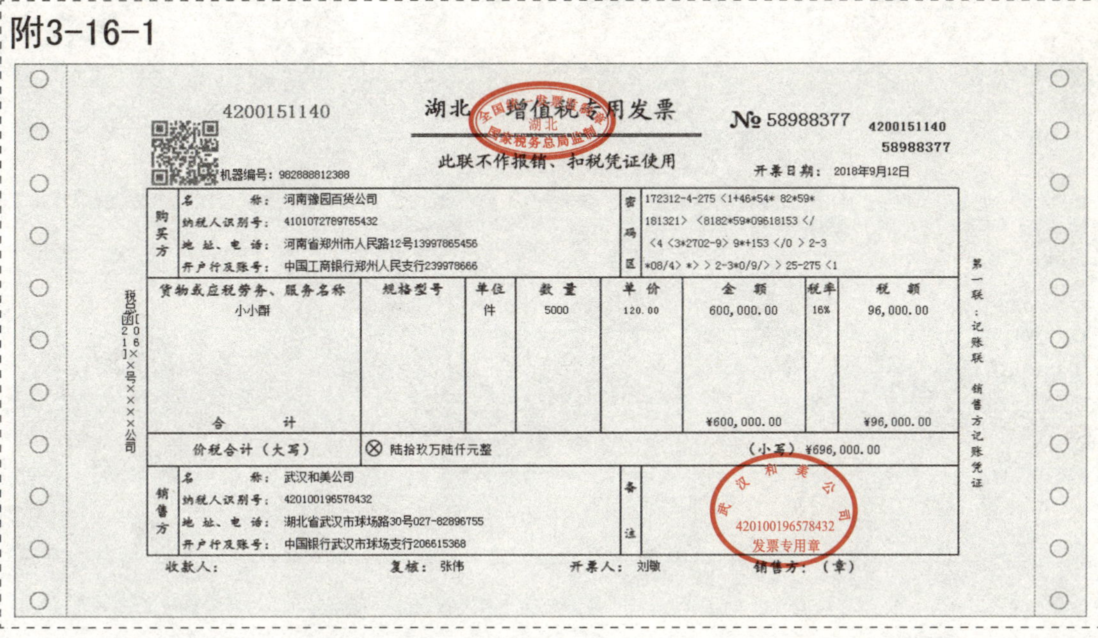

4200151140

湖北增值税专用发票

№ 58988377　4200151140　58988377

此联不作报销、扣税凭证使用

机器编号：982888812388　　开票日期：2018年9月12日

购买方　名称：河南豫园百货公司
纳税人识别号：4101072789765432
地址、电话：河南省郑州市人民路12号13997865456
开户行及账号：中国工商银行郑州人民支行239978666

密码区：172312-4-275 <1+46*54* 82*59* 181321> <8182*59*09618153 </ <4 <3*2702-9> 9*+153 </0 > 2-3 *08/4> *> > 2-3*0/9/> > 25-275 <1

货物或应税劳务、服务名称	规格型号	单位	数量	单价	金额	税率	税额
小小酥		件	5000	120.00	600,000.00	16%	96,000.00
合计					¥600,000.00		¥96,000.00

价税合计（大写）　⊗陆拾玖万陆仟元整　　（小写）¥696,000.00

销售方　名称：武汉和美公司
纳税人识别号：420100196578432
地址、电话：湖北省武汉市球场路30号027-82896755
开户行及账号：中国银行武汉市球场支行206615368

备注：（武汉和美公司 420100196578432 发票专用章）

收款人：　　复核：张伟　　开票人：刘敏　　销售方：（章）

第一联：记账联　销售方记账凭证

附3-16-2

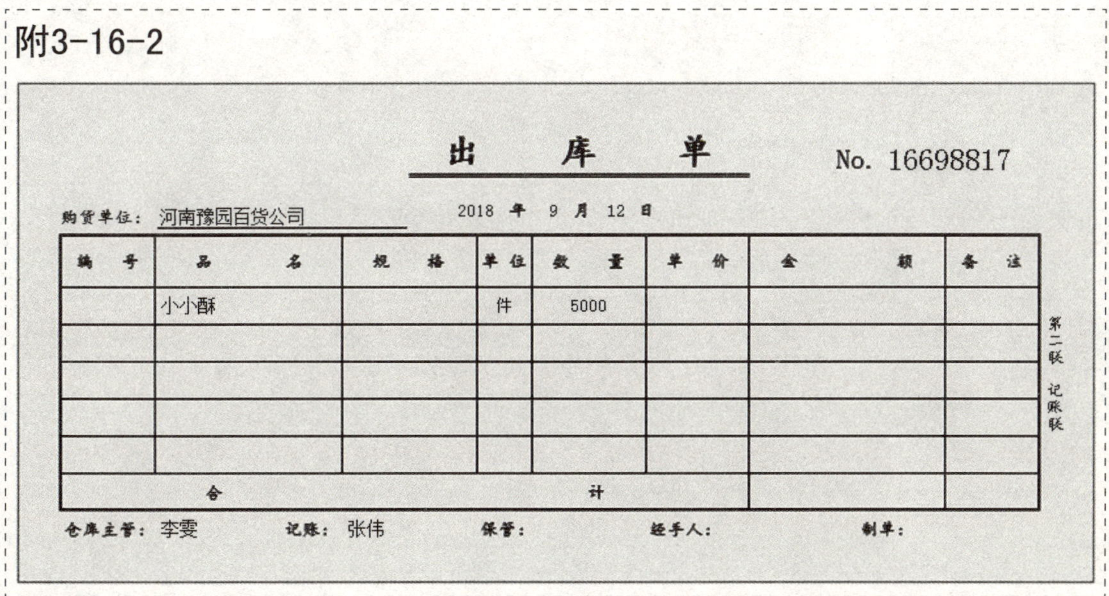

出　库　单　　No. 16698817

购货单位：河南豫园百货公司　　2018 年 9 月 12 日

编号	品名	规格	单位	数量	单价	金额	备注
	小小酥		件	5000			
合计							

仓库主管：李雯　　记账：张伟　　保管：　　经手人：　　制单：

第二联　记账联

附3-16-3

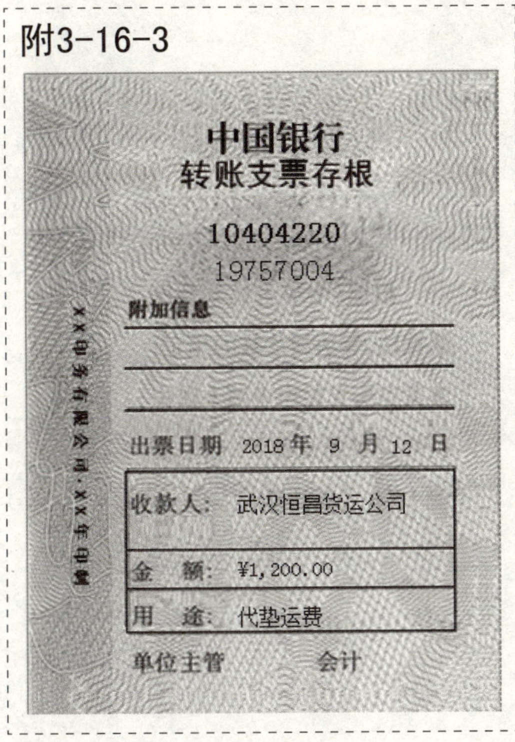

中国银行
转账支票存根
10404220
19757004
附加信息
出票日期 2018 年 9 月 12 日
收款人：武汉恒昌货运公司
金　额：¥1,200.00
用　途：代垫运费
单位主管　　会计

××印务有限公司·××年印制

附3-16-4

中国银行　　托收凭证（受理回单）　1　№ 597272

委托日期 2018 年 9 月 12 日

业务类型	委托收款（□邮划、□电划）		托收承付（□邮划、☑电划）	
付款人 全称	河南豫园百货公司		收款人 全称	武汉和美公司
付款人 账号	239978666		收款人 账号	206615368
付款人 地址	河南 省 郑州 市/县	开户行 中国工商银行郑州人民支行	收款人 地址	湖北 省 武汉 市/县　开户行 中国银行武汉市球场支行
金额 人民币（大写）	陆拾玖万柒仟贰佰元整		亿 千 百 十 万 千 百 十 元 角 分	¥ 6 9 7 2 0 0 0 0
款项内容	货款	托收凭据名称		附寄单证张数 5
商品发运情况	已发畅通物流		合同名称号码	20389
备注： 复核　记账	款项收妥日期 年 月 日		收款人开户银行签章 2018 年 9 月 12 日	

中国银行 武汉市球场支行 2018.09.12 托收专用章

此联作收款人开户银行给收款人的受理回单

附3-17-1

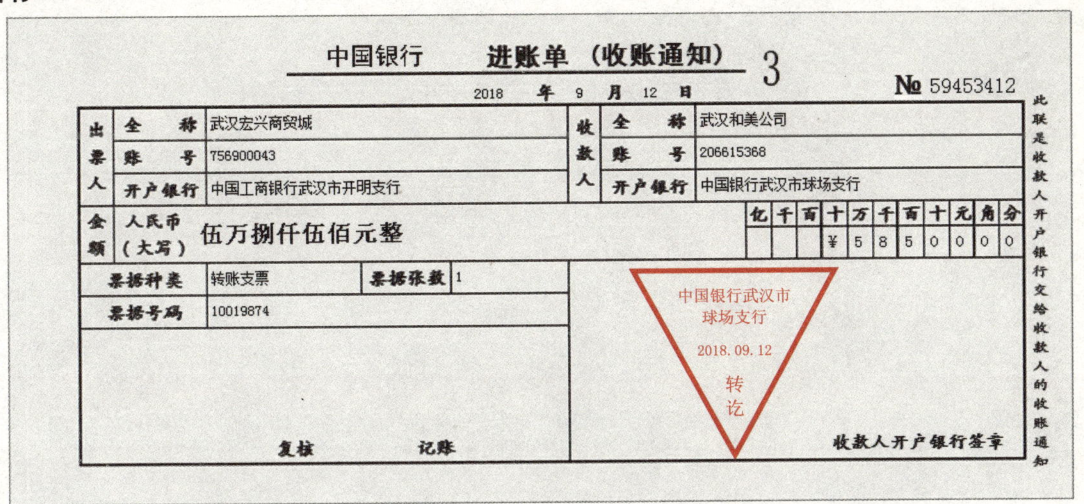

中国银行　　进账单（收账通知）　3

2018 年 9 月 12 日　　№ 59453412

出票人	全称	武汉宏兴商贸城	收款人	全称	武汉和美公司
	账号	756900043		账号	206615368
	开户银行	中国工商银行武汉市开明支行		开户银行	中国银行武汉市球场支行

金额	人民币（大写）	伍万捌仟伍佰元整	亿	千	百	十	万	千	百	十	元	角	分
						¥	5	8	5	0	0	0	0

票据种类	转账支票	票据张数	1
票据号码	10019874		

中国银行武汉市球场支行 2018.09.12 转讫

复核　　记账　　收款人开户银行签章

此联是收款人开户银行交给收款人的收账通知

附3-18-1

借支单

2018 年 9 月 14 日　　部门：采购部

借支人姓名	吴飞	职务	采购员
借支事由	出差		
人民币（大写）	伍佰元整	¥ 500.00	现金收讫

核准	李静	会计	张伟	出纳	刘敏	借支人	吴飞

附3-19-1

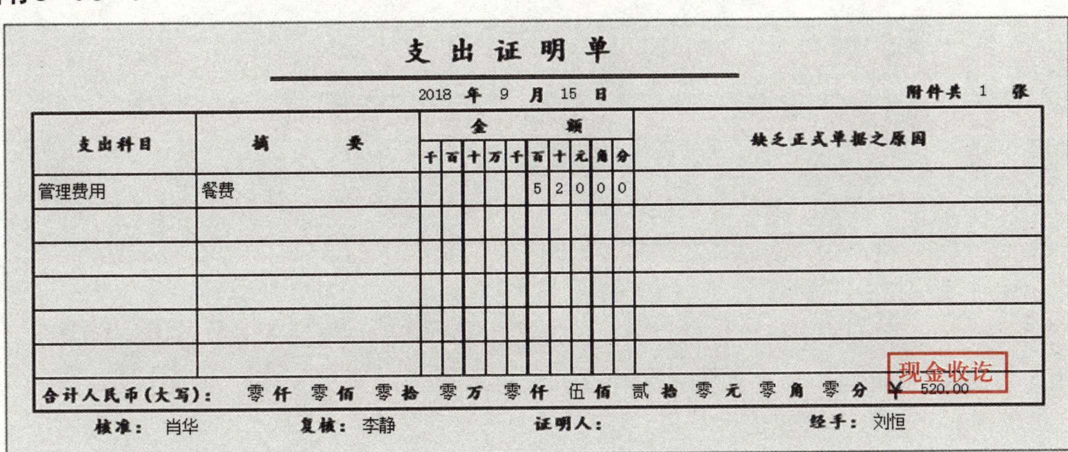

支出证明单

2018 年 9 月 15 日　　附件共 1 张

支出科目	摘要	千	百	十	万	千	百	十	元	角	分	缺乏正式单据之原因
管理费用	餐费						5	2	0	0	0	

合计人民币（大写）：零仟 零佰 零拾 零万 零仟 伍佰 贰拾 零元 零角 零分　¥ 520.00　现金收讫

核准：肖华　　复核：李静　　证明人：　　经手：刘恒

附3-19-2

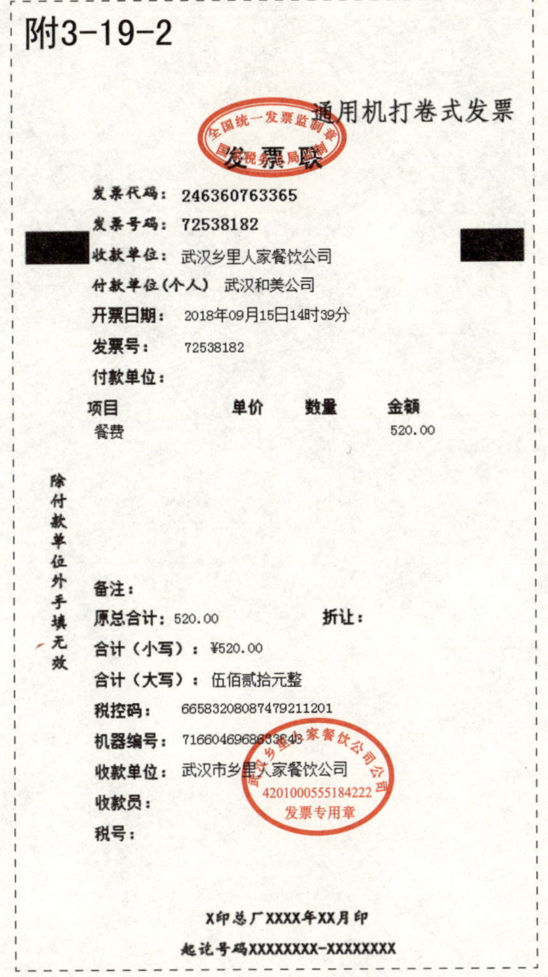

通用机打卷式发票

发票联

发票代码：246360763365

发票号码：72538182

收款单位：武汉乡里人家餐饮公司

付款单位(个人)　武汉和美公司

开票日期：　2018年09月15日14时39分

发票号：　72538182

付款单位：

项目	单价	数量	金额
餐费			520.00

除付款单位外手填无效

备注：

原总合计：520.00　　折让：

合计（小写）：¥520.00

合计（大写）：伍佰贰拾元整

税控码：　66583208087479211201

机器编号：　7166046968633848

收款单位：武汉市乡里人家餐饮公司

收款员：

税号：

X印总厂XXXX年XX月印

起讫号码XXXXXXXX-XXXXXXXX

附3-20-1

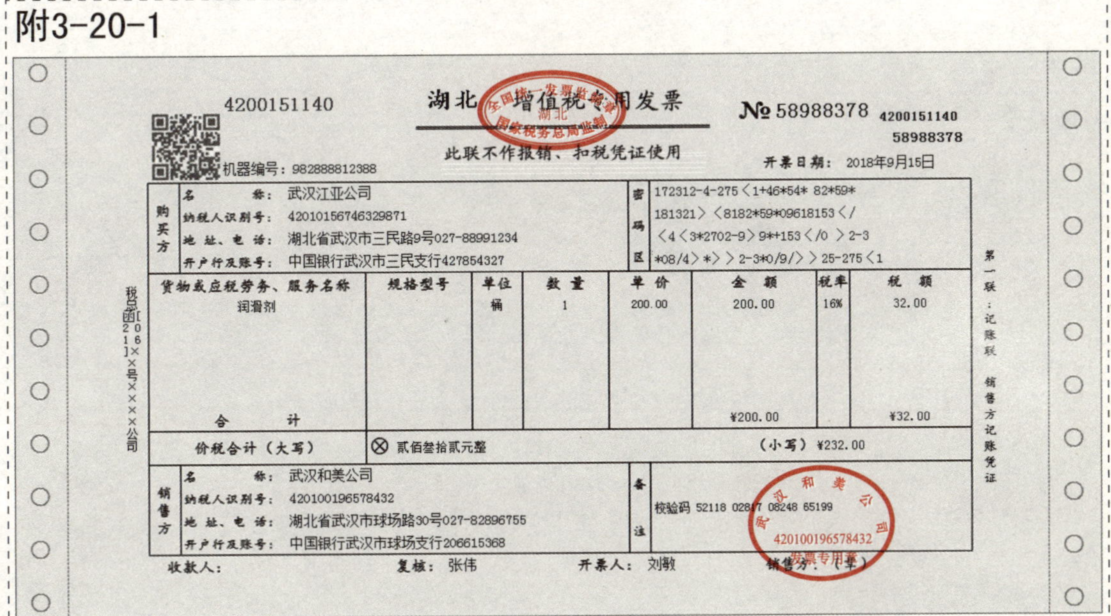

4200151140

湖北增值税专用发票

№58988378　4200151140
58988378

此联不作报销、扣税凭证使用

机器编号：982888812388

开票日期：2018年9月15日

购买方	名　　称：武汉江亚公司 纳税人识别号：420101567463298 71 地 址、电 话：湖北省武汉市三民路9号027-88991234 开户行及账号：中国银行武汉市三民支行427854327	密码区	172312-4-275＜1+46*54* 82*59* 181321＞＜8182*59*09618153＜/ ＜4＜3*2702-9＞9*+153＜/0 ＞2-3 *08/4＞*＞＞2-3*0/9/＞＞25-275＜1

货物或应税劳务、服务名称	规格型号	单位	数量	单价	金额	税率	税额
润滑剂		桶	1	200.00	200.00	16%	32.00
合　计					¥200.00		¥32.00
价税合计（大写）	⊗贰佰叁拾贰元整				（小写）¥232.00		

销售方	名　　称：武汉和美公司 纳税人识别号：420100196578432 地 址、电 话：湖北省武汉市球场路30号027-82896755 开户行及账号：中国银行武汉市球场支行206615368	备注	校验码 52118 02817 08248 65199

收款人：　　复核：张伟　　开票人：刘敏　　销售方：（章）

税总函[2016]××号×××公司

第一联：记账联　销售方记账凭证

附3-20-2

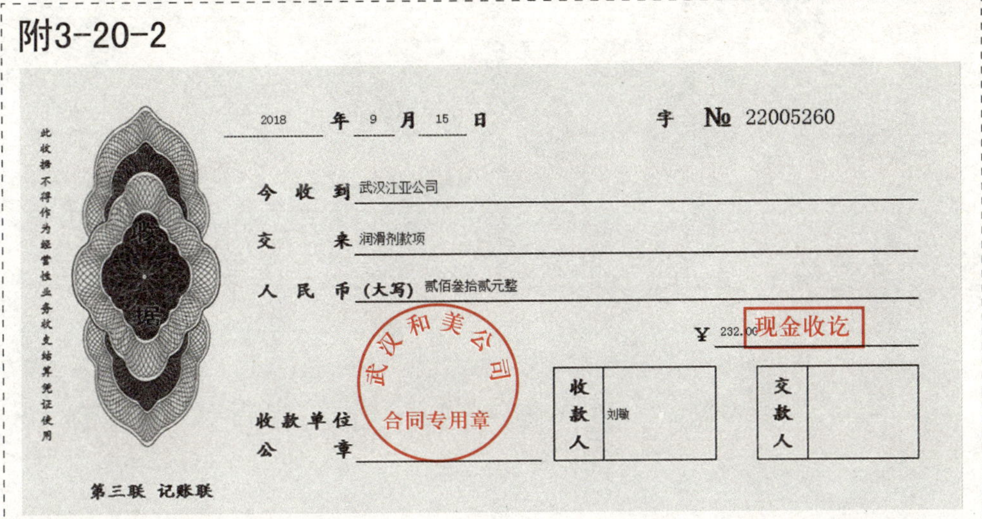

此收据不得作为经营性业务收支结算凭证使用

2018 年 9 月 15 日　　字 № 22005260

今收到 武汉江亚公司

交来 润滑剂款项

人民币（大写）贰佰叁拾贰元整

¥ 232.00 现金收讫

收款单位公章：武汉和美公司 合同专用章

收款人：刘敏

交款人：

第三联 记账联

附3-20-3

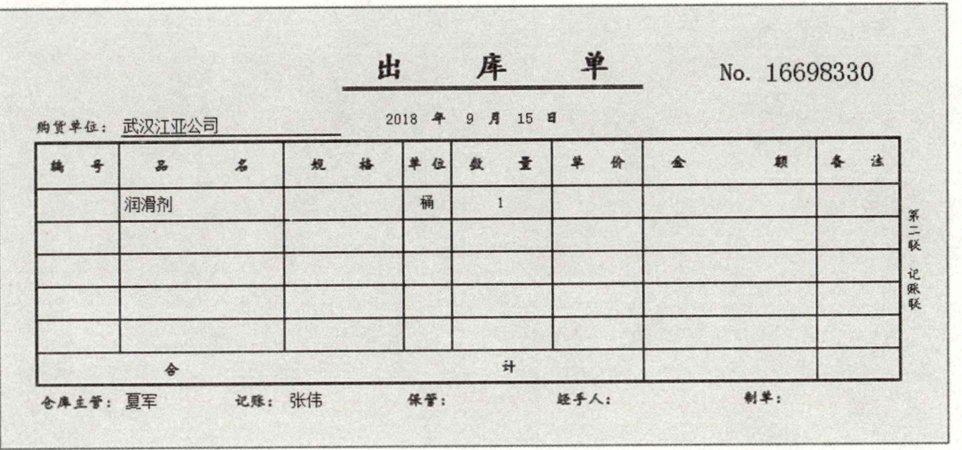

出　库　单　　No. 16698330

购货单位：武汉江亚公司　　2018 年 9 月 15 日

编号	品名	规格	单位	数量	单价	金额	备注
	润滑剂		桶	1			
合				计			

第二联 记账联

仓库主管：夏军　记账：张伟　保管：　经手人：　制单：

附3-21-1

支　出　凭　单

2018 年 9 月 16 日　　第 103 号

即付 职工汪刚父亲汪培丧葬补助费

款　　对方科目编号 221102

计人民币：贰佰元整　　¥ 200.00 现金收讫

领款人：汪刚　　主管审批：李明

附单据 1 张

财务主管 李静　记账 张伟　出纳 刘敏　审核 李静　制单 刘敏

附3-22-1

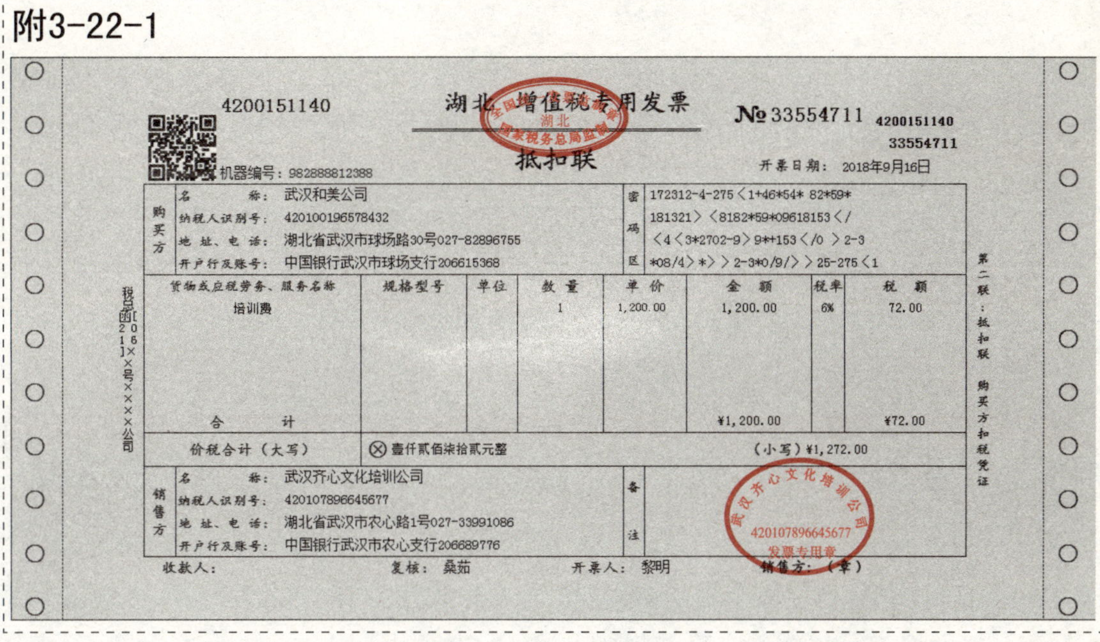

湖北增值税专用发票

4200151140　　№ 33554711　4200151140　33554711

抵扣联

机器编号：982888812388　　开票日期：2018年9月16日

购买方	名　　称：武汉和美公司 纳税人识别号：420100196578432 地址、电话：湖北省武汉市球场路30号027-82896755 开户行及账号：中国银行武汉市球场支行206615368	密码区	172312-4-275＜1+46*54* 82*59* 181321＞＜8182*59*09618153＜/ ＜4＜3*2702-9＞9*+153＜/0 ＞2-3 *08/4＞*＞＞2-3*0/9/＞＞25-275＜1

货物或应税劳务、服务名称	规格型号	单位	数量	单价	金额	税率	税额
培训费			1	1,200.00	1,200.00	6%	72.00
合　　计					¥1,200.00		¥72.00
价税合计（大写）	⊗壹仟贰佰柒拾贰元整				（小写）¥1,272.00		

销售方	名　　称：武汉齐心文化培训公司 纳税人识别号：420107896645677 地址、电话：湖北省武汉市农心路1号027-33991086 开户行及账号：中国银行武汉市农心支行206689776	备注	武汉齐心文化培训公司 420107896645677 发票专用章

收款人：　　复核：桑茹　　开票人：黎明　　销售方：（章）

税总函[2016]××号×××公司

第二联：抵扣联　购买方扣税凭证

附3-22-2

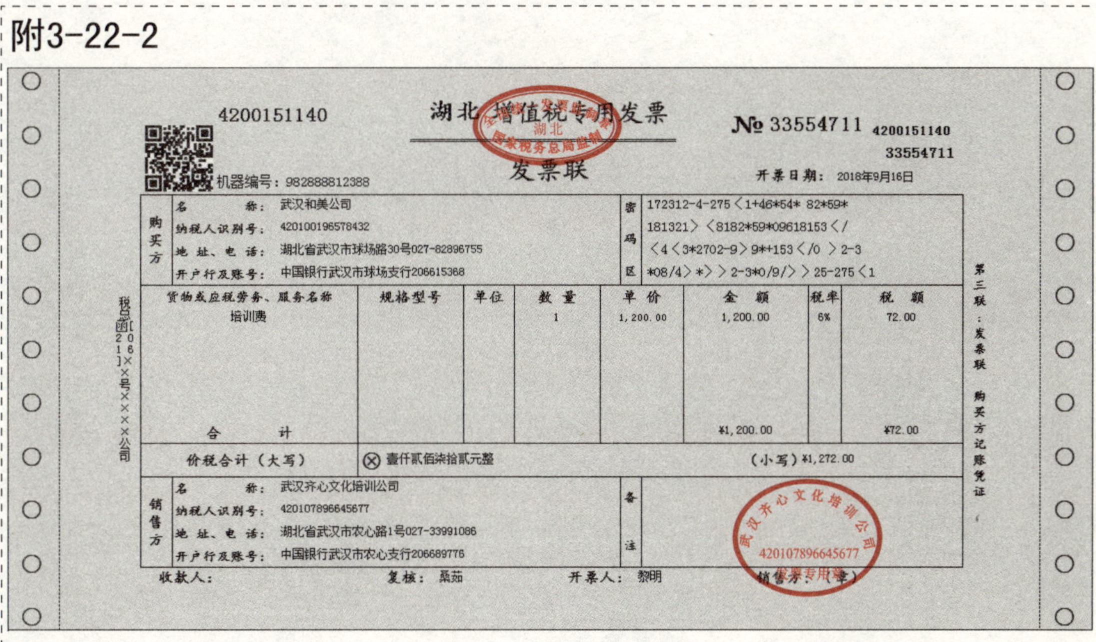

湖北增值税专用发票

4200151140　　№ 33554711　4200151140　33554711

发票联

机器编号：982888812388　　开票日期：2018年9月16日

购买方	名　　称：武汉和美公司 纳税人识别号：420100196578432 地址、电话：湖北省武汉市球场路30号027-82896755 开户行及账号：中国银行武汉市球场支行206615368	密码区	172312-4-275＜1+46*54* 82*59* 181321＞＜8182*59*09618153＜/ ＜4＜3*2702-9＞9*+153＜/0 ＞2-3 *08/4＞*＞＞2-3*0/9/＞＞25-275＜1

货物或应税劳务、服务名称	规格型号	单位	数量	单价	金额	税率	税额
培训费			1	1,200.00	1,200.00	6%	72.00
合　　计					¥1,200.00		¥72.00
价税合计（大写）	⊗壹仟贰佰柒拾贰元整				（小写）¥1,272.00		

销售方	名　　称：武汉齐心文化培训公司 纳税人识别号：420107896645677 地址、电话：湖北省武汉市农心路1号027-33991086 开户行及账号：中国银行武汉市农心支行206689776	备注	武汉齐心文化培训公司 420107896645677 发票专用章

收款人：　　复核：桑茹　　开票人：黎明　　销售方：（章）

税总函[2016]××号×××公司

第三联：发票联　购买方记账凭证

附3-22-3

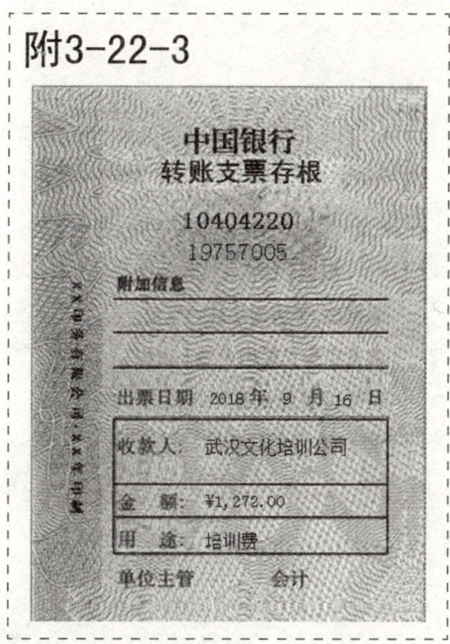

中国银行
转账支票存根

10404220
19757005

附加信息

出票日期　2018 年　9　月　16　日

收款人：　武汉文化培训公司

金　额：　¥1,272.00

用　途：　培训费

单位主管　　　　会计

附3-23-1

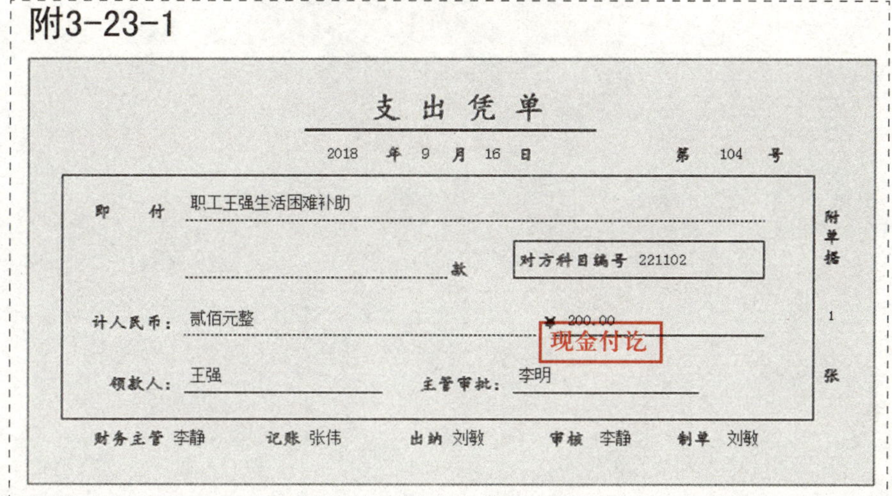

支出凭单

2018　年　9　月　16　日　　　　第　104　号

即　付　职工王强生活困难补助

款　　　　对方科目编号　221102

计人民币：　贰佰元整　　　　¥　200.00　现金付讫

领款人：　王强　　　　主管审批：　李明

附单据　1　张

财务主管　李静　　记账　张伟　　出纳　刘敏　　审核　李静　　制单　刘敏

附3-24-1

差旅费报销单

部门　采购部　　　　2018　年　9　月　20　日

出差人			吴飞								出差事由		采购		
出发				到达				交通工具	交通费		出差补贴		其他费用		
月	日	时	地点	月	日	时	地点		单据张数	金额	天数	金额	项目	单据张数	金额
9	15		武汉	9	15		襄阳	火车	1	75.00	3	30.00	住宿费	1	300.00
9	17		襄阳	9	17		武汉	火车	1	75.00			市内车费	4	90.00
													邮电费		
													办公用品费		
													不买卧铺补贴		
													其他		
合计									2	¥150.00		¥30.00		5	¥390.00
报销总额	人民币（大写）伍佰柒拾元整									预借金额	¥500.00		补领金额	¥70.00	现金付讫
													退还金额		

附件　7　张

主管　　　　审核 李静　　　　出纳 刘敏　　　　领款人 吴飞

附3-25-1

中国银行　　业务收费凭证

币别：人民币　　2018 年 9 月 20 日　　流水号：088959444041111590

付款人	武汉和美公司		账号	206615368	
项目名称	工本费	手续费	电子汇划费	其他	金额
购买转账支票	10.00	50.00			60.00
金额（大写）	陆拾元整				¥60.00
付款方式	转账				

（印章：中国银行 武汉市球场支行 2018.09.20 业务受理专用章）

会计主管 张云　　授权　　复核　　记账 吴东海

附3-26-1

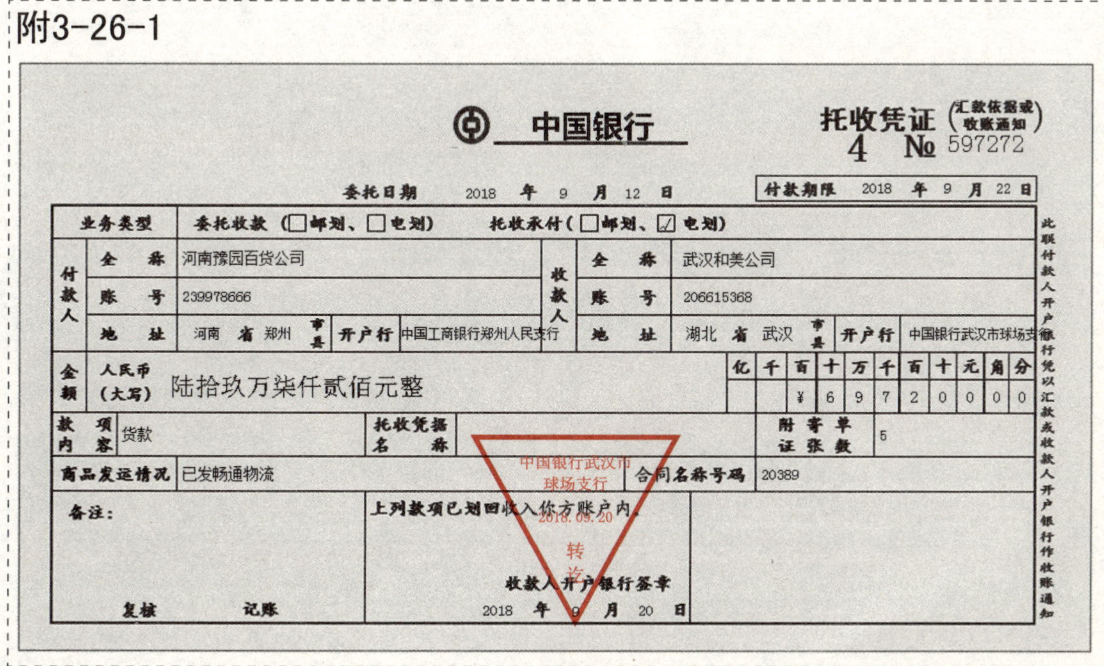
中国银行　　托收凭证（汇款依据或收账通知）4　№ 597272

委托日期 2018 年 9 月 12 日　　付款期限 2018 年 9 月 22 日

业务类型	委托收款（□邮划、□电划）　托收承付（□邮划、☑电划）			
付款人 全称	河南豫园百货公司	收款人 全称	武汉和美公司	
付款人 账号	239978666	收款人 账号	206615368	
付款人 地址	河南 省 郑州 市县　开户行 中国工商银行郑州人民支行	收款人 地址	湖北 省 武汉 市县　开户行 中国银行武汉市球场支行	
金额	人民币（大写）陆拾玖万柒仟贰佰元整		亿千百十万千百十元角分：¥ 6 9 7 2 0 0 0 0	
款项内容	货款	托收凭据名称		附寄单证张数 5
商品发运情况	已发畅通物流	合同名称号码	20389	
备注： 复核　记账	上列款项已划回收入你方账户内。 收款人开户银行签章 2018 年 9 月 20 日			

（印章：中国银行武汉市球场支行 2018.09.20 转讫）

此联付款人开户银行凭以汇款或收款人开户银行作收账通知

附3-27-1

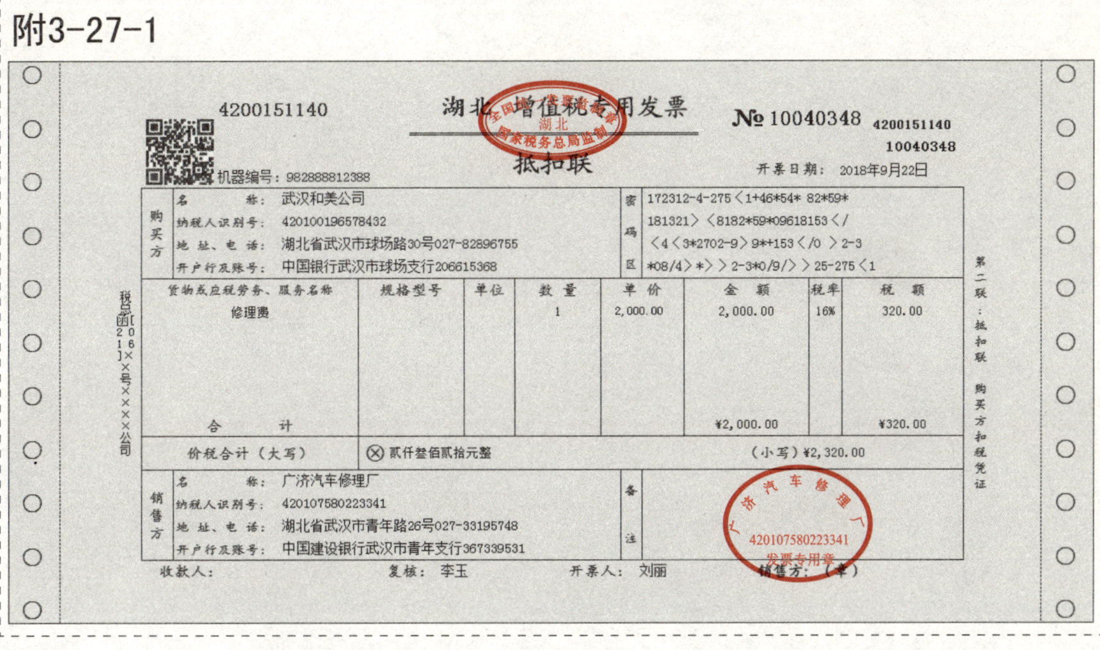

湖北增值税专用发票

抵扣联

4200151140　№ 10040348　4200151140　10040348

机器编号：982888812388　开票日期：2018年9月22日

购买方	名　　称：武汉和美公司 纳税人识别号：420100196578432 地 址、电 话：湖北省武汉市球场路30号027-82896755 开户行及账号：中国银行武汉市球场支行206615368	密码区	172312-4-275＜1+46*54* 82*59* 181321＞＜8182*59*09618153＜/ ＜4＜3*2702-9＞9*+153＜/0 ＞2-3 *08/4＞*＞＞2-3*0/9/＞＞25-275＜1

货物或应税劳务、服务名称	规格型号	单位	数量	单价	金额	税率	税额
修理费			1	2,000.00	2,000.00	16%	320.00
合　　计					¥2,000.00		¥320.00
价税合计（大写）	⊗贰仟叁佰贰拾元整				（小写）¥2,320.00		

销售方	名　　称：广济汽车修理厂 纳税人识别号：420107580223341 地 址、电 话：湖北省武汉市青年路26号027-33195748 开户行及账号：中国建设银行武汉市青年支行367339531	备注	

收款人：　复核：李玉　开票人：刘丽　销售方：（章）

第二联：抵扣联　购买方扣税凭证

税总函[2016]××号×××公司

附3-27-2

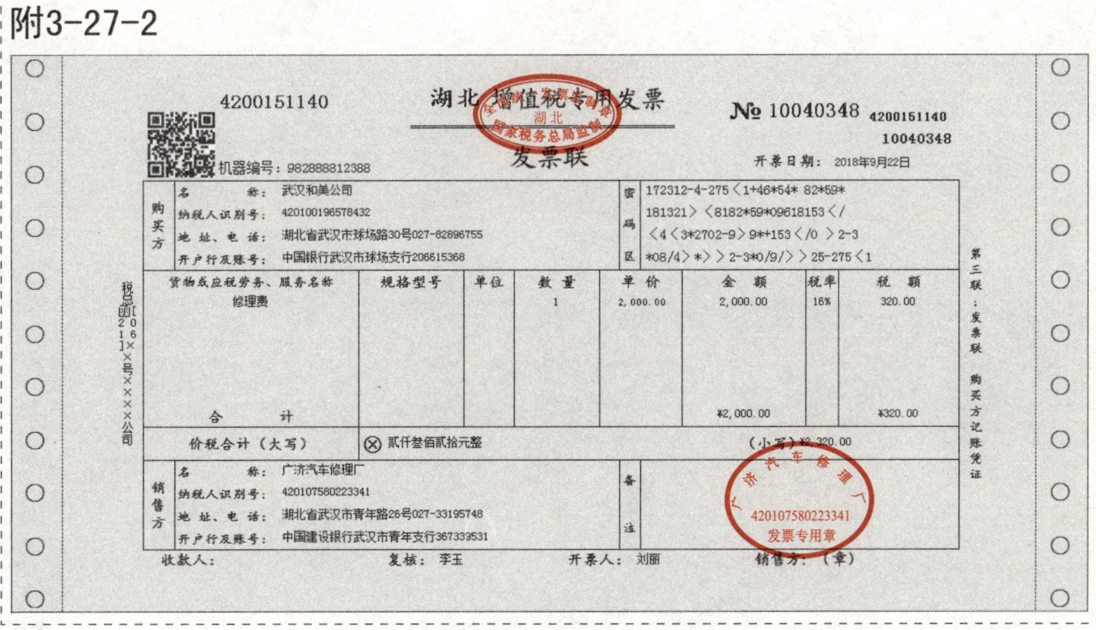

湖北增值税专用发票

发票联

4200151140　№ 10040348　4200151140　10040348

机器编号：982888812388　开票日期：2018年9月22日

购买方	名　　称：武汉和美公司 纳税人识别号：420100196578432 地 址、电 话：湖北省武汉市球场路30号027-82896755 开户行及账号：中国银行武汉市球场支行206615368	密码区	172312-4-275＜1+46*54* 82*59* 181321＞＜8182*59*09618153＜/ ＜4＜3*2702-9＞9*+153＜/0 ＞2-3 *08/4＞*＞＞2-3*0/9/＞＞25-275＜1

货物或应税劳务、服务名称	规格型号	单位	数量	单价	金额	税率	税额
修理费			1	2,000.00	2,000.00	16%	320.00
合　　计					¥2,000.00		¥320.00
价税合计（大写）	⊗贰仟叁佰贰拾元整				（小写）¥2,320.00		

销售方	名　　称：广济汽车修理厂 纳税人识别号：420107580223341 地 址、电 话：湖北省武汉市青年路26号027-33195748 开户行及账号：中国建设银行武汉市青年支行367339531	备注	

收款人：　复核：李玉　开票人：刘丽　销售方：（章）

第三联：发票联　购买方记账凭证

税总函[2016]××号×××公司

附3-27-3

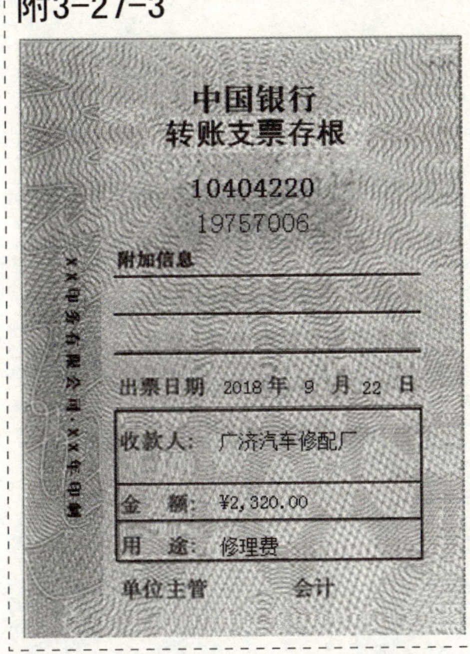

中国银行
转账支票存根
10404220
19757006
附加信息

出票日期 2018 年 9 月 22 日
收款人：广济汽车修配厂
金 额：¥2,320.00
用 途：修理费
单位主管 会计

××印务有限公司·××年印制

附3-28-1

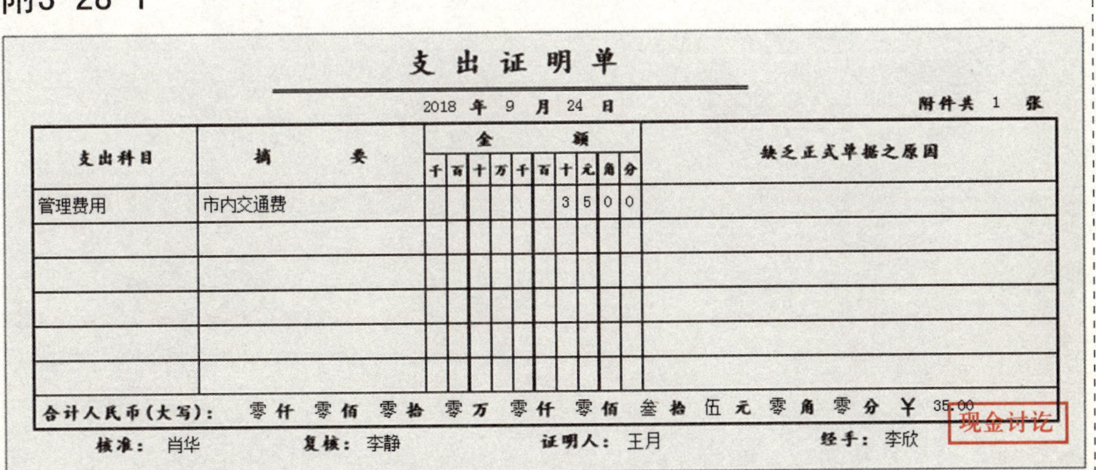

支出证明单

2018 年 9 月 24 日 附件共 1 张

支出科目	摘要	千	百	十	万	千	百	十	元	角	分	缺乏正式单据之原因
管理费用	市内交通费							3	5	0	0	

合计人民币（大写）：零仟 零佰 零拾 零万 零仟 零佰 叁拾 伍元 零角 零分 ¥ 35.00

现金付讫

核准：肖华 复核：李静 证明人：王月 经手：李欣

附3-29-1

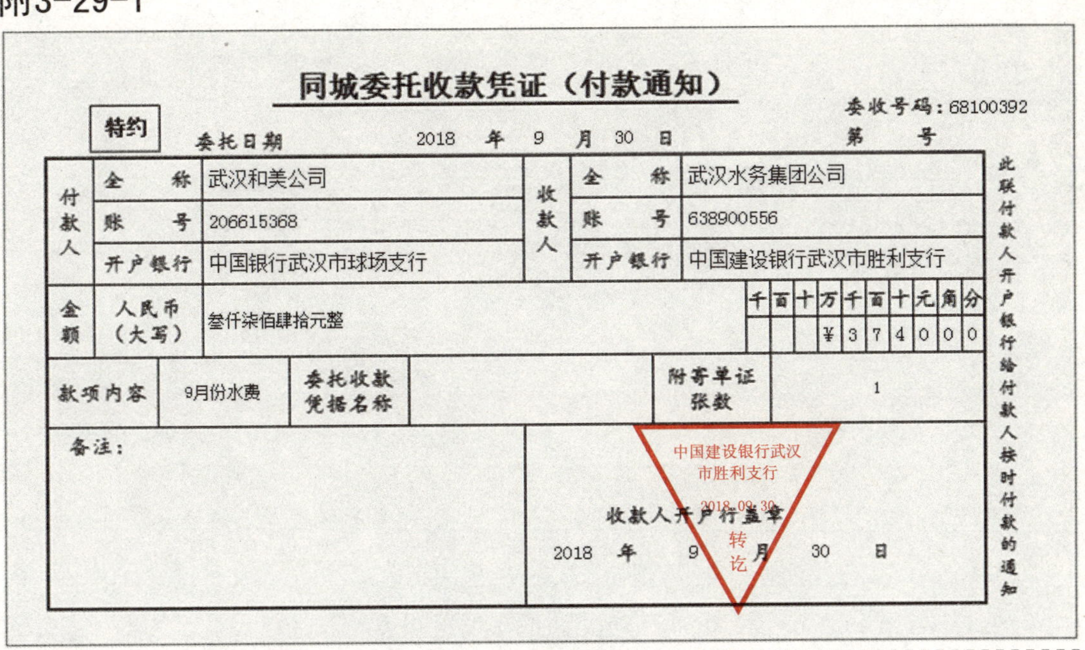

同城委托收款凭证（付款通知）

特约　　委托日期 2018 年 9 月 30 日　　委收号码：68100392　第　号

付款人	全称	武汉和美公司	收款人	全称	武汉水务集团公司
	账号	206615368		账号	638900556
	开户银行	中国银行武汉市球场支行		开户银行	中国建设银行武汉市胜利支行
金额	人民币（大写）	叁仟柒佰肆拾元整			¥374000
款项内容	9月份水费	委托收款凭据名称		附寄单证张数	1

备注：

收款人开户行盖章　2018 年 9 月 30 日

中国建设银行武汉市胜利支行 2018.09.30 转讫

此联付款人开户银行给付款人按时付款的通知

附3-29-2

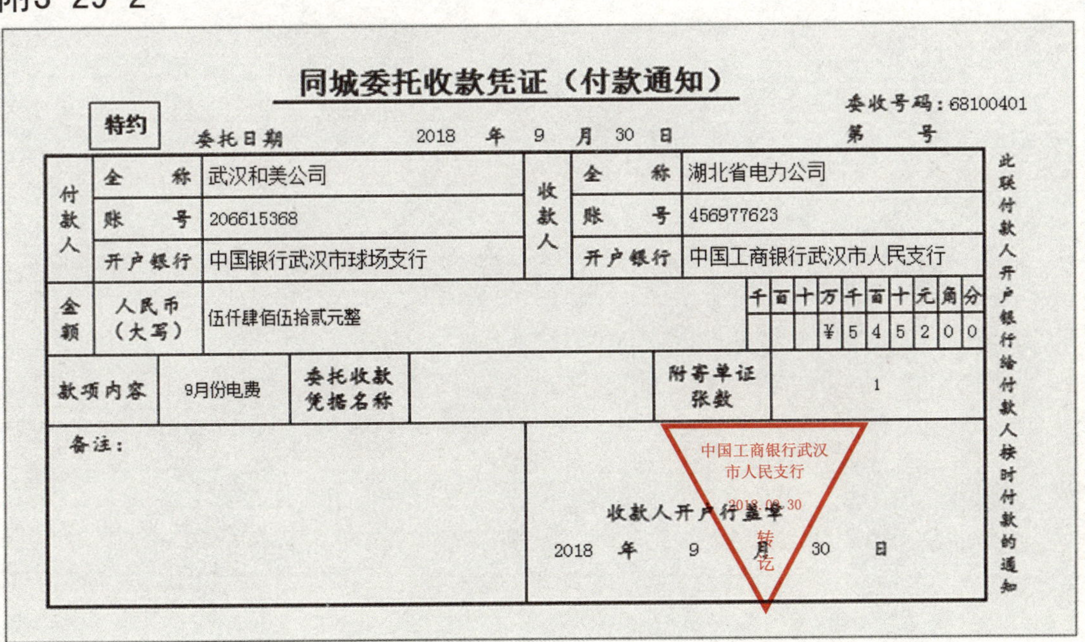

同城委托收款凭证（付款通知）

特约　　委托日期 2018 年 9 月 30 日　　委收号码：68100401　第　号

付款人	全称	武汉和美公司	收款人	全称	湖北省电力公司
	账号	206615368		账号	456977623
	开户银行	中国银行武汉市球场支行		开户银行	中国工商银行武汉市人民支行
金额	人民币（大写）	伍仟肆佰伍拾贰元整			¥545200
款项内容	9月份电费	委托收款凭据名称		附寄单证张数	1

备注：

收款人开户行盖章　2018 年 9 月 30 日

中国工商银行武汉市人民支行 2018.09.30 转讫

此联付款人开户银行给付款人按时付款的通知

附3-29-3

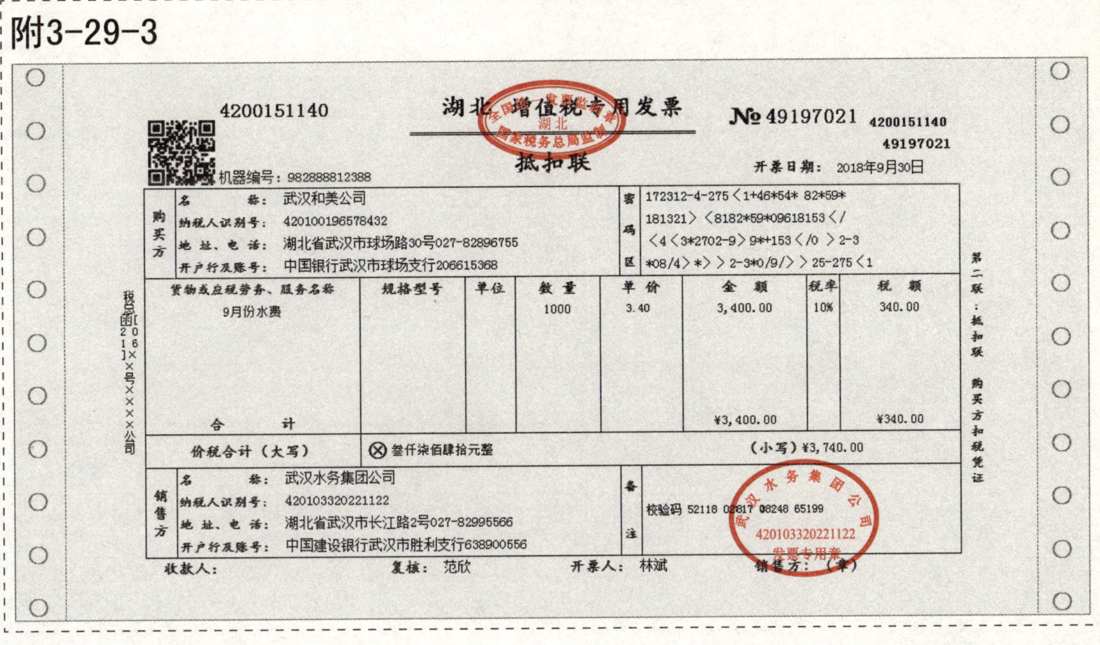

4200151140

湖北增值税专用发票

№ 49197021　4200151140　49197021

抵扣联

机器编号：982888812388　　开票日期：2018年9月30日

购买方	
名　　称：	武汉和美公司
纳税人识别号：	420100196578432
地址、电话：	湖北省武汉市球场路30号027-82896755
开户行及账号：	中国银行武汉市球场支行206615368

密码区：172312-4-275〈1+46*54* 82*59* 181321〉〈8182*59*09618153〈/ 〈4〈3*2702-9〉9*+153〈/0 〉2-3 *08/4〉*〉〉2-3*0/9/〉〉25-275〈1

货物或应税劳务、服务名称	规格型号	单位	数量	单价	金额	税率	税额
9月份水费			1000	3.40	3,400.00	10%	340.00
合　计					¥3,400.00		¥340.00
价税合计（大写）	⊗叁仟柒佰肆拾元整				（小写）¥3,740.00		

销售方	
名　　称：	武汉水务集团公司
纳税人识别号：	420103320221122
地址、电话：	湖北省武汉市长江路2号027-82995566
开户行及账号：	中国建设银行武汉市胜利支行638900556

备注：校验码 52118 02817 08248 65199

收款人：　　复核：范欣　　开票人：林斌　　销售方：（章）

税总函[2016]××号×××公司

第二联：抵扣联　购买方扣税凭证

全国统一发票监制章　湖北　国家税务总局监制

武汉水务集团公司　420103320221122　发票专用章

附3-29-4

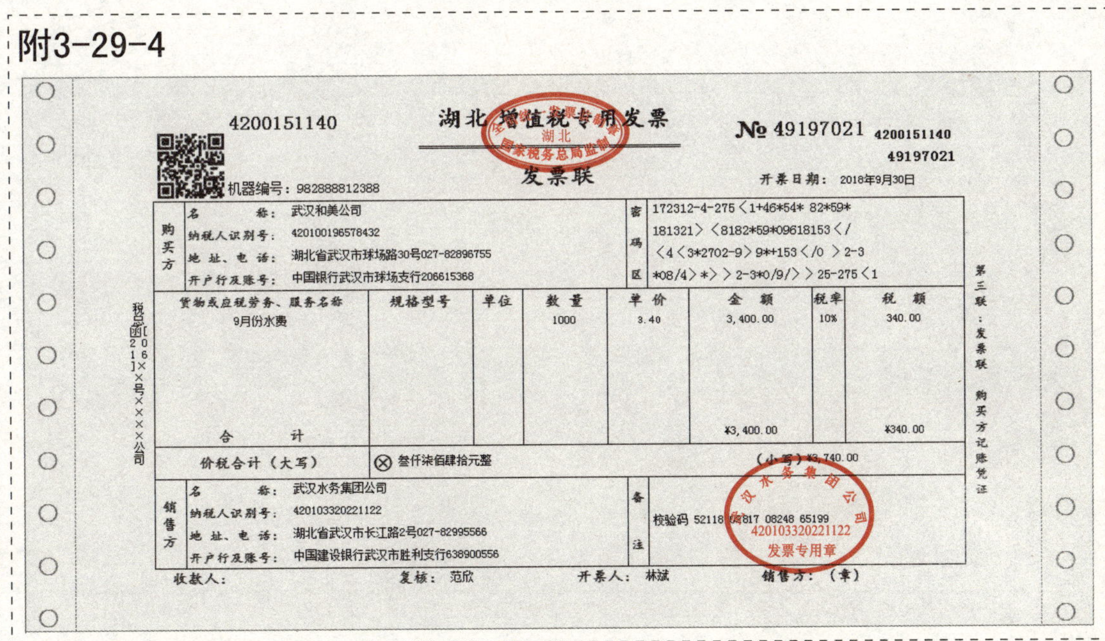

4200151140

湖北增值税专用发票

№ 49197021　4200151140　49197021

发票联

机器编号：982888812388　　开票日期：2018年9月30日

购买方	
名　　称：	武汉和美公司
纳税人识别号：	420100196578432
地址、电话：	湖北省武汉市球场路30号027-82896755
开户行及账号：	中国银行武汉市球场支行206615368

密码区：172312-4-275〈1+46*54* 82*59* 181321〉〈8182*59*09618153〈/ 〈4〈3*2702-9〉9*+153〈/0 〉2-3 *08/4〉*〉〉2-3*0/9/〉〉25-275〈1

货物或应税劳务、服务名称	规格型号	单位	数量	单价	金额	税率	税额
9月份水费			1000	3.40	3,400.00	10%	340.00
合　计					¥3,400.00		¥340.00
价税合计（大写）	⊗叁仟柒佰肆拾元整				（小写）¥3,740.00		

销售方	
名　　称：	武汉水务集团公司
纳税人识别号：	420103320221122
地址、电话：	湖北省武汉市长江路2号027-82995566
开户行及账号：	中国建设银行武汉市胜利支行638900556

备注：校验码 52118 02817 08248 65199

收款人：　　复核：范欣　　开票人：林斌　　销售方：（章）

税总函[2016]××号×××公司

第三联：发票联　购买方记账凭证

全国统一发票监制章　湖北　国家税务总局监制

武汉水务集团公司　420103320221122　发票专用章

附3-29-5

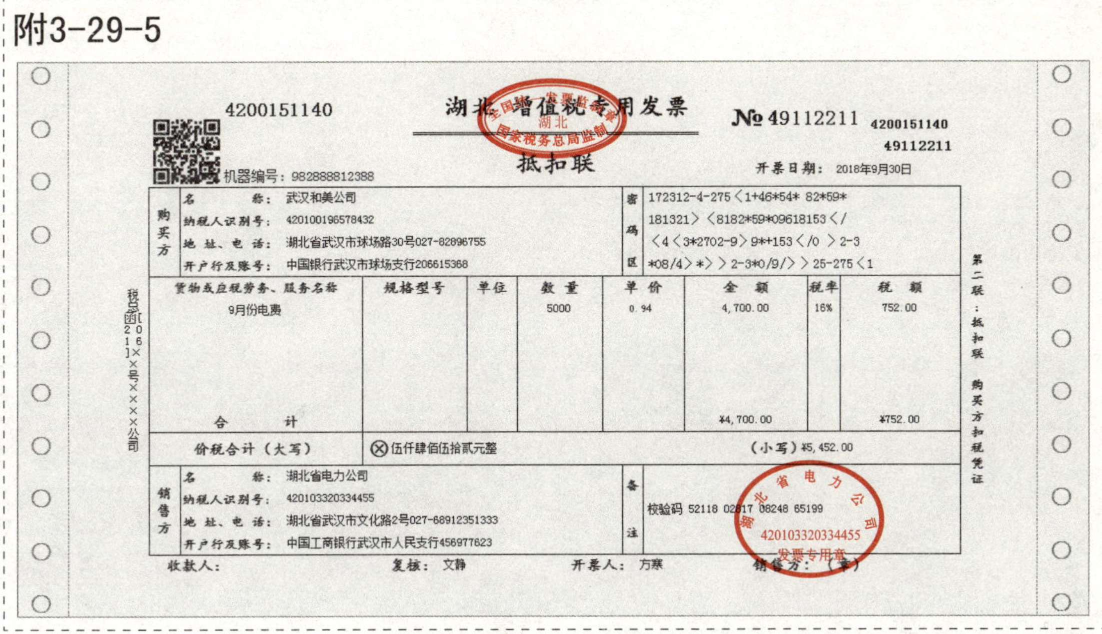

4200151140　　湖北增值税专用发票　　№ 49112211　4200151140 49112211

抵扣联

机器编号：982888812388　　开票日期：2018年9月30日

购买方	名　称：武汉和美公司 纳税人识别号：420100196578432 地址、电话：湖北省武汉市球场路30号027-82896755 开户行及账号：中国银行武汉市球场支行206615368	密码区	172312-4-275＜1+46*54* 82*59* 181321＞＜8182*59*09618153＜/ ＜4＜3*2702-9＞9*+153＜/0 ＞2-3 *08/4＞*＞＞2-3*0/9/＞＞25-275＜1

货物或应税劳务、服务名称	规格型号	单位	数量	单价	金额	税率	税额
9月份电费			5000	0.94	4,700.00	16%	752.00
合计					¥4,700.00		¥752.00
价税合计（大写）	⊗伍仟肆佰伍拾贰元整				（小写）¥5,452.00		

销售方	名　称：湖北省电力公司 纳税人识别号：420103320334455 地址、电话：湖北省武汉市文化路2号027-68912351333 开户行及账号：中国工商银行武汉市人民支行456977623	备注	校验码 52118 02817 08248 65199

收款人：　　复核：文静　　开票人：方寒　　销售方：（章）

第二联：抵扣联　购买方扣税凭证

税总函[2016]××号×××公司

附3-29-6

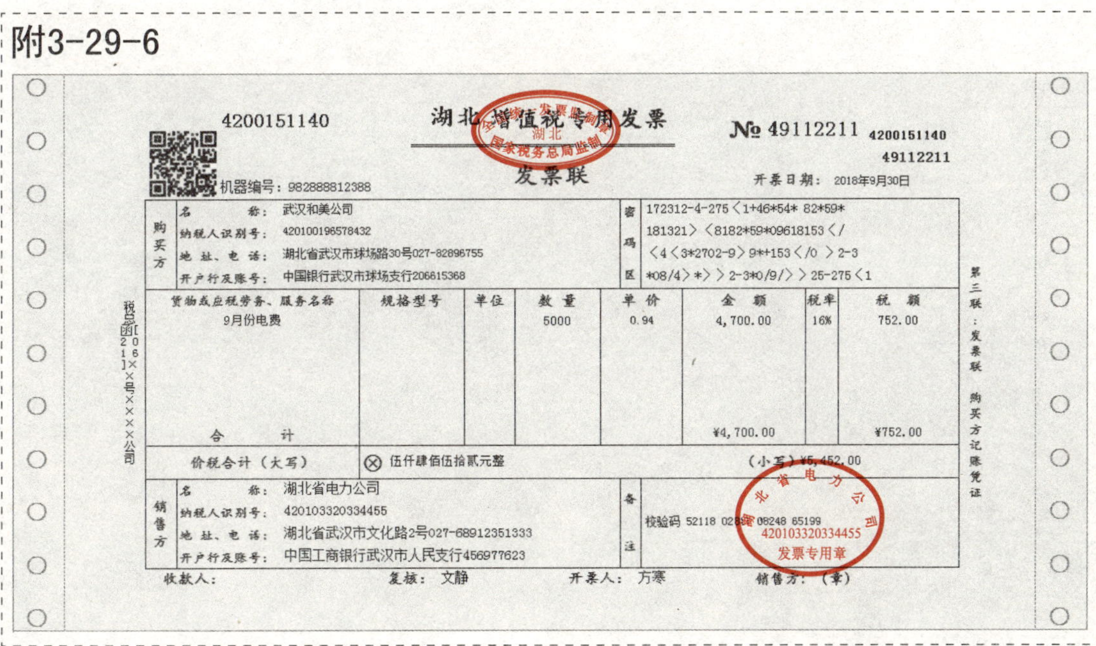

4200151140　　湖北增值税专用发票　　№ 49112211　4200151140 49112211

发票联

机器编号：982888812388　　开票日期：2018年9月30日

购买方	名　称：武汉和美公司 纳税人识别号：420100196578432 地址、电话：湖北省武汉市球场路30号027-82896755 开户行及账号：中国银行武汉市球场支行206615368	密码区	172312-4-275＜1+46*54* 82*59* 181321＞＜8182*59*09618153＜/ ＜4＜3*2702-9＞9*+153＜/0 ＞2-3 *08/4＞*＞＞2-3*0/9/＞＞25-275＜1

货物或应税劳务、服务名称	规格型号	单位	数量	单价	金额	税率	税额
9月份电费			5000	0.94	4,700.00	16%	752.00
合计					¥4,700.00		¥752.00
价税合计（大写）	⊗伍仟肆佰伍拾贰元整				（小写）¥5,452.00		

销售方	名　称：湖北省电力公司 纳税人识别号：420103320334455 地址、电话：湖北省武汉市文化路2号027-68912351333 开户行及账号：中国工商银行武汉市人民支行456977623	备注	校验码 52118 02817 08248 65199

收款人：　　复核：文静　　开票人：方寒　　销售方：（章）

第三联：发票联　购买方记账凭证

税总函[2016]××号×××公司

附3-29-7

水电费 分配表

2018 年 9 月 30 日　　单位：元

使用部门	分配金额
厂部管理部门	1,300.00
销售部门	1,046.00
生产车间	5,754.00
合　计	8,100.00

附3-30-1

武汉和美公司发料凭证汇总表

2018年9月30日

材料名称	单价	领用部门										合计
		生产产品				车间		厂部		其他业务成本		
		小麻花		小小酥								
		数量	金额	数量	金额	数量	金额	数量	金额	数量	金额	
精制面粉	60,000	2	120,000	5	300,000							420,000
食用油	4	600	2,400	3,000	12,000							14,400
食用盐	1	500	500	1,200	1,200							1,700
润滑剂	150					5	750	1	150	1	150	1,050
合计			122,900		313,200		750		150		150	437,150

财务主管：李静　记账：李云龙　复核：李静　制单：夏军

附3-31-1

工资费用分配表

2018 年 9 月 30 日

应借账户	成本项目	应付工资	分配标准（生产工时）	分配率	分配金额
生产成本——小麻花	直接人工		1300	10	13,000.00
生产成本——小小酥	直接人工		3600	10	36,000.00
小计		49,000.00	4900	10	49,000.00
制造费用		11,000.00			
管理费用		18,000.00			
销售费用		15,000.00			
合　计		93,000.00			

审核：李静　制表：张伟

附3-32-1

职工教育经费、福利费结转表

2018年9月30日

项目	金额	应借科目
职工培训费	1,200.00	管理费用
丧葬补助费	200.00	管理费用
困难补助	200.00	管理费用
合计	1,600.00	—

编制：刘丽敏　　　　审核：李静

附3-33-1

武汉和美公司工资结算汇总表

2018年9月30日

编号	部门			基本工资	津贴	奖金	缺勤应扣		应付工资	代扣款项						实发工资
							事假	迟到		个人所得税	养老保险	医疗保险	失业保险	大额医疗保险	住房公积金	
1	厂部管理部门			9,000	4,000	5,000			18,000	20	1,440	360	180	30	1,800	14,170
2	销售部门			8,000	3,000	4,300		300	15,000	10	1,200	300	150	27	1,500	11,813
3	生产车间	管理人员		6,000	2,000	3,000			11,000	10	880	220	110	21	1,100	8,659
4	生产车间	生产工人	小麻花	8,000	3,000	2,200		200	13,000		1,040	260	130	24	1,300	10,246
5	生产车间	生产工人	小小酥	19,000	9,000	8,000			36,000		2,880	720	360	78	3,600	28,362
	合计			50,000	21,000	22,500	0	500	93,000	40	7,440	1,860	930	180	9,300	73,250

制表：刘丽敏　　会计：张伟　　复核：李云龙　　主管：李静

附3-33-2

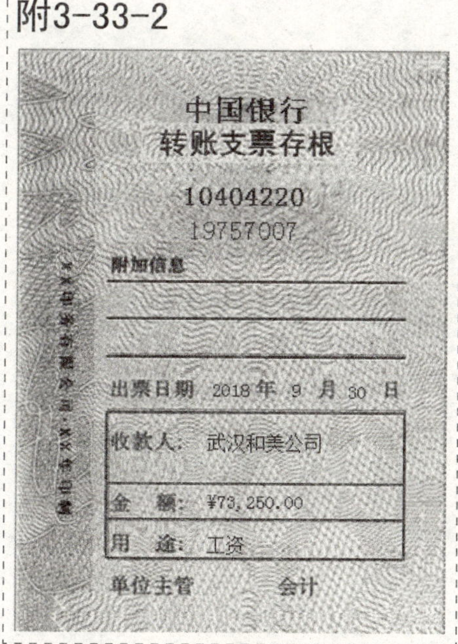

中国银行
转账支票存根
10404220
19757007
附加信息
出票日期 2018 年 9 月 30 日
收款人：武汉和美公司
金 额：¥73,250.00
用 途：工资
单位主管　　会计

附3-34-1

固定资产折旧汇总表

2018 年 9 月 30 日　　　　单位：元

使用部门	类别	原值	月折旧率或单位折旧	折旧额
生产车间	厂房	1,000,000.00	0.4%	4,000.00
生产车间	机器设备	956,000.00	0.6%	5,736.00
厂部	厂房	350,000.00	0.4%	1,400.00
厂部	运输工具	686,375.00	0.8%	5,491.00
合计				16,627.00

审核：李静　　　　制单：张伟

附3-35-1

制造费用分配表

车间：生产车间　　2018 年 9 月 30 日

产品名称	分配标准（工时　）	分配总额	分配率	分配金额
小麻花	53400	27,240.00	0.2	10,680.00
小小酥	82800		0.2	16,560.00
合计	136200	27,240.00	0.2	27,240.00

制表：张伟　　　　审核：李静

附3-36-1

产品成本计算单

完工产品　小麻花4188件

2018 年 9 月 30 日　　在产品

摘要	直接材料	直接人工	制造费用	合计
月初在产品成本				
本月发生费用	122,900.00	13,000.00	10,680.00	146,580.00
月末在产品成本				
完工产品成本	122,900.00	13,000.00	10,680.00	146,580.00
完工产品单位成本	29.3	3.1	2.6	35

审核：李静　　　　制表：张伟

附3-36-2

产品成本计算单

完工产品　小小酥5080件

2018　年　9　月　30　日　　　在产品

摘要	直接材料	直接人工	制造费用	合计
月初在产品成本				
本月发生费用	313,200.00	36,000.00	16,560.00	365,760.00
月末在产品成本				
完工产品成本	313,200.00	36,000.00	16,560.00	365,760.00
完工产品单位成本	61.7	7.1	3.2	72

审核：李静　　　　制表：张伟

附3-36-3

产成品入库单

仓库：

交库单位：　　2018　年　9　月　30　日　　编号：888

产品编号	产品名称	规格	计量单位	数量		单位成本	总成本	备注
				送检	实收			
	小麻花		件	4188	4188	35.00	146580.00	
	小小酥		件	5080	5080	72.00	365760.00	

仓库主管：夏军　　保管员：　　记账：张伟　　制单：

附3-37-1

库存商品 加权平均单价计算表

2018　年　9　月　30　日　　　　单位：元

品名	期初结存		本期收入		加权平均单价
	数量	金额	数量	金额	
小麻花			4188	146,580.00	35.00
小小酥	1000	72,000.00	5080	365,760.00	72.00
合　计	—	72,000.00	—	512,340.00	—

财务主管：李静　　　　制单：张伟

附3-37-2

销售成本汇总表

2018　年　9　月　30　日　　　　单位：元

产品名称	销售数量	单位成本	销售成本
小小酥	5005	72	360,360.00
合　计	5005		360,360.00

审核：　李静　　　　制单：　张伟

附3-38-1

应交增值税计算表

2018　年　9　月　30　日　　　　单位：元

项目	进项税额	销项税额	进项税额转出	本月应交增值税
金额	28,542.00	96,128.00		67,586.00

审核：　李静　　　　制单：　张伟

附3-39-1

税金及附加计算表

2018　年　9　月　30　日　　　　单位：元

项目	计提基数			计提比例	计提金额
	增值税	消费税	合计		
城市维护建设税	67,586.00		67,586.00	7%	4,731.02
教育费附加	67,586.00		67,586.00	3%	2,027.58
地方教育费附加					

审核：　李静　　　　制表：　张伟

附3-42-1

应交所得税计算表

2018　年　9　月　30　日　　　　单位：元

项目	本期利润总额	所得税率	本期应交所得税
金额	184,989.40	25%	46,247.35

审核：李静　　　　制单：张伟

附3-45-1

年度利润分配计算表

2018年12月

分配基数确定		分配项目	分配比例	分配金额
本月净利润	138,742.05	盈余公积金	10%	88,874.21
1—11月份累计净利润	750,000.00	应付现金股利	50%	444,371.03
年度累计净利润	888,742.05	合计		533,245.23

主管：李静　　　　制表：张伟

附4-1-1

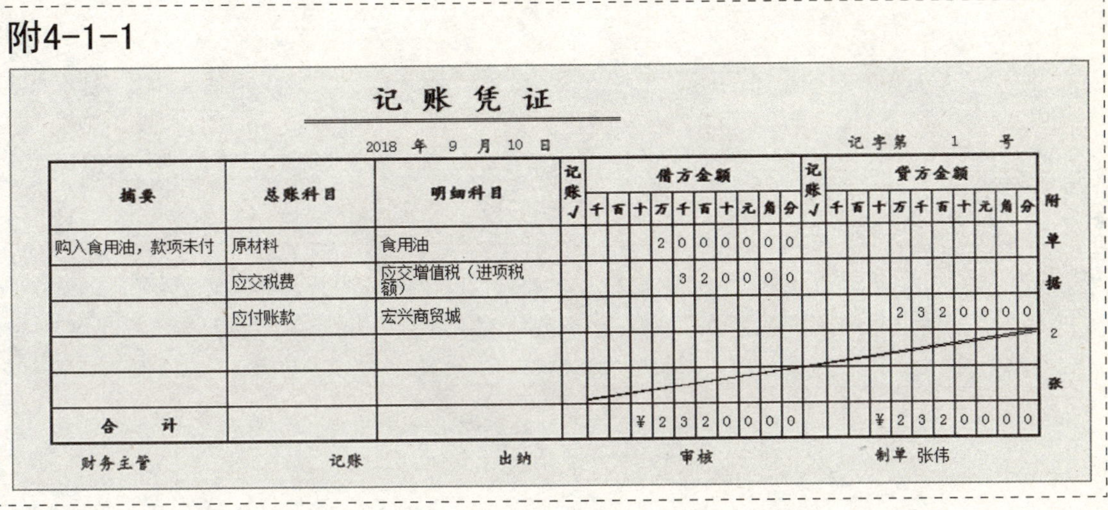

记 账 凭 证

2018 年 9 月 10 日　　　　记字第 1 号

摘要	总账科目	明细科目	记账√	借方金额（千百十万千百十元角分）	记账√	贷方金额（千百十万千百十元角分）
购入食用油，款项未付	原材料	食用油		2000000		
	应交税费	应交增值税（进项税额）		320000		
	应付账款	宏兴商贸城				2320000
合　计				¥2320000		¥2320000

附单据 2 张

财务主管　　记账　　出纳　　审核　　制单 张伟

附4-1-2

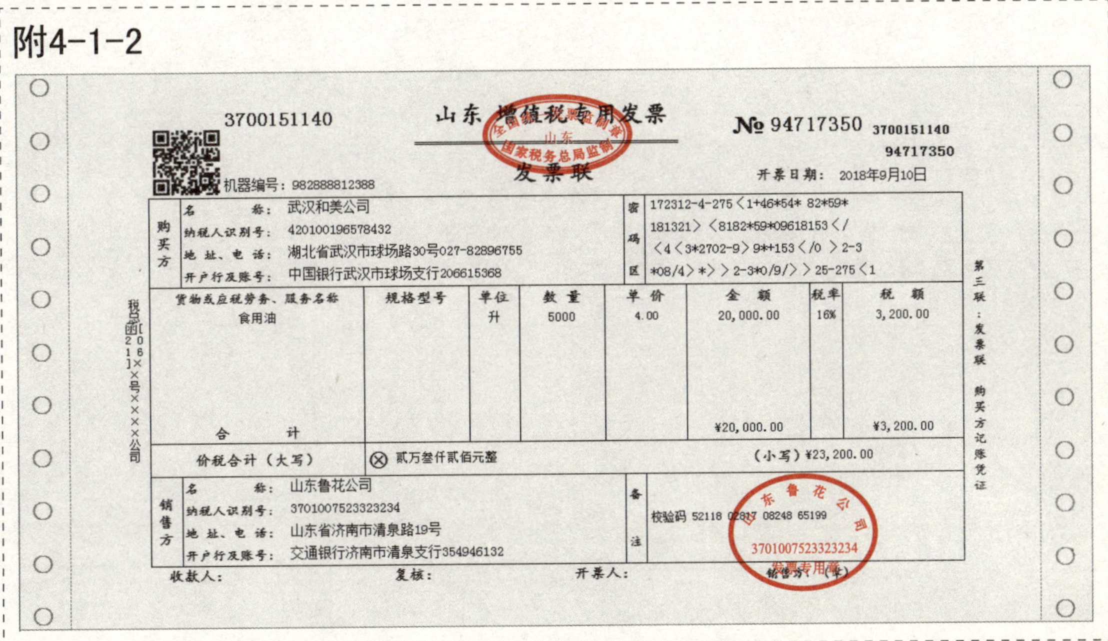

3700151140　　**山东增值税专用发票**　　№ 94717350　3700151140　94717350

发票联

机器编号：982888812388　　开票日期：2018年9月10日

购买方	名称：武汉和美公司 纳税人识别号：420100196578432 地址、电话：湖北省武汉市球场路30号027-82896755 开户行及账号：中国银行武汉市球场支行206615368	密码区	172312-4-275<1+46*54* 82*59* 181321><8182*59*09618153</ <4<3*2702-9>9*+153</0 >2-3 *08/4>*>>2-3*0/9/>>25-275<1

货物或应税劳务、服务名称	规格型号	单位	数量	单价	金额	税率	税额
食用油		升	5000	4.00	20,000.00	16%	3,200.00
合　计					¥20,000.00		¥3,200.00
价税合计（大写）	⊗贰万叁仟贰佰元整				（小写）¥23,200.00		

销售方	名称：山东鲁花公司 纳税人识别号：3701007523323234 地址、电话：山东省济南市清泉路19号 开户行及账号：交通银行济南市清泉支行354946132	备注	校验码 52118 02817 08248 65199

收款人：　　复核：　　开票人：　　销售方：（章）

税总函[2016]××号×××公司

第三联：发票联　购买方记账凭证

附4-1-3

收　料　单

供应单位：山东鲁花公司　　　　收料单编号：

材料类别：原料及主要材料　　2018 年 9 月 10 日　　收料仓库：

材料编号	名称	规格	单位	数量		实际成本				
				应收	实收	买价		运杂费	其他	合计
						单价	金额			
	食用油		升	5000	5000	4.00	20,000.00			¥20,000.00
合计				5000	5000		20,000.00			¥20,000.00
备注										

第三联　记账联

仓库主管：夏军　　记账：张伟　　收料：　　制单：张伟

附4-1-4

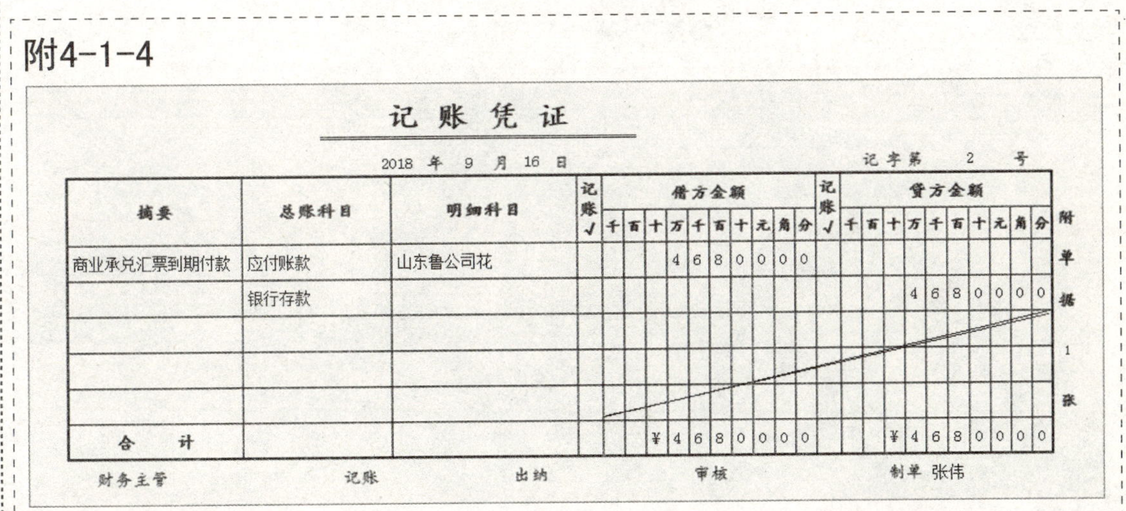

记 账 凭 证

2018 年 9 月 16 日　　记字第 2 号

摘要	总账科目	明细科目	记账√	借方金额										记账√	贷方金额									
				千	百	十	万	千	百	十	元	角	分		千	百	十	万	千	百	十	元	角	分
商业承兑汇票到期付款	应付账款	山东鲁公司花					4	6	8	0	0	0	0											
	银行存款																	4	6	8	0	0	0	0
合计						¥	4	6	8	0	0	0	0				¥	4	6	8	0	0	0	0

附单据 1 张

财务主管　　记账　　出纳　　审核　　制单 张伟

附4-1-5

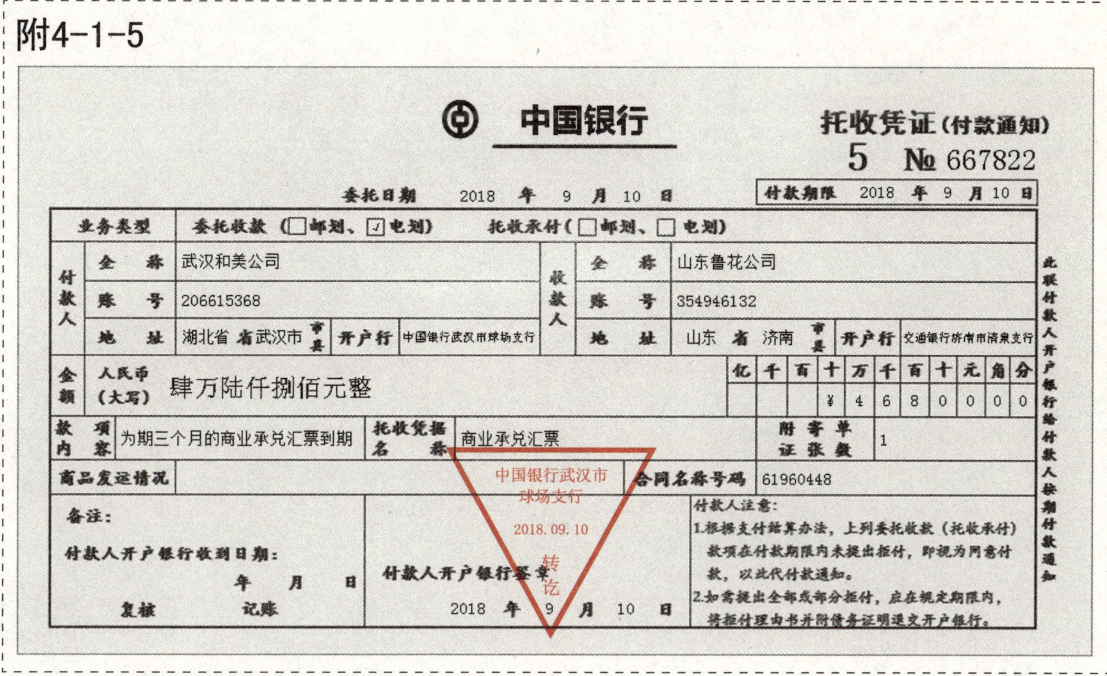

中国银行

托收凭证（付款通知）　5　№ 667822

委托日期 2018 年 9 月 10 日　　付款期限 2018 年 9 月 10 日

业务类型	委托收款（□邮划、☑电划）		托收承付（□邮划、□电划）		
付款人 全称	武汉和美公司		收款人 全称	山东鲁花公司	
付款人 账号	206615368		收款人 账号	354946132	
付款人 地址	湖北省 省武汉市 市县	开户行 中国银行武汉市球场支行	收款人 地址	山东 省 济南 市县	开户行 交通银行济南市济泉支行
金额 人民币（大写）	肆万陆仟捌佰元整		亿千百十万千百十元角分	¥ 4 6 8 0 0 0 0	
款项内容	为期三个月的商业承兑汇票到期	托收凭据名称 商业承兑汇票		附寄单证张数	1
商品发运情况			合同名称号码	61960448	

备注：

付款人开户银行收到日期：年 月 日

复核　记账

付款人开户银行签章　2018 年 9 月 10 日

中国银行武汉市球场支行 2018.09.10 转讫

付款人注意：

1.根据支付结算办法，上列委托收款（托收承付）款项在付款期限内未提出拒付，即视为同意付款，以此代付款通知。

2.如需提出全部或部分拒付，应在规定期限内，将拒付理由书并附债务证明退交开户银行。

此联付款人开户银行给付款人按期付款通知

附4-1-6

记 账 凭 证

2018 年 9 月 25 日　　记字第 3 号

摘要	总账科目	明细科目	记账√	借方金额 千	百	十	万	千	百	十	元	角	分	记账√	贷方金额 千	百	十	万	千	百	十	元	角	分
向武汉市红十字会捐款	营业外收入						1	0	0	0	0	0	0											
	银行存款																	1	0	0	0	0	0	0
合　计						¥	1	0	0	0	0	0	0				¥	1	0	0	0	0	0	0

附单据 1 张

财务主管　记账　出纳　审核　制单 张伟

附4-1-7

收款收据　　No：56856496

2018 年 9 月 25 日

交款单位或个人	武汉和美公司				
款项内容	收到捐赠款（用于专项资助家庭困难户）			收款方式	转账
人民币（大写）	壹万元整				¥10,000.00
收款单位盖章	武汉市红十字会 财务专用章	收款人签字	李云	经办人	邵晓航

第三联　记账联

附4-1-8

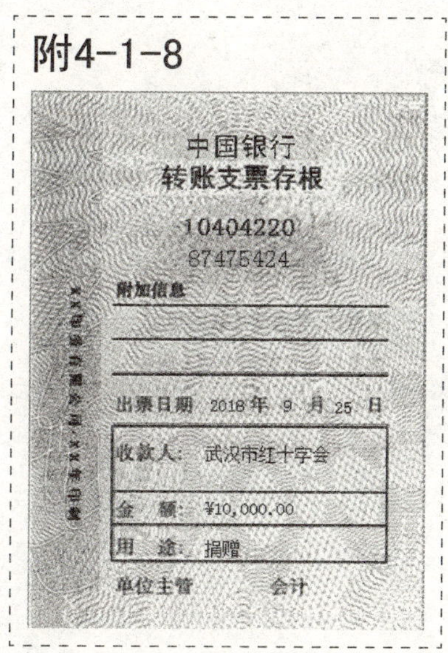

中国银行
转账支票存根
10404220
87475424

附加信息

出票日期　2018 年 9 月 25 日

收款人：	武汉市红十字会
金　额：	¥10,000.00
用　途：	捐赠

单位主管　　会计

附4-1-9

记 账 凭 证

2018 年 9 月 30 日　　记字第 4 号

摘要	总账科目	明细科目	记账√	借方金额										记账√	贷方金额									
				千	百	十	万	千	百	十	元	角	分		千	百	十	万	千	百	十	元	角	分
分配制造费用	生产成本	小麻花					1	3	5	2	5	0	0											
		小小酥					2	3	2	1	5	0	0											
	制造费用																	3	6	6	5	0	0	0
合　计						¥	3	6	7	4	0	0	0				¥	3	6	6	5	0	0	0

附单据 1 张

财务主管　　记账　　出纳　　审核　　制单 张伟

附4-1-10

制造费用分配表

车间：生产车间　　　　2019 年 1 月 30 日

产品名称	分配标准（工时　　）	分配总额	分配率	分配金额
小麻花	54100	36,650.00	0.25	13,525.00
小小酥	92500		0.25	23,125.00
合计	146600	36,650.00	0.25	36,650.00

制表：张伟　　　　审核：李静

附5-1-1

科目汇总表

编制单位：________　　　　汇字第___号

____年___月___日至___月___日　自___字第___号至___号

科目名称	借方发生额	贷方发生额	√
库存现金			
银行存款			
其他应收款			
应收账款			
在途物资			
原材料			
库存商品			
固定资产			
累计折旧			
短期借款			
应付票据			
应付账款			
其他应付款			
应交税费			
应付职工薪酬			
实收资本			
资本公积			
本年利润			
生产成本			
制造费用			
主营业务收入			
其他业务收入			
主营业务成本			
其他业务成本			
税金及附加			
管理费用			
销售费用			
财务费用			
所得税费用			
合计			

审核：　　　　制表：

附5-1-2

武汉和美公司2018年9月各账户期初余额

单位：元

总账科目	余额	
	借方	贷方
库存现金	161.00	
银行存款	290,079.40	
应收账款	175,500.00	
在途物资	600,000.00	
原材料	337,000.00	
库存商品	719,000.00	
固定资产	3,006,000.00	
累计折旧		371,700.00
应付票据		35,100.00
短期借款		80,000.00
应付职工薪酬		14,860.40
应付利息		500.00
实收资本		3,500,000.00
资本公积		213,880.00
盈余公积		141,700.00
本年利润		750,000.00
利润分配		20,000.00
合计	5,127,740.40	5,127,740.40

附5-1-3

试算平衡表

编制单位：　　　　　　　　　　　　年　　月

总账科目	期初余额		本期发生额		期末余额	
	借方	贷方	借方	贷方	借方	贷方
库存现金						
银行存款						
其他应收款						
应收账款						
在途物资						
原材料						
库存商品						
固定资产						
累计折旧						
短期借款						
应付票据						
应付账款						
其他应付款						
应交税费						
应付职工薪酬						
应付利息						
实收资本						
资本公积						
盈余公积						
本年利润						
利润分配						
生产成本						
制造费用						
主营业务收入						
其他业务收入						
主营业务成本						
其他业务成本						
税金及附加						
管理费用						
销售费用						
财务费用						
所得税费用						
合计						

附7-1-1

现金日记账

年		记账凭证		摘要	对方科目	借方											√	贷方											√	余额										
月	日	字	号			亿	千	百	十	万	千	百	十	元	角	分		亿	千	百	十	万	千	百	十	元	角	分		亿	千	百	十	万	千	百	十	元	角	分

附7-1-2

银行存款日记账

年		记账凭证		摘要	结算方式		对方科目	借方										√	贷方										√	结余									
月	日	字	号		种类	号数		亿	千	百	十	万	千	百	十	元	角	分		亿	千	百	十	万	千	百	十	元	角	分		亿	千	百	十	万	千	百	十	元	角	分

附7-2-1

分页___ 总页 ____

最高存量：____

编号、名称：

最低存量： 储备天数： 存放地点： 计量单位： 规格： 类别：

年		凭证		摘要	收入												发出												结存											
月	日	种类	号数		数量	单价	金额										数量	单价	金额										数量	单价	金额									
							千	百	十	万	千	百	十	元	角	分			千	百	十	万	千	百	十	元	角	分			千	百	十	万	千	百	十	元	角	分

附7-2-2

分页___ 总页 ____

最高存量：____

编号、名称：

最低存量：____ 储备天数： 存放地点： 计量单位： 规格： 类别：

年		凭证		摘要	收入												发出												结存											
月	日	种类	号数		数量	单价	金额										数量	单价	金额										数量	单价	金额									
							千	百	十	万	千	百	十	元	角	分			千	百	十	万	千	百	十	元	角	分			千	百	十	万	千	百	十	元	角	分

附7-2-3

分页___ 总页____

最高存量：____　　　　　　　　　　　　　　　　　　　　　编号、名称：

最低存量：____　储备天数：　存放地点：　计量单位：　规格：　类别：

年		凭证		摘要	收入												发出												结存											
月	日	种类	号数		数量	单价	金额										数量	单价	金额										数量	单价	金额									
							千	百	十	万	千	百	十	元	角	分			千	百	十	万	千	百	十	元	角	分			千	百	十	万	千	百	十	元	角	分

附7-2-4

分页___ 总页____

最高存量：____　　　　　　　　　　　　　　　　　　　　　编号、名称：

最低存量：____　储备天数：　存放地点：　计量单位：　规格：　类别：

年		凭证		摘要	收入												发出												结存											
月	日	种类	号数		数量	单价	金额										数量	单价	金额										数量	单价	金额									
							千	百	十	万	千	百	十	元	角	分			千	百	十	万	千	百	十	元	角	分			千	百	十	万	千	百	十	元	角	分

附7-2-5

年		凭证		摘要	对方科目	借方										贷方										借或贷	余额									
月	日	字	号			千	百	十	万	千	百	十	元	角	分	千	百	十	万	千	百	十	元	角	分		千	百	十	万	千	百	十	元	角	分

附7-3-1

管理费用明细账

年		凭证号数	摘要	借方										借方分析																																																									
月	日			千	百	十	万	千	百	十	元	角	分	千	百	十	万	千	百	十	元	角	分	千	百	十	万	千	百	十	元	角	分	千	百	十	万	千	百	十	元	角	分	千	百	十	万	千	百	十	元	角	分	千	百	十	万	千	百	十	元	角	分	千	百	十	万	千	百	十	元	角	分

附7-4-1

一级科目：__________

明细科目：__________

年		凭证		摘要	对方科目	借方										贷方										借或贷	余额									
月	日	字	号			千	百	十	万	千	百	十	元	角	分	千	百	十	万	千	百	十	元	角	分		千	百	十	万	千	百	十	元	角	分

附7-4-2

一级科目：__________

明细科目：__________

年		凭证		摘要	对方科目	借方										贷方										借或贷	余额									
月	日	字	号			千	百	十	万	千	百	十	元	角	分	千	百	十	万	千	百	十	元	角	分		千	百	十	万	千	百	十	元	角	分

附7-5-1

应交税费——应交增值税明细分类账

年		凭证字号	摘要	借方						贷方					借或贷	余额
月	日			进项税额	减免税款	已交税金	出口抵减内销产品应纳税额	转出未交增值税	合计	销项税额	出口退税	进项税额转出	转出多交增值税	合计		

附8-1-1

银行对账单

户名：武汉和美公司　　2018年9月　　开户银行：中国银行武汉市球场支行

2015年		结算凭证		摘要	借方	贷方	余额
月	日	种类	号数				
9	1			期初余额			290,079.40
9	1	转账支票	6766	收到投资款		270,000.00	560,079.40
9	2	借款凭证		向银行借款		50,000.00	610,079.40
9	4	转账支票		归还借款	80,000.00		
9	4	转账支票	7001	支付货款	69,600.00		460,479.40
9	9	电汇	2140	支付货款	27,786.00		
9	9	委电		商业汇票到期	35,100.00		397,593.40
9	10	转账支票	7002	支付购车费	92,800.00		
9	10	现金支票	0778	提现	1,500.00		
9	10	现金进账		收到货款		696.00	
9	10	转账支票	7003	付宽带费	1,272.00		
9	10	转账		支付印花税	50.00		302,667.40
9	12	转账支票	7004	代垫运费	1,200.00		
9	12	转账支票	9874	收到货款		58,500.00	359,967.40
9	16	转账支票	7005	付培训费	1,272.00		358,695.40
9	20	托收承付	7272	收到货款		697,200.00	
9	20			买支票	60.00		1,055,835.40
9	22	转账支票	7006	付维修费	2,320.00		1,053,515.40
9	30	委电		付水费	3,740.00		
9	30	委电		付电费	5,452.00		
9	30	转账支票	3352	收到货款		175,500.00	1,219,823.40
9	30			期末余额	322,152.00	1,251,896.00	1,219,823.40

附8-1-2

银行存款余额调节表

年 月 日

项目	金额	项目	金额
企业银行存款日记账		银行对账单	
加:银行已收企业未收		加:企业已收银行未收	
减:银行已付企业未付		减:企业已付银行未付	
调整后余额		调整后余额	

附9-1-1

武汉和美公司2018年9月各账户期末余额

单位：元

总账科目	期末余额	
	借方	贷方
库存现金	200.00	
银行存款	974,954.20	
应收账款	117,000.00	
原材料	588,850.00	
库存商品	870,980.00	
固定资产	3,086,000.00	
累计折旧		388,327.00
应付账款		5,850.00
其他应付款		19,710.00
短期借款		50,000.00
应交税费		125,061.46
应付职工薪酬		14,860.40
应付利息		500.00
实收资本		3,675,000.00
资本公积		308,880.00
盈余公积		141,700.00
本年利润		888,095.34
利润分配		20,000.00
合计	5,637,984.20	5,637,984.20

附9-1-2

资　产　负　债　表

编制单位：　　　　　　　　　　　　年　　月　　日　　　　　　　　　单位：　元

资　　产	行次	期末余额	年初余额	负债所有者权益（或股东权益）	行次	期末余额	年初余额
流动资产：	1			流动负债：	34		
货币资金	2			短期借款	35		
交易性金融资产	3			交易性金融负债	36		
应收票据	4			应付票据	37		
应收账款	5			应付账款	38		
预付账款	6			预收账款	39		
应收利息	7			应付职工薪酬	40		
应收股利	8			应交税费	41		
其他应收款	9			应付利息	42		
存货	10			应付股利	43		
一年内到期的非流动资产	11			其他应付款	44		
其他流动资产	12			一年内到期的非流动负债	45		
流动资产合计	13			其他流动负债	46		
非流动资产：	14			流动负债合计	47		
可供出售金融资产	15			非流动负债：	48		
持有至到期投资	16			长期借款	49		
长期应收款	17			应付债券	50		
长期股权投资	18			长期应付款	51		
投资性房地产	19			专项应付款	52		
固定资产	20			预计负债	53		
在建工程	21			递延所得税负债	54		
工程物资	22			其他非流动负债	55		
固定资产清理	23			非流动负债合计	56		
生产性生物资产	24			负债合计	57		
油气资产	25			所有者权益（或股东权益）	58		
无形资产	26			实收资本（或股本）	59		
开发支出	27			资本公积	60		
商誉	28			减：库存股	61		
长期待摊费用	29			盈余公积	62		
递延所得税资产	30			未分配利润	63		
其他非流动资产	31			所有者权益（或股东权益）合计：	64		
非流动资产合计	32				65		
资产总计	33			负债及所有者权益（或股东权益）总计	66		

附9-2-1

武汉和美公司2018年9月损益类账户本期发生额

单位：元

总账科目	借方	贷方
主营业务收入	600,600.00	600,600.00
其他业务收入	200.00	200.00
主营业务成本	360,360.00	360,360.00
其他业务成本	150.00	150.00
税金及附加	6,808.60	6,808.60
管理费用	32,396.00	32,396.00
销售费用	16,046.00	16,046.00
财务费用	50.00	50.00
所得税费用	46,247.35	46,247.35
合计	1,062,857.95	1,062,857.95

附9-2-2

利润表

编制单位：　　　　　　　　年　　月　　　　　　　　单位：元

项　　目	本期金额
一、营业收入	
减：营业成本	
税金及附加	
销售费用	
管理费用	
财务费用	
资产减值损失	
加：公允价值变动收益（损失以“-”号填列）	
投资收益（损失以“-”号填列）	
其中：对联营企业和合营企业的投资收益	
二、营业利润（亏损以“-”号填列）	
加：营业外收入	
减：营业外支出	
其中：非流动资产处置损失	
三、利润总额（亏损总额以“-”号填列）	
减：所得税费用	
四、净利润（净亏损以“-”号填列）	
五、每股收益：	
（一）基本每股收益	
（二）稀释每股收益	

附10-1-1

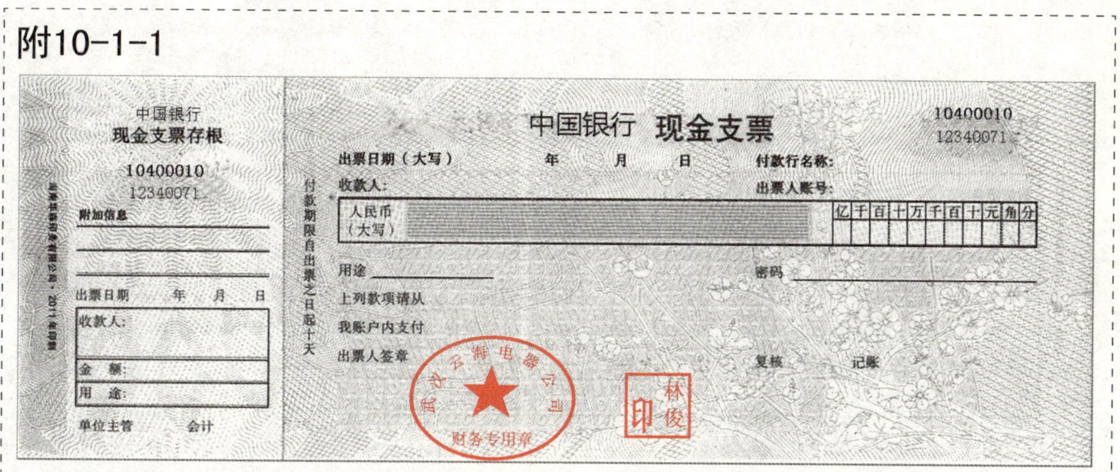

中国银行
现金支票存根
10400010
12340071
附加信息
出票日期 年 月 日
收款人:
金 额:
用 途:
单位主管 会计

中国银行 现金支票 10400010
12340071
付款期限自出票之日起十天
出票日期（大写） 年 月 日 付款行名称:
收款人: 出票人账号:

人民币（大写）	亿	千	百	十	万	千	百	十	元	角	分

用途 密码
上列款项请从
我账户内支付
出票人签章 复核 记账
武汉云海电器公司 财务专用章
林俊印

附10-2-1

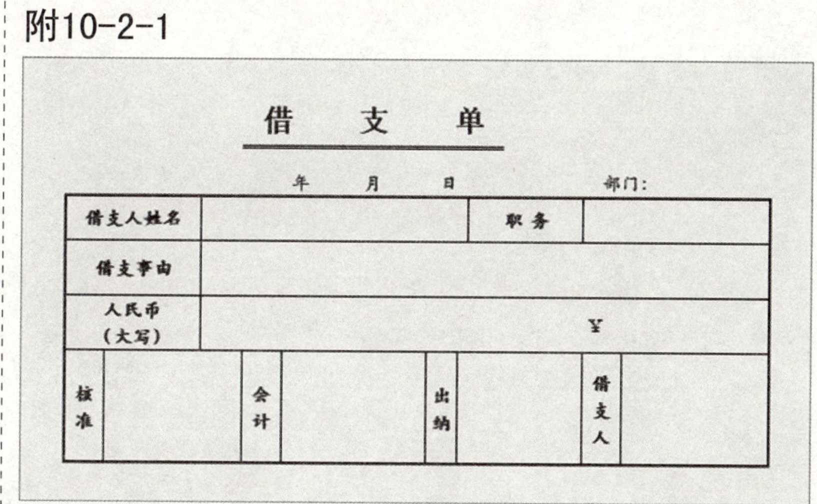

借 支 单

年 月 日 部门:

借支人姓名		职 务					
借支事由							
人民币（大写）	¥						
核准		会计		出纳		借支人	

附10-3-1

中国银行 转账支票 10400020
80044842
付款期限自出票之日起十天
出票日期（大写） 贰零壹捌 年 壹拾贰 月 零贰 日 付款行名称: 中国银行武汉市台北路支行
收款人: 武汉云海电器公司 出票人账号: 256305331

人民币（大写）	亿	千	百	十	万	千	百	十	元	角	分
伍拾叁万伍仟元整			¥	5	3	5	0	0	0	0	0

用途 前欠货款 密码
上列款项请从
我账户内支付
出票人签章 复核 记账
武汉中心商场 财务专用章
孙欣然印

附10-3-2

中国银行　　进账单（收账通知）　3

年　　月　　日　　　　№ 43673581

出票人	全　称		收款人	全　称	
	账　号			账　号	
	开户银行			开户银行	
金额	人民币（大写）			亿 千 百 十 万 千 百 十 元 角 分	
票据种类		票据张数			
票据号码					
复核　　记账				收款人开户银行签章	

此联是收款人开户银行交给收款人的收账通知

附10-4-1

4200151140　　湖北　增值税专用发票　　№ 16557880　4200151140 16557880

此联不作报销、扣税凭证使用

机器编号：982888812388　　　　开票日期：2018年12月2日

购买方	名　　称：合肥青青商贸城 纳税人识别号：360102758324336 地 址、电 话：安徽省合肥市友谊路2号13997788818 开户行及账号：中国工商银行合肥市友谊支行387905668				密码区	172312-4-275 <1+46*54* 82*59* 181321> <8182*59*09618153 </ <4 <3*2702-9> 9*+153 </0 > 2-3 *08/4> *> > 2-3*0/9/> > 25-275 <1		
货物或应税劳务、服务名称	规格型号	单位	数量	单价	金额	税率	税额	
台式转页扇		台	2000	120.00	240,000.00	16%	38,400.00	
落地扇		台	1000	150.00	150,000.00	16%	24,000.00	
合　计					¥390,000.00		¥62,400.00	
价税合计（大写）	⊗ 肆拾伍万贰仟肆佰元整				（小写）¥452,400.00			
销售方	名　　称：武汉云海电器公司 纳税人识别号：420100236556321 地 址、电 话：湖北省武汉市青年路附1号027-85773222 开户行及账号：中国银行武汉市青年路支行253443256				备注			

收款人：　　复核：胡佳　　开票人：林莎　　销售方：（章）

税总函[2016]××号×××公司

第一联：记账联　销售方记账凭证

附10-4-2

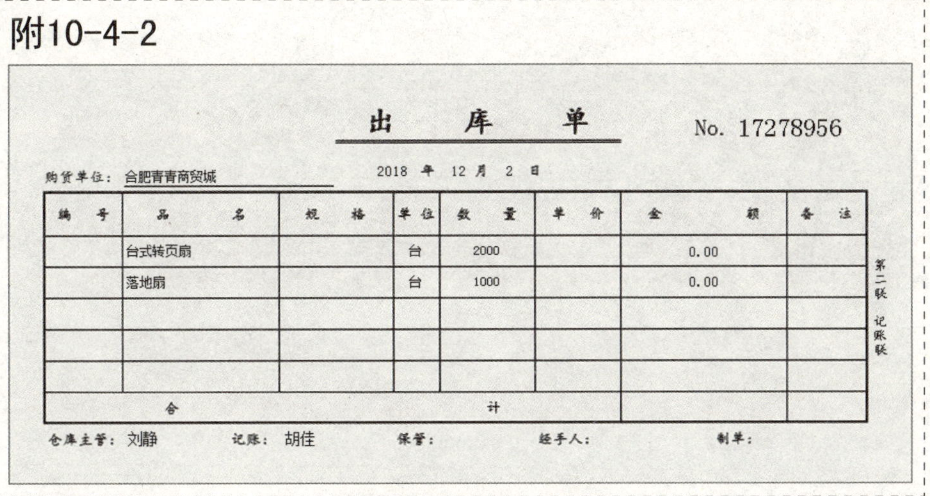

出 库 单　　No. 17278956

2018 年 12 月 2 日

购货单位：合肥青青商贸城

编号	品名	规格	单位	数量	单价	金额	备注
	台式转页扇		台	2000		0.00	
	落地扇		台	1000		0.00	
合计							

第二联 记账联

仓库主管：刘静　记账：胡佳　保管：　经手人：　制单：

附10-4-3

中国银行
转账支票存根
10404220
12340072
附加信息

出票日期 2018 年 12 月 2 日

收款人：武汉畅通物流公司
金 额：¥1,000.00
用 途：代垫运费

单位主管　会计

附10-4-4

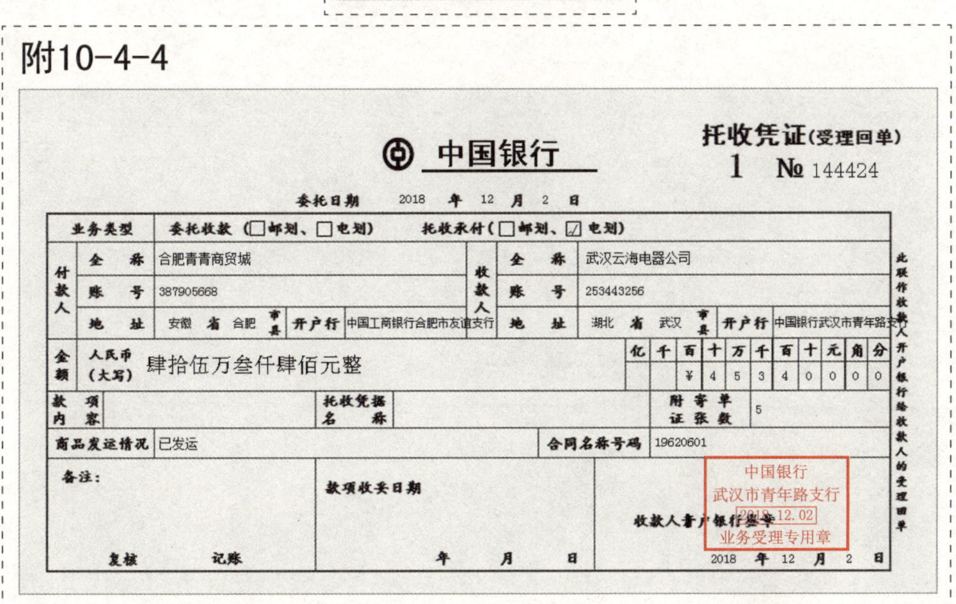

中国银行　　托收凭证（受理回单）
1　№ 144424

委托日期 2018 年 12 月 2 日

业务类型	委托收款（□邮划、□电划）	托收承付（□邮划、☑电划）		
付款人 全称	合肥青青商贸城	收款人 全称	武汉云海电器公司	
付款人 账号	387905668	收款人 账号	253443256	
付款人 地址	安徽 省 合肥 市/县 开户行 中国工商银行合肥市友谊支行	收款人 地址	湖北 省 武汉 市/县 开户行 中国银行武汉市青年路支行	
金额 人民币（大写）	肆拾伍万叁仟肆佰元整		亿千百十万千百十元角分	¥45340000
款项内容		托收凭据名称		附寄单证张数 5
商品发运情况	已发运	合同名称号码	19620601	
备注： 复核 记账	款项收妥日期 年 月 日	收款人开户银行签章 2018 年 12 月 2 日		

中国银行 武汉市青年路支行 2018.12.02 业务受理专用章

此联作收款人开户银行给收款人的受理回单

附10-5-1

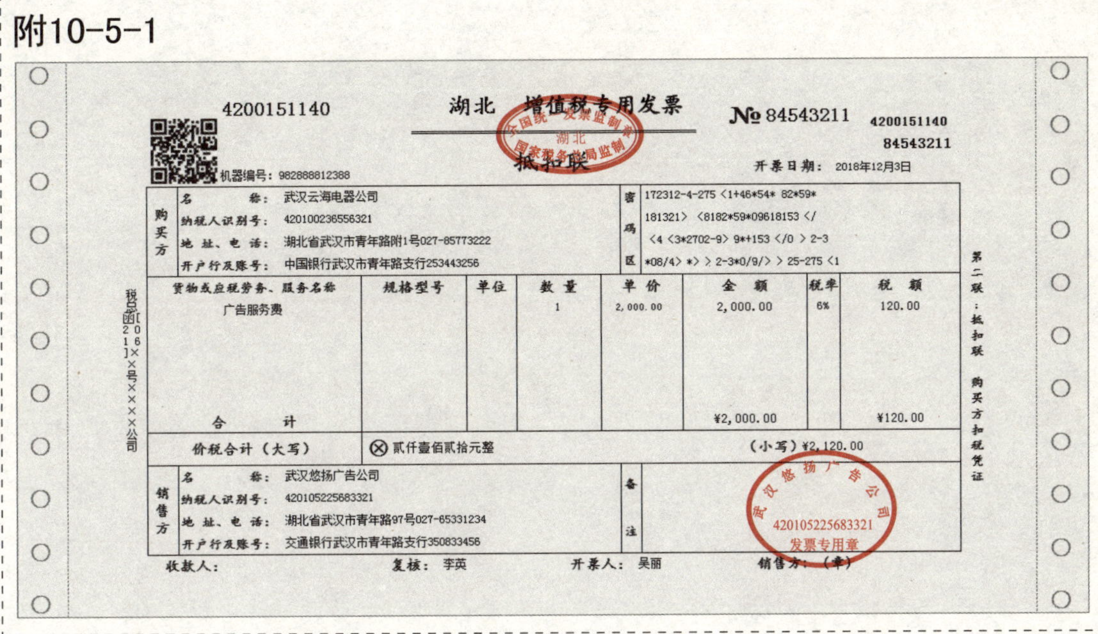

4200151140　　湖北　增值税专用发票　　№ 84543211　　4200151140
84543211

抵扣联

机器编号：982888812388　　开票日期：2018年12月3日

购买方	名　　称：武汉云海电器公司 纳税人识别号：420100236556321 地址、电话：湖北省武汉市青年路附1号027-85773222 开户行及账号：中国银行武汉市青年路支行253443256	密码区	172312-4-275 <1+46*54* 82*59* 181321> <8182*59*09618153 </ <4 <3*2702-9> 9*+153 </0 > 2-3 *08/4> *> > 2-3*0/9/> > 25-275 <1

货物或应税劳务、服务名称	规格型号	单位	数量	单价	金额	税率	税额
广告服务费			1	2,000.00	2,000.00	6%	120.00
合　　计					¥2,000.00		¥120.00
价税合计（大写）	⊗贰仟壹佰贰拾元整				（小写）¥2,120.00		

销售方	名　　称：武汉悠扬广告公司 纳税人识别号：420105225683321 地址、电话：湖北省武汉市青年路97号027-65331234 开户行及账号：交通银行武汉市青年路支行350833456	备注	武汉悠扬广告公司 420105225683321 发票专用章

收款人：　　复核：李英　　开票人：吴丽　　销售方：（章）

税总函[2016]××号××××公司

第二联：抵扣联　购买方扣税凭证

附10-5-2

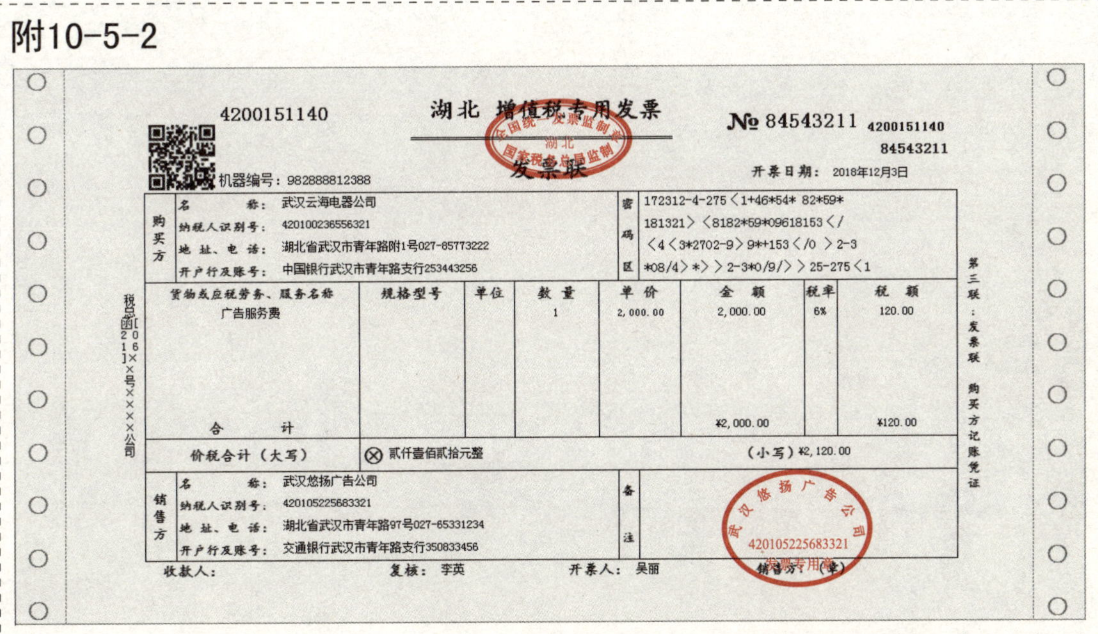

4200151140　　湖北　增值税专用发票　　№ 84543211　　4200151140
84543211

发票联

机器编号：982888812388　　开票日期：2018年12月3日

购买方	名　　称：武汉云海电器公司 纳税人识别号：420100236556321 地址、电话：湖北省武汉市青年路附1号027-85773222 开户行及账号：中国银行武汉市青年路支行253443256	密码区	172312-4-275 <1+46*54* 82*59* 181321> <8182*59*09618153 </ <4 <3*2702-9> 9*+153 </0 > 2-3 *08/4> *> > 2-3*0/9/> > 25-275 <1

货物或应税劳务、服务名称	规格型号	单位	数量	单价	金额	税率	税额
广告服务费			1	2,000.00	2,000.00	6%	120.00
合　　计					¥2,000.00		¥120.00
价税合计（大写）	⊗贰仟壹佰贰拾元整				（小写）¥2,120.00		

销售方	名　　称：武汉悠扬广告公司 纳税人识别号：420105225683321 地址、电话：湖北省武汉市青年路97号027-65331234 开户行及账号：交通银行武汉市青年路支行350833456	备注	武汉悠扬广告公司 420105225683321 发票专用章

收款人：　　复核：李英　　开票人：吴丽　　销售方：（章）

税总函[2016]××号××××公司

第三联：发票联　购买方记账凭证

附10-5-3

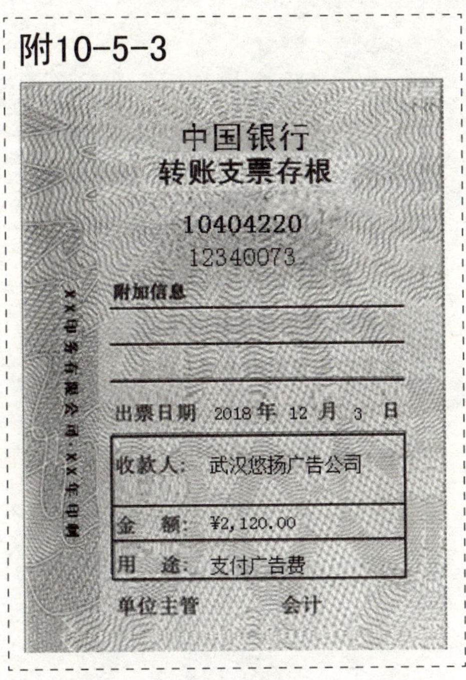

中国银行
转账支票存根

10404220
12340073

附加信息

出票日期　2018 年 12 月 3 日

收款人：武汉悠扬广告公司

金　额：¥2,120.00

用　途：支付广告费

单位主管　　　会计

××印务有限公司·××年印制

附10-6-1

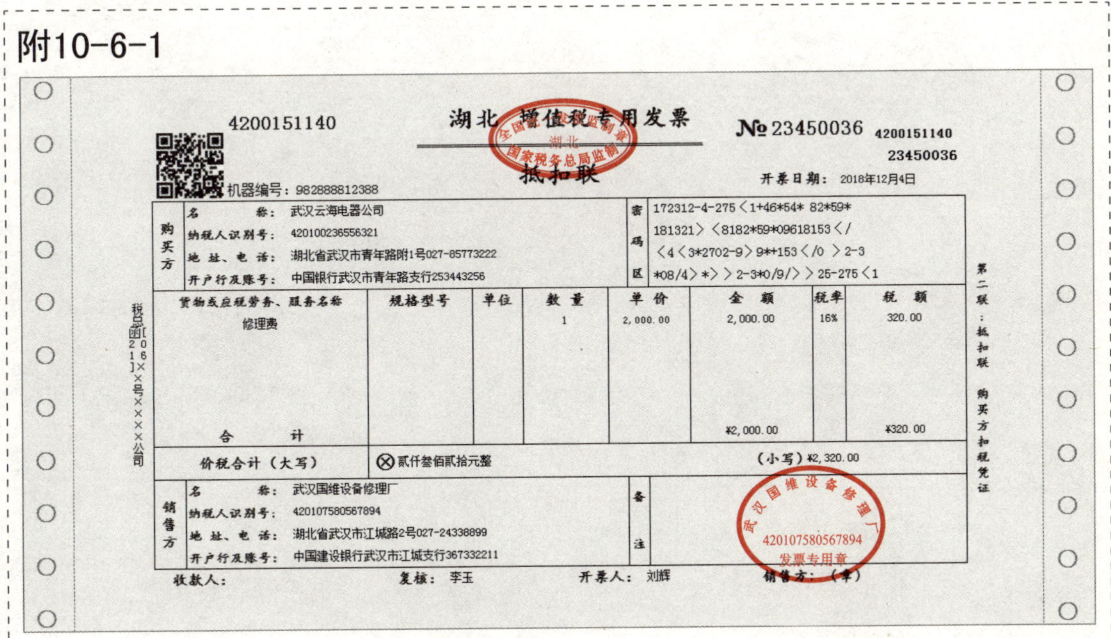

湖北增值税专用发票

抵扣联

4200151140

№ 23450036　4200151140
23450036

机器编号：982888812388

开票日期：2018年12月4日

购买方
名　　称：武汉云海电器公司
纳税人识别号：420100236556321
地址、电话：湖北省武汉市青年路附1号027-85773222
开户行及账号：中国银行武汉市青年路支行253443256

密码区
172312-4-275 <1+46*54* 82*59*
181321> <8182*59*09618153</
<4<3*2702-9>9*+153</0 >2-3
08/4>> >2-3*0/9/> >25-275<1

货物或应税劳务、服务名称	规格型号	单位	数量	单价	金额	税率	税额
修理费			1	2,000.00	2,000.00	16%	320.00
合　计					¥2,000.00		¥320.00

价税合计（大写）　ⓧ贰仟叁佰贰拾元整　（小写）¥2,320.00

销售方
名　　称：武汉国维设备修理厂
纳税人识别号：420107580567894
地址、电话：湖北省武汉市江城路2号027-24338899
开户行及账号：中国建设银行武汉市江城支行367332211

备注

收款人：　　复核：李玉　　开票人：刘辉　　销售方：（章）

税总函[2016]××号×××公司

第二联：抵扣联　购买方扣税凭证

附10-6-2

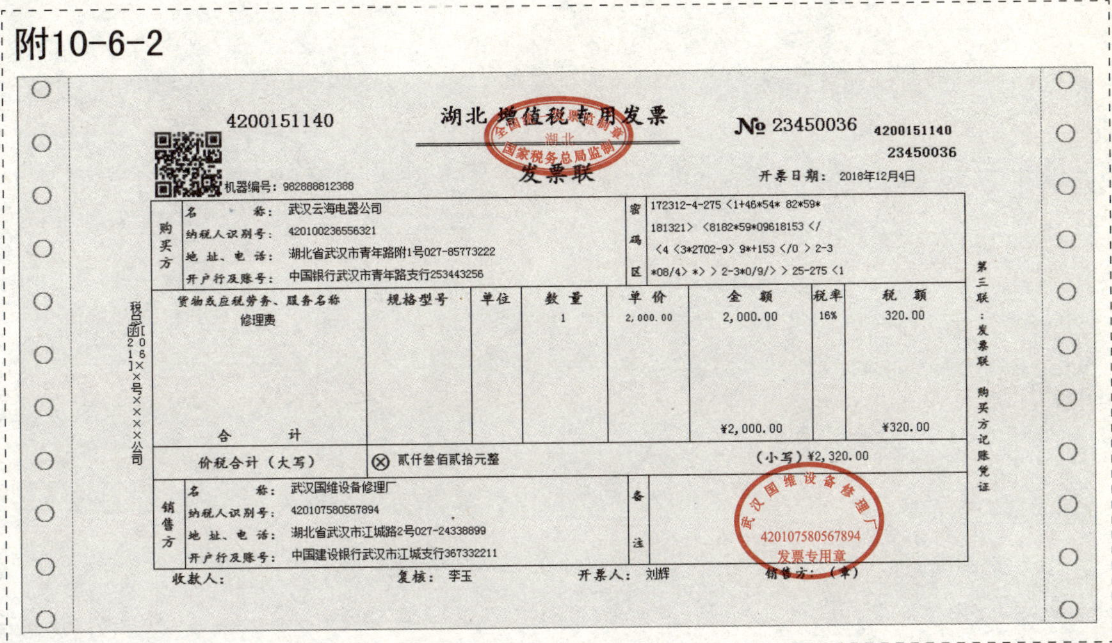

4200151140　　湖北增值税专用发票　　№ 23450036　　4200151140 23450036

发票联

机器编号：982888812388　　开票日期：2018年12月4日

购买方	
名称	武汉云海电器公司
纳税人识别号	420100236556321
地址、电话	湖北省武汉市青年路附1号027-85773222
开户行及账号	中国银行武汉市青年路支行253443256

密码区：172312-4-275 <1+46*54* 82*59* 181321> <8182*59*09618153 </ <4 <3*2702-9> 9*+153 </0 > 2-3 *08/4> *> > 2-3*0/9/> > 25-275 <1

货物或应税劳务、服务名称	规格型号	单位	数量	单价	金额	税率	税额
修理费			1	2,000.00	2,000.00	16%	320.00
合计					¥2,000.00		¥320.00
价税合计（大写）	⊗贰仟叁佰贰拾元整				（小写）¥2,320.00		

销售方	
名称	武汉国维设备修理厂
纳税人识别号	420107580567894
地址、电话	湖北省武汉市江城路2号027-24338899
开户行及账号	中国建设银行武汉市江城支行367332211

备注：武汉国维设备修理厂 420107580567894 发票专用章

收款人：　　复核：李玉　　开票人：刘辉　　销售方：（章）

税总函[2016]××号×××公司

第三联：发票联　购买方记账凭证

附10-6-3

中国银行
转账支票存根

10404220
12340074

附加信息

出票日期　2018年12月4日

收款人：武汉国维设备修理厂

金　额：¥2,320.00

用　途：支付维修费

单位主管　　　　会计

××印务有限公司·××年印制

附10-7-1

支出证明单

2018 年 12 月 5 日　　附件共 1 张

支出科目	摘要	金额（千 百 十 万 千 百 十 元 角 分）	缺乏正式单据之原因
管理费用	报销采购部办公用品费	6 4 0 0 0	
合计人民币（大写）：零仟 零佰 零拾 零万 零仟 陆佰 肆拾 零元 零角 零分 ￥540.00			现金付讫

核准：林俊　复核：李冰　证明人：　经手：刘丽

附10-8-1

中华人民共和国 税收通用缴款书

（201812）京地缴电 121221　地

隶属关系：一般纳税人

注册类型：有限责任公司　填发日期：2018 年 12 月 5 日　征收机关：

缴款单位（人）			预算科目	
代码	420100236556321		编码	
全称	武汉云海电器公司		名称	增值税
开户银行	中国银行武汉市青年路支行		级次	
账号	253443256		收款国库	

税款所属日期 2018 年 11 月 1 日至 30 日　税款限缴时期 2018 年 12 月 10 日

品目名称	课税数量	计税金额或销售收入	税率或单位税额	已缴或扣除额	实缴金额
增值税		900,000.00	16%	116,800.00	27,200.00
金额合计（大写）	贰万柒仟贰佰元整				

缴款单位（人）（盖章） 经办人（章）	税务机关（盖章） 填票人（章）	上列款项已收妥并划转收款单位账户。 国库（银行）盖章 2018 年 12 月 5 日	备注

逾期不缴按税法规定加收滞纳金

（印章：武汉云海电器公司；国家税务总局武汉市××区税务局 征税专用章；中国银行武汉市青年路支行 2018.12.05 转讫）

附10-9-1

中华人民共和国
税收通用缴款书

（201812）京地缴电 703080　（地）

隶属关系：一般纳税人

注册类型：有限责任公司　填发日期：2018 年 12 月 5 日　征收机关：

缴款单位（人）			预算科目		
	代码	420100236556321		编码	
	全称	武汉云海电器公司		名称	城市维护建设税，教育费附加
	开户银行	中国银行武汉市青年路支行		级次	
	账号	253443256		收款国库	
税款所属日期	2018 年 11 月 1 日至 30 日		税款限缴时期	2018 年 12 月 10 日	

品目名称	课税数量	计税金额或销售收入	税率或单位税额	已缴或扣除额	实缴金额
城市维护建设税		27,200.00	7%		1,904.00
教育费附加		27,200.00	3%		816.00
金额合计（大写）	贰万柒仟贰佰元整				

缴款单位（人）（盖章）经办人（章）	税务机关（盖章）填票人（章）	上列款项已收妥并划转收款单位账户。国库（银行）盖章 2018 年 12 月 5 日	备注
武汉云海电器公司	国家税务总局武汉市汉区税务局 征税专用章	中国银行武汉市青年路支行 2018.12.05 转讫	

逾期不缴按税法规定加收滞纳金

附10-10-1

差旅费报销单

部门 生产部　2018 年 12 月 5 日

出差人	周莹									出差事由	去上海开会				
出发				到达				交通工具	交通费		出差补贴		其他费用		
月	日	时	地点	月	日	时	地点		单据张数	金额	天数	金额	项目	单据张数	金额
11	20		武汉	11	20		上海	火车	1	255.00	9	90.00	住宿费	1	320.00
11	28		上海	11	28		武汉	火车	1	250.00			市内车费	3	75.00
													邮电费		
													办公用品费		
													不买卧铺补贴		
													其他		
合计									2	¥505.00		¥90.00		4	¥395.00
报销总额	人民币（大写）玖佰玖拾元整									预借金额	¥1,000.00		补领金额		
													退还金额	¥10.00	

附件 6 张

主管　　审核 李冰　　出纳 林莎　　领款人 周莹

附10-10-2

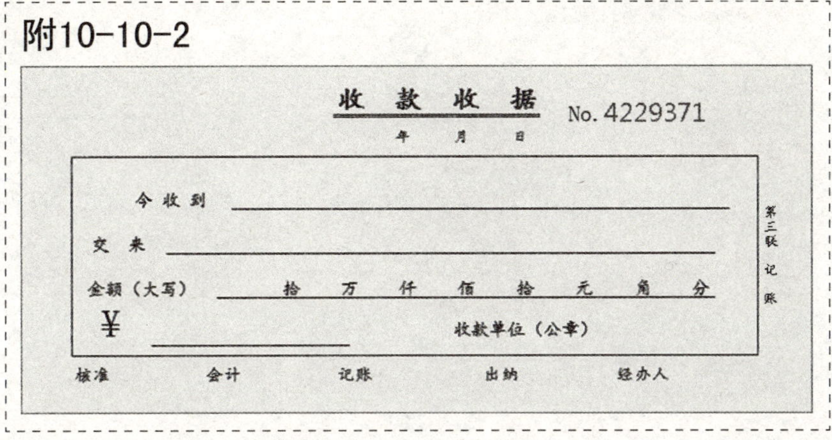

收　款　收　据　　No. 4229371

年　月　日

今收到

交来

金额（大写）　拾　万　仟　佰　拾　元　角　分

¥　　　　收款单位（公章）

第三联　记账

核准　　会计　　记账　　出纳　　经办人

附10-11-1

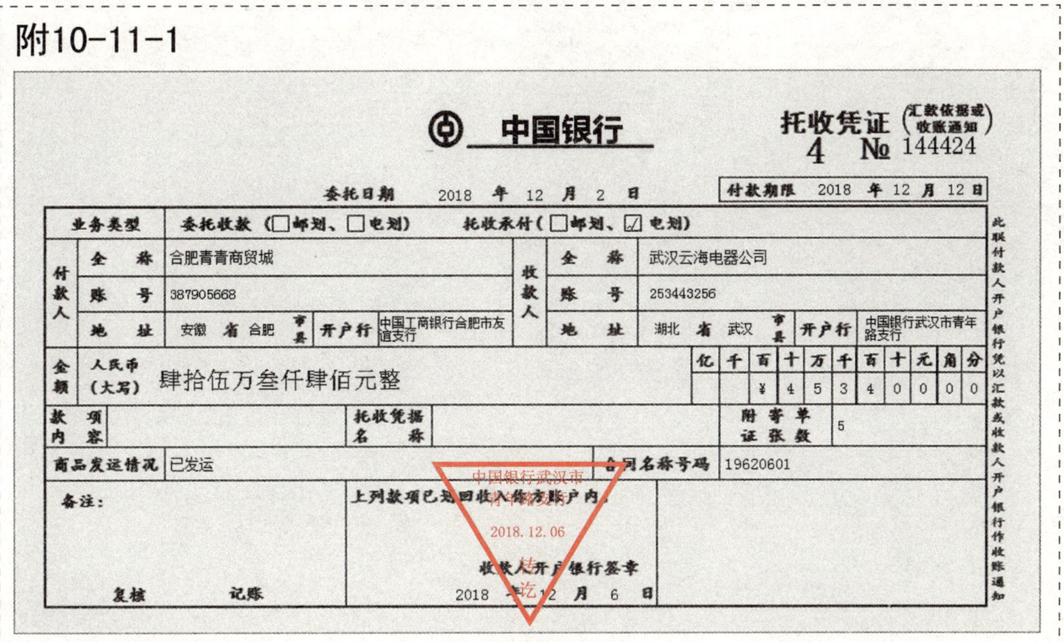

中国银行　　托收凭证（汇款依据或收账通知）　4　№ 144424

委托日期 2018 年 12 月 2 日　　付款期限 2018 年 12 月 12 日

业务类型：委托收款（□邮划、□电划）　托收承付（□邮划、☑电划）

付款人	全称	合肥青青商贸城	收款人	全称	武汉云海电器公司
	账号	387905668		账号	253443256
	地址	安徽 省 合肥 市/县　开户行 中国工商银行合肥市友谊支行		地址	湖北 省 武汉 市/县　开户行 中国银行武汉市青年路支行

金额：人民币（大写）肆拾伍万叁仟肆佰元整　　¥ 4 5 3 4 0 0 0 0（亿千百十万千百十元角分）

款项内容：　　托收凭据名称：　　附寄单证张数：5

商品发运情况：已发运　　合同名称号码：19620601

备注：　　上列款项已划回收入你方账户内。

中国银行武汉市青年路支行 2018.12.06 转讫

收款人开户银行签章　2018 年 12 月 6 日

复核　　记账

此联付款人开户银行凭以汇款或收款人开户银行作收账通知

附10-12-1

武汉云海电器公司工资结算汇总表

2018年11月

编号	部门			基本工资	津贴	奖金	缺勤应扣 事假	缺勤应扣 迟到早退	应付工资	代扣款项 个人所得税	代扣款项 养老保险	代扣款项 医疗保险	代扣款项 住房公积金	实发工资
1	厂部管理部门			10,000	4,000	3,000			17,000	155	1,360	340	850	14,295
2	销售部门			8,000	3,000	2,300		300	13,000	120	1,040	260	650	10,930
3	生产车间	管理人员		6,000	2,000	1,000			9,000	115	720	180	450	7,535
4	生产车间	生产工人	台式转页扇	20,500	5,000	4,500			30,000	260	2,400	600	1,500	25,240
5	生产车间	生产工人	落地扇	28,000	7,000	5,000			40,000	300	3,200	800	2,000	33,700
合计				72,500	21,000	15,800	0	300	109,000	950	8,720	2,180	5,450	91,700

制表：胡佳　　会计：李飞　　复核：李冰

附10-12-2

中国银行 转账支票存根
10401120
12340075
附加信息
出票日期 年 月 日
收款人:
金 额:
用 途:
单位主管 会计

中国银行 转账支票 10401120 12340075
出票日期（大写） 年 月 日 付款行名称:
收款人: 出票人账号:
人民币（大写） 亿 千 百 十 万 千 百 十 元 角 分
付款期限自出票之日起十天
用途 密码
上列款项请从
我账户内支付
出票人签章 复核 记账
武汉云海电器公司 财务专用章
林俊印

附10-13-1

中华人民共和国
税收通用缴款书
（ ） 京地缴电 941391 地

隶属关系：一般纳税人
注册类型：有限责任公司 填发日期：2018 年 12 月 8 日 征收机关：

缴款单位（人）	代码	420100236556321	预算科目	编码	
	全称	武汉云海电器公司		名称	职工基本养老保险
	开户银行	中国银行武汉市青年路支行		级次	
	账号	253443256	收款国库		

税款所属日期 2018 年 11 月 1 日至 30 日 税款限缴时期 2018 年 12 月 10 日

品目名称	课税数量	计税金额或销售收入	税率或单位税额	已缴或扣除额	实缴金额
职工基本养老保险		109,000.00	28%		30,520.00
金额合计（大写）	叁万零伍佰贰拾元整				
缴款单位（人）（盖章）经办人（章）	税务机关（盖章）填票人（章）	上列款项已收妥并划转收款单位账户。国库（银行）盖章 2018 年 12 月 8 日		备注	

逾期不缴按税法规定加收滞纳金

中国银行武汉市青年路支行 2018.12.08 转讫

附10-13-2

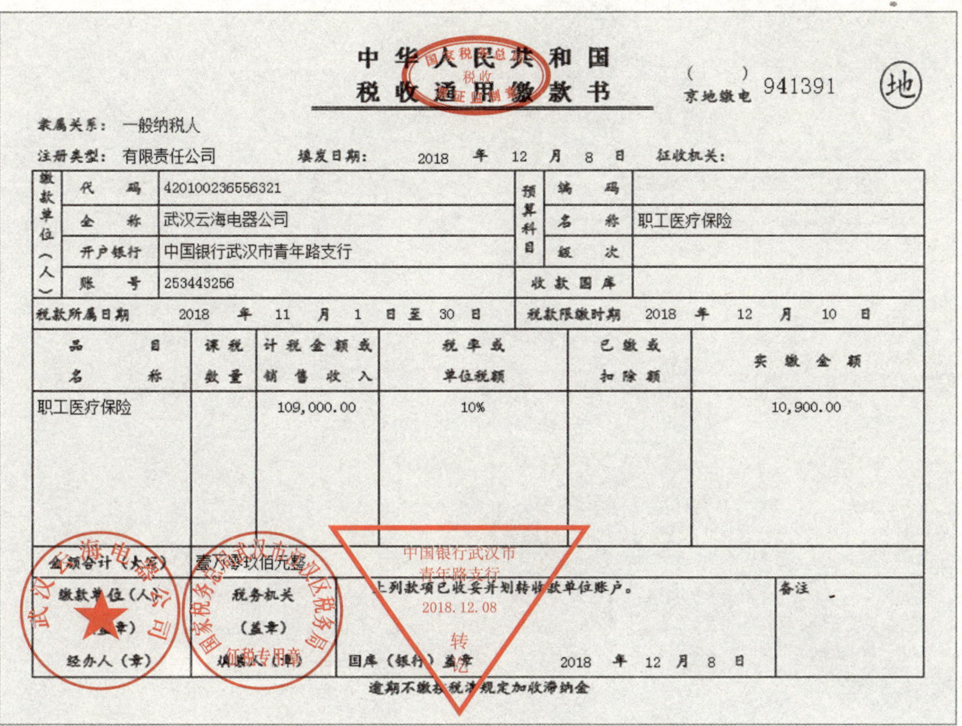

中华人民共和国
税收通用缴款书

( ) 京地缴电 941391 地

隶属关系：一般纳税人

注册类型：有限责任公司　填发日期：2018 年 12 月 8 日　征收机关：

缴款单位（人）			预算科目	
代码	420100236556321		编码	
全称	武汉云海电器公司		名称	职工医疗保险
开户银行	中国银行武汉市青年路支行		级次	
账号	253443256		收款国库	

税款所属日期 2018 年 11 月 1 日至 30 日　税款限缴时期 2018 年 12 月 10 日

品目名称	课税数量	计税金额或销售收入	税率或单位税额	已缴或扣除额	实缴金额
职工医疗保险		109,000.00	10%		10,900.00
金额合计（大写）	壹万零玖佰元整				
缴款单位（人）（盖章） 经办人（章）	税务机关（盖章） 填票人（章）	上列款项已收妥并划转收款单位账户。 国库（银行）盖章 2018 年 12 月 8 日		备注	

逾期不缴按税法规定加收滞纳金

附10-13-3

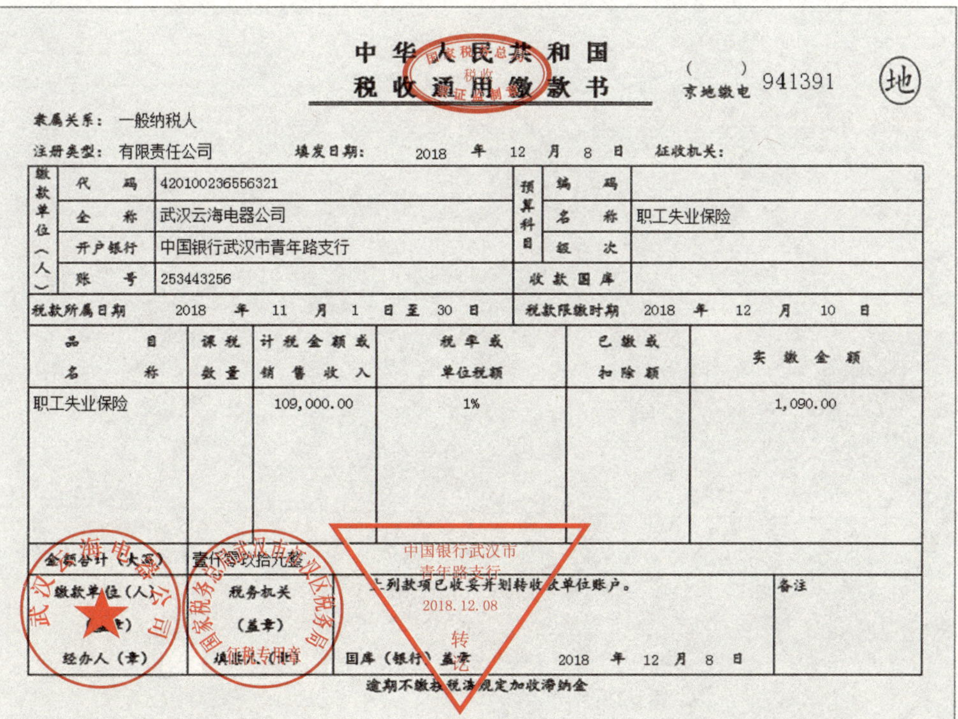

中华人民共和国
税收通用缴款书

( ) 京地缴电 941391 地

隶属关系：一般纳税人

注册类型：有限责任公司　填发日期：2018 年 12 月 8 日　征收机关：

缴款单位（人）			预算科目	
代码	420100236556321		编码	
全称	武汉云海电器公司		名称	职工失业保险
开户银行	中国银行武汉市青年路支行		级次	
账号	253443256		收款国库	

税款所属日期 2018 年 11 月 1 日至 30 日　税款限缴时期 2018 年 12 月 10 日

品目名称	课税数量	计税金额或销售收入	税率或单位税额	已缴或扣除额	实缴金额
职工失业保险		109,000.00	1%		1,090.00
金额合计（大写）	壹仟零玖拾元整				
缴款单位（人）（盖章） 经办人（章）	税务机关（盖章） 填票人（章）	上列款项已收妥并划转收款单位账户。 国库（银行）盖章 2018 年 12 月 8 日		备注	

逾期不缴按税法规定加收滞纳金

附10-14-1

中华人民共和国
税收通用缴款书

（　　）京国缴电　896220　国

隶属关系：一般纳税人

注册类型：有限责任公司　　填发日期：2018 年 12 月 8 日　　征收机关：

缴款单位（人）		预算科目	
代码	420100236556321	编码	
全称	武汉云海电器公司	名称	住房公积金
开户银行	中国银行武汉市青年路支行	级次	
账号	253443256	收款国库	

税款所属日期　2018 年 11 月 1 日至 30 日　　税款限缴时期　2018 年 12 月 10 日

品目名称	课税数量	计税金额或销售收入	税率或单位税额	已缴或扣除额	实缴金额
住房公积金		109,000.00	15%		16,350.00

金额合计（大写）　壹万陆仟叁佰伍拾元整

缴款单位（人）（盖章）经办人（章）	税务机关（盖章）填票人（章）	上列款项已收妥并划转收款单位账户。国库（银行）盖章　2018 年 12 月 8 日	备注

逾期不缴按税法规定加收滞纳金

附10-15-1

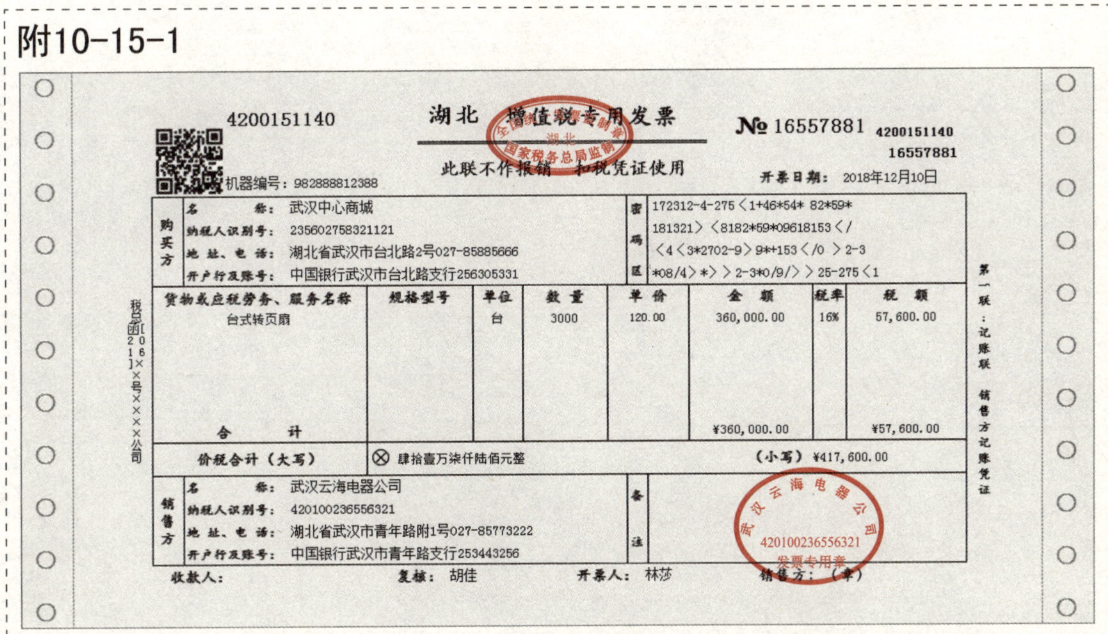

4200151140　　**湖北增值税专用发票**　　№ 16557881　4200151140　16557881

此联不作报销、扣税凭证使用

机器编号：982888812388　　开票日期：2018年12月10日

购买方	名称：武汉中心商城 纳税人识别号：235602758321121 地址、电话：湖北省武汉市台北路2号027-85885666 开户行及账号：中国银行武汉市台北路支行256305331	密码区	172312-4-275＜1+46*54* 82*59* 181321＞＜8182*59*09618153＜/ ＜4＜3*2702-9＞9*+153＜/0 ＞2-3 *08/4＞*＞＞2-3*0/9/＞＞25-275＜1

货物或应税劳务、服务名称	规格型号	单位	数量	单价	金额	税率	税额
台式转页扇		台	3000	120.00	360,000.00	16%	57,600.00
合计					¥360,000.00		¥57,600.00
价税合计（大写）	⊗ 肆拾壹万柒仟陆佰元整				（小写）¥417,600.00		

销售方	名称：武汉云海电器公司 纳税人识别号：420100236556321 地址、电话：湖北省武汉市青年路附1号027-85773222 开户行及账号：中国银行武汉市青年路支行253443256	备注	

收款人：　　复核：胡佳　　开票人：林莎　　销售方：（章）

税总函[2016]××号×××公司

第一联：记账联　销售方记账凭证

附10-15-2

出 库 单

No. 17278957

购货单位：武汉中心商城　　　　2018 年 12 月 10 日

编号	品名	规格	单位	数量	单价	金额	备注
	台式转页扇		台	3000			
合计							

第二联 记账联

仓库主管：刘静　　记账：胡佳　　保管：　　经手人：　　制单：

附10-16-1

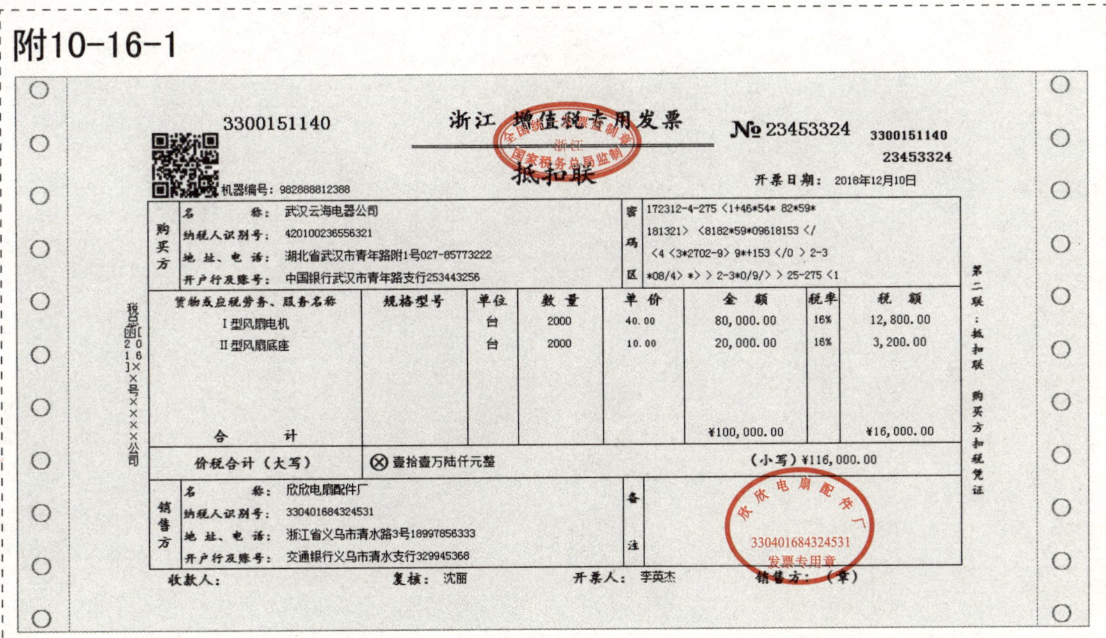

3300151140　　浙江增值税专用发票　　№ 23453324　3300151140　23453324

抵扣联

机器编号：982888812388　　开票日期：2018年12月10日

购买方	名称：武汉云海电器公司 纳税人识别号：420100236556321 地址、电话：湖北省武汉市青年路附1号027-85773222 开户行及账号：中国银行武汉市青年路支行253443256	密码区	172312-4-275 <1+46*54* 82*59* 181321> <8182*59*09618153 </ <4 <3*2702-9> 9*+153 </0 > 2-3 *08/4> *> > 2-3*0/9/> > 25-275 <1

货物或应税劳务、服务名称	规格型号	单位	数量	单价	金额	税率	税额
Ⅰ型风扇电机		台	2000	40.00	80,000.00	16%	12,800.00
Ⅱ型风扇底座		台	2000	10.00	20,000.00	16%	3,200.00
合计					¥100,000.00		¥16,000.00
价税合计（大写）	⊗壹拾壹万陆仟元整				（小写）¥116,000.00		

销售方	名称：欣欣电扇配件厂 纳税人识别号：330401684324531 地址、电话：浙江省义乌市清水路3号18997856333 开户行及账号：交通银行义乌市清水支行329945368	备注	

收款人：　　复核：沈丽　　开票人：李英杰　　销售方：（章）

第二联：抵扣联 购买方扣税凭证

税总函[2016]××号××××公司

附10-16-2

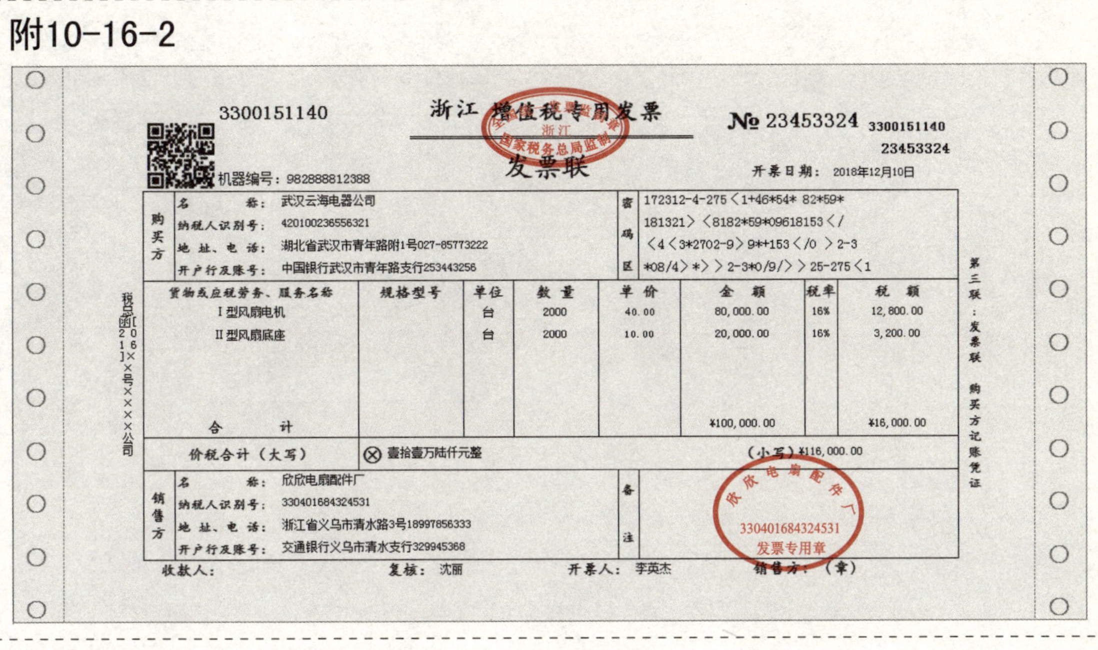

3300151140 浙江增值税专用发票 № 23453324 3300151140 23453324

发票联

机器编号：982888812388 开票日期：2018年12月10日

购买方	名称：武汉云海电器公司 纳税人识别号：420100236556321 地址、电话：湖北省武汉市青年路附1号027-85773222 开户行及账号：中国银行武汉市青年路支行253443256	密码区	172312-4-275<1+46*54* 82*59* 181321><8182*59*09618153</ <4<3*2702-9>9*+153</0 >2-3 *08/4>*>>2-3*0/9/>>25-275<1

货物或应税劳务、服务名称	规格型号	单位	数量	单价	金额	税率	税额
Ⅰ型风扇电机		台	2000	40.00	80,000.00	16%	12,800.00
Ⅱ型风扇底座		台	2000	10.00	20,000.00	16%	3,200.00
合计					¥100,000.00		¥16,000.00
价税合计（大写）	⊗壹拾壹万陆仟元整				（小写）¥116,000.00		

销售方	名称：欣欣电扇配件厂 纳税人识别号：330401684324531 地址、电话：浙江省义乌市青水路3号18997856333 开户行及账号：交通银行义乌市青水支行329945368	备注	欣欣电扇配件厂 330401684324531 发票专用章

收款人： 复核：沈丽 开票人：李英杰 销售方：（章）

税总函[2016]××号×××××公司

第三联：发票联 购买方记账凭证

附10-16-3

收料单

供应单位：欣欣电扇配件厂 收料单编号：

材料类别： 2018 年 12 月 10 日 收料仓库：

材料编号	名称	规格	单位	数量		实际成本				
				应收	实收	买价		运杂费	其他	合计
						单价	金额			
	Ⅰ型风扇电机		台	2000	2000	40.00	80,000.00			¥80,000.00
	Ⅱ型风扇底座		台	2000	2000	10.00	20,000.00			¥20,000.00
合计				4000	4000		100,000.00			¥100,000.00
备注										

第三联 记账联

仓库主管：刘静 记账：胡佳 收料： 制单：胡佳

附10-17-1

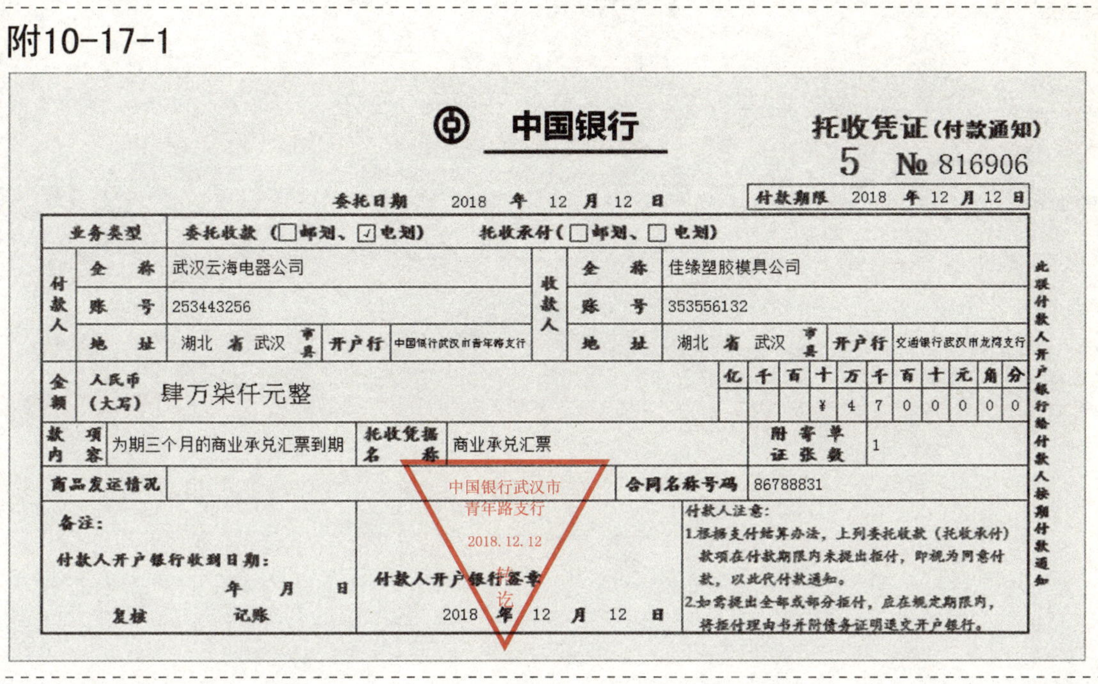

中国银行　　托收凭证（付款通知）　5　№ 816906

委托日期 2018 年 12 月 12 日　　付款期限 2018 年 12 月 12 日

业务类型	委托收款（□邮划、☑电划）　托收承付（□邮划、□电划）			
付款人	全称	武汉云海电器公司	收款人	全称	佳缘塑胶模具公司
	账号	253443256		账号	353556132
	地址	湖北 省 武汉 市/县　开户行 中国银行武汉市青年路支行		地址	湖北 省 武汉 市/县　开户行 交通银行武汉市龙腾支行
金额	人民币（大写）	肆万柒仟元整		亿千百十万千百十元角分	¥ 4 7 0 0 0 0 0
款项内容	为期三个月的商业承兑汇票到期	托收凭据名称	商业承兑汇票	附寄单证张数	1
商品发运情况		合同名称号码	86788831		

备注：

付款人开户银行收到日期：　年　月　日

复核　记账

付款人开户银行签章　2018 年 12 月 12 日

（印章：中国银行武汉市青年路支行 2018.12.12 转讫）

付款人注意：

1.根据支付结算办法，上列委托收款（托收承付）款项在付款期限内未提出拒付，即视为同意付款，以此代付款通知。

2.如需提出全部或部分拒付，应在规定期限内，将拒付理由书并附债务证明退交开户银行。

此联付款人开户银行给付款人按期付款通知

附10-18-1

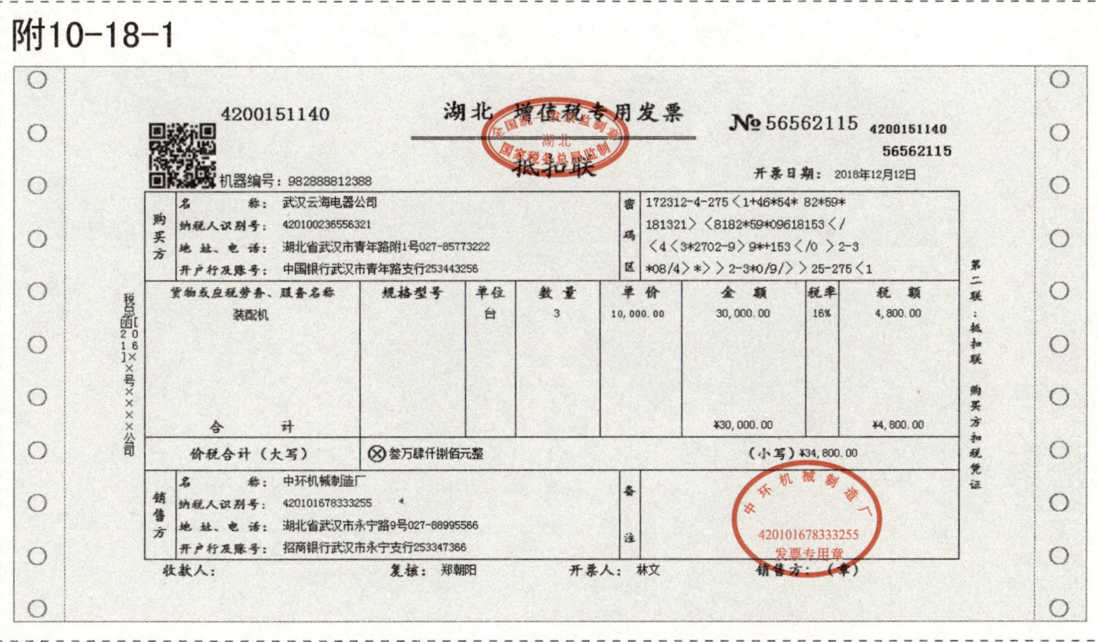

4200151140　　**湖北增值税专用发票**　　№ 56562115　4200151140　56562115

抵扣联

（印章：全国统一发票监制章 湖北 国家税务总局监制）

机器编号：982888812388　　开票日期：2018年12月12日

购买方	名称：武汉云海电器公司 纳税人识别号：420100236556321 地址、电话：湖北省武汉市青年路附1号027-85773222 开户行及账号：中国银行武汉市青年路支行253443256	密码区	172312-4-275 <1+46*54* 82*59* 181321> <8182*59*09618153 </ <4 <3*2702-9> 9*+153 </0 >2-3 *08/4>*> >2-3*0/9/> >25-275 <1

货物或应税劳务、服务名称	规格型号	单位	数量	单价	金额	税率	税额
装配机		台	3	10,000.00	30,000.00	16%	4,800.00
合计					¥30,000.00		¥4,800.00
价税合计（大写）	⊗叁万肆仟捌佰元整				（小写）¥34,800.00		

销售方	名称：中环机械制造厂 纳税人识别号：420101678333255 地址、电话：湖北省武汉市永宁路9号027-88995566 开户行及账号：招商银行武汉市永宁支行253347366	备注	（印章：中环机械制造厂 420101678333255 发票专用章）

收款人：　复核：郑朝阳　开票人：林文　销售方：（章）

税总函[2016]×号××××公司

第二联：抵扣联　购买方扣税凭证

附10-18-2

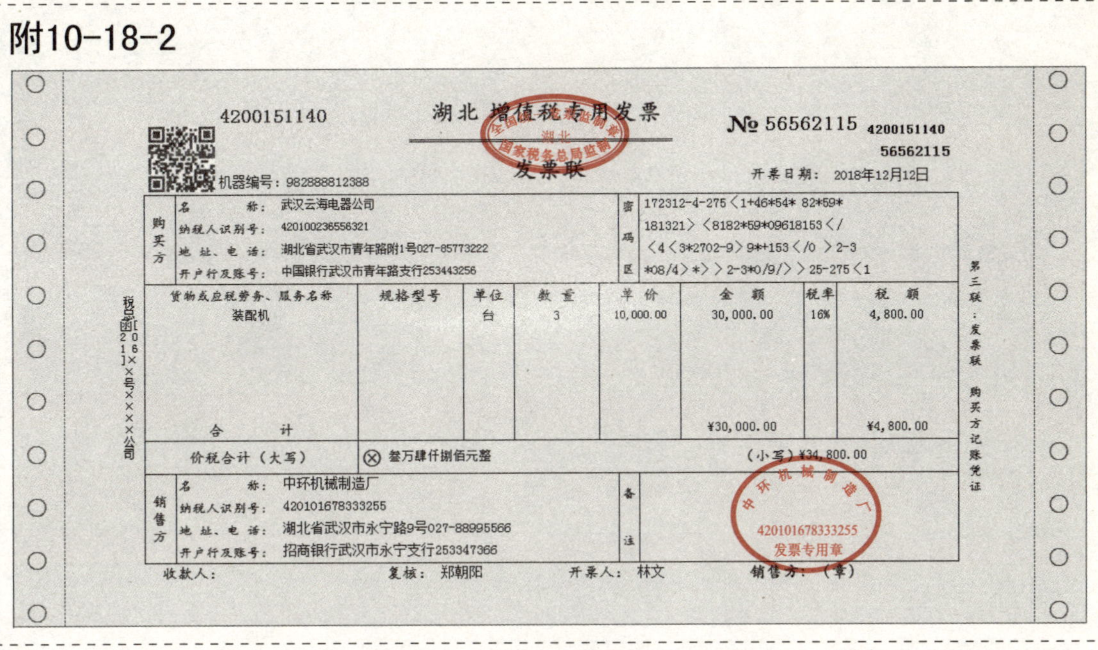

湖北增值税专用发票

发票联

4200151140　　　　№ 56562115　4200151140　56562115

机器编号：982888812388　　　　开票日期：2018年12月12日

购买方	名称：武汉云海电器公司 纳税人识别号：420100236556321 地址、电话：湖北省武汉市青年路附1号027-85773222 开户行及账号：中国银行武汉市青年路支行253443256				密码区	172312-4-275<1+46*54* 82*59* 181321><8182*59*09618153</ <4<3*2702-9>9*+153</0 >2-3 *08/4>*>>2-3*0/9/>>25-275<1		
货物或应税劳务、服务名称	规格型号	单位	数量	单价	金额	税率	税额	
装配机		台	3	10,000.00	30,000.00	16%	4,800.00	
合计					¥30,000.00		¥4,800.00	
价税合计（大写）	⊗叁万肆仟捌佰元整				（小写）¥34,800.00			
销售方	名称：中环机械制造厂 纳税人识别号：420101678333255 地址、电话：湖北省武汉市永宁路9号027-88995566 开户行及账号：招商银行武汉市永宁支行253347366				备注			

收款人：　　复核：郑朝阳　　开票人：林文　　销售方：（章）

第三联：发票联　购买方记账凭证

税总函[2016]××号×××公司

中环机械制造厂　420101678333255　发票专用章

附10-18-3

中国银行
转账支票存根

10404220
12340076

附加信息

出票日期　2018年12月12日

收款人：	中环机械制造厂
金额：	¥34,800.00
用途：	支付设备费

单位主管　　会计

××印务有限公司·××年印制

附10-19-1

投资协议书

（ 2018 ）第 122 号文

投资单位（甲方）	武汉亦非机械设备公司	受资单位（乙方）	武汉云海电器公司
地址	湖北省武汉市三阳路24号	地址	湖北省武汉市青年路附1号
账号	123455667	账号	253443256
开户银行	交通银行武汉市三阳路支行	开户银行	中国银行武汉市青年路支行
投资金额	人民币（大写）　壹拾贰万元整		
协议条款	双方经协商决定由甲方投入现金壹拾贰万元整供乙方使用，甲方享有乙方2%的注册资本（乙方注册资本总额为叁佰陆拾万元整）。 投资期间每年的净利润按甲方投入资本的比例分配，投资利润的结算待分配时双方商定。 武汉亦非机械设备公司 合同专用章　　武汉云海电器公司 合同专用章　　2018年12月12日 甲方签章：　　乙方签章：		

附10-19-2

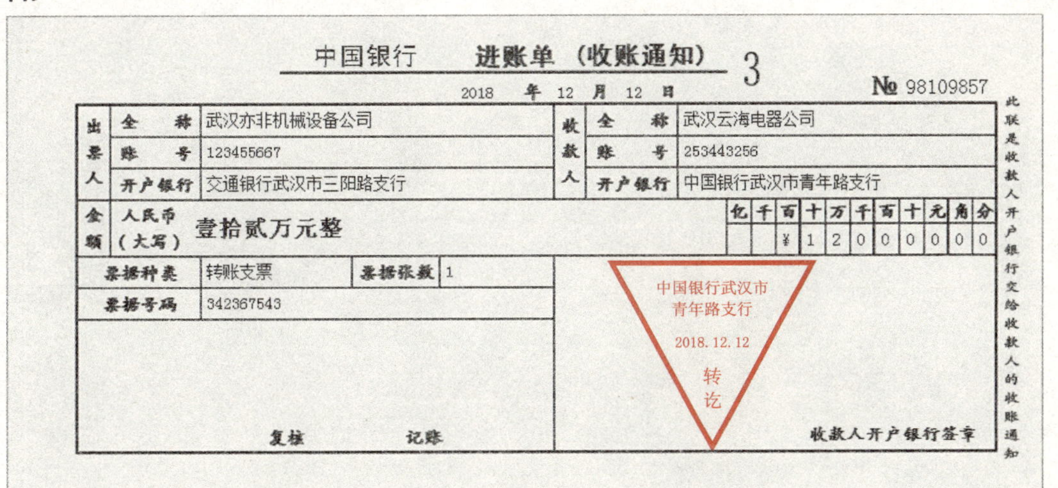

中国银行　　进账单（收账通知）　3

2018 年 12 月 12 日　　№ 98109857

出票人	全称	武汉亦非机械设备公司	收款人	全称	武汉云海电器公司
	账号	123455667		账号	253443256
	开户银行	交通银行武汉市三阳路支行		开户银行	中国银行武汉市青年路支行

金额	人民币（大写） 壹拾贰万元整	亿	千	百	十	万	千	百	十	元	角	分
				¥	1	2	0	0	0	0	0	0

票据种类	转账支票	票据张数	1
票据号码	342367543		

中国银行武汉市青年路支行 2018.12.12 转讫

复核　　记账　　收款人开户银行签章

此联是收款人开户银行交给收款人的收账通知

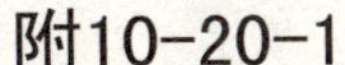

附10-20-1

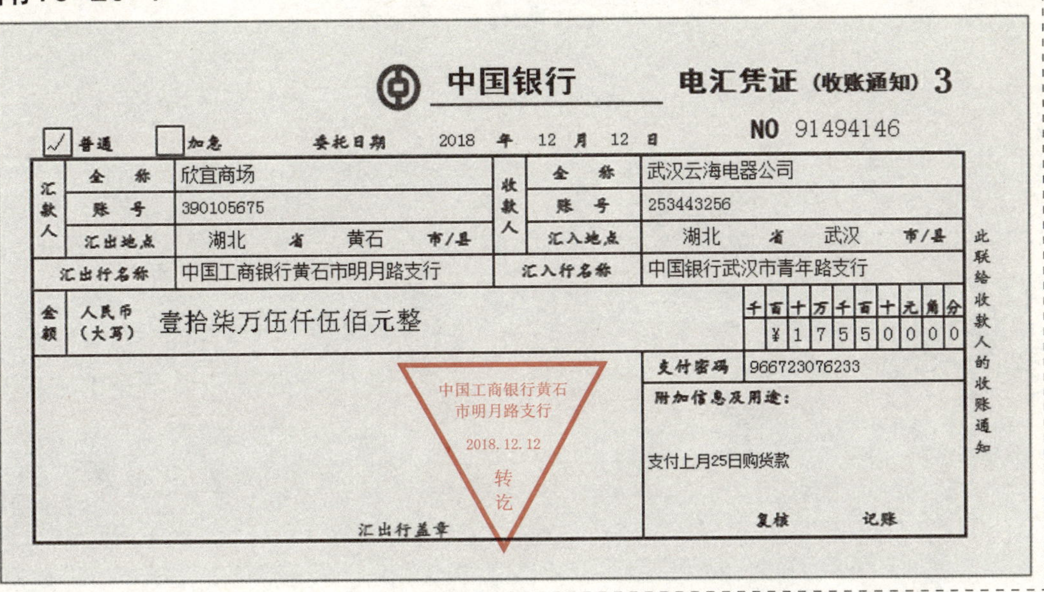

中国银行 电汇凭证（收账通知）3

☑普通 ☐加急 委托日期 2018 年 12 月 12 日 NO 91494146

汇款人			收款人		
	全称	欣宜商场		全称	武汉云海电器公司
	账号	390105675		账号	253443256
	汇出地点	湖北 省 黄石 市/县		汇入地点	湖北 省 武汉 市/县
汇出行名称		中国工商银行黄石市明月路支行	汇入行名称		中国银行武汉市青年路支行
金额	人民币（大写）	壹拾柒万伍仟伍佰元整		千百十万千百十元角分	¥17550000
支付密码		966723076233			
附加信息及用途：		支付上月25日购货款			

汇出行盖章：中国工商银行黄石市明月路支行 2018.12.12 转讫

复核 记账

此联给收款人的收账通知

附10-21-1

收款收据

No：56856496

2018 年 12 月 15 日

交款单位或个人	武汉云海电器公司				
款项内容	收到捐赠款			收款方式	转账
人民币（大写）	壹万元整				¥10,000.00
收款单位盖章	武汉市红十字会 财务专用章	收款人签字	李云	经办人	邵晓航

第三联 记账联

附10-21-2

中国银行
转账支票存根

10404220
12340077

附加信息

出票日期 2018 年 12 月 15 日

收款人：	武汉市红十字会
金 额：	¥10,000.00
用 途：	捐赠

单位主管 会计

附10-22-1

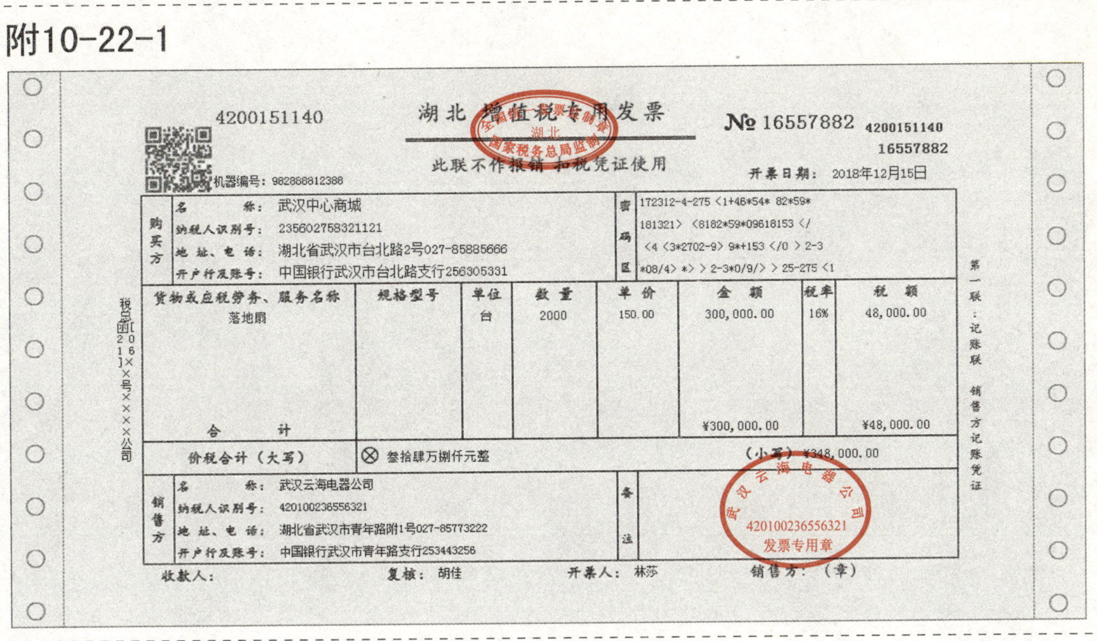

4200151140 湖北增值税专用发票 № 16557882 4200151140 16557882

此联不作报销、扣税凭证使用

机器编号：982888812388 开票日期：2018年12月15日

购买方	
名称：	武汉中心商城
纳税人识别号：	235602758321121
地址、电话：	湖北省武汉市台北路2号027-85885666
开户行及账号：	中国银行武汉市台北路支行256305331

密码区：172312-4-275 <1+46*54* 82*59* 181321> <8182*59*09618153 </ <4 <3*2702-9> 9*+153 </0 > 2-3 *08/4> *> > 2-3*0/9/> > 25-275 <1

货物或应税劳务、服务名称	规格型号	单位	数量	单价	金额	税率	税额
落地扇		台	2000	150.00	300,000.00	16%	48,000.00
合计					¥300,000.00		¥48,000.00
价税合计（大写）	⊗叁拾肆万捌仟元整				（小写）¥348,000.00		

销售方	
名称：	武汉云海电器公司
纳税人识别号：	420100236556321
地址、电话：	湖北省武汉市青年路附1号027-85773222
开户行及账号：	中国银行武汉市青年路支行253443256

备注：

收款人： 复核：胡佳 开票人：林莎 销售方：（章）

第一联：记账联 销售方记账凭证

税总函[2016]×号×××公司

全国统一发票监制章 湖北 国家税务总局监制

武汉云海电器公司 420100236556321 发票专用章

附10-22-2

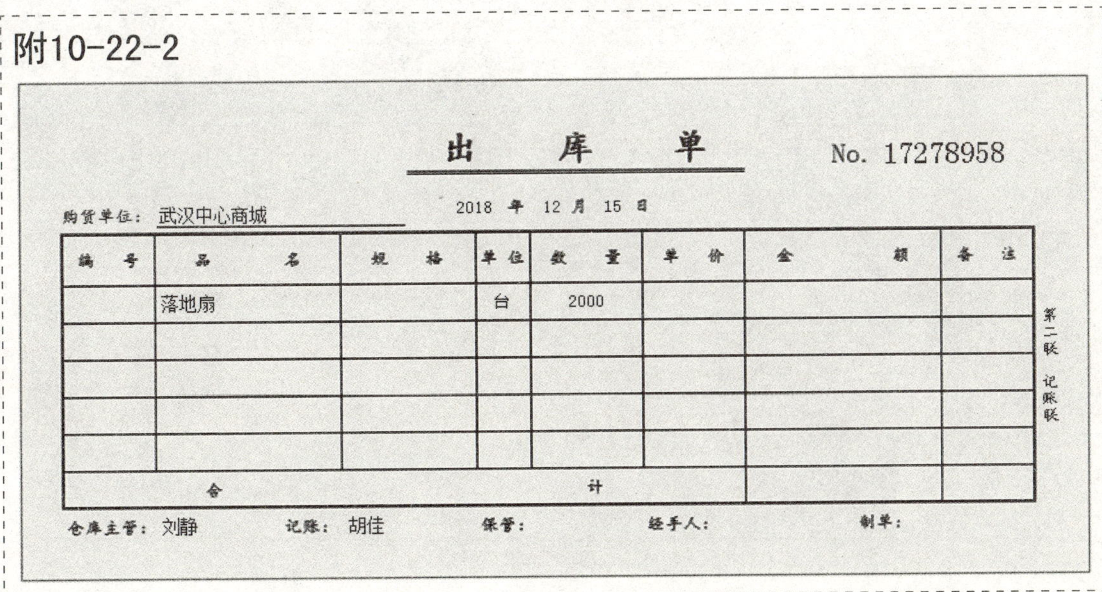

出库单 No. 17278958

2018 年 12 月 15 日

购货单位：武汉中心商城

编号	品名	规格	单位	数量	单价	金额	备注
	落地扇		台	2000			
合计							

仓库主管：刘静 记账：胡佳 保管： 经手人： 制单：

第二联 记账联

附10-23-1

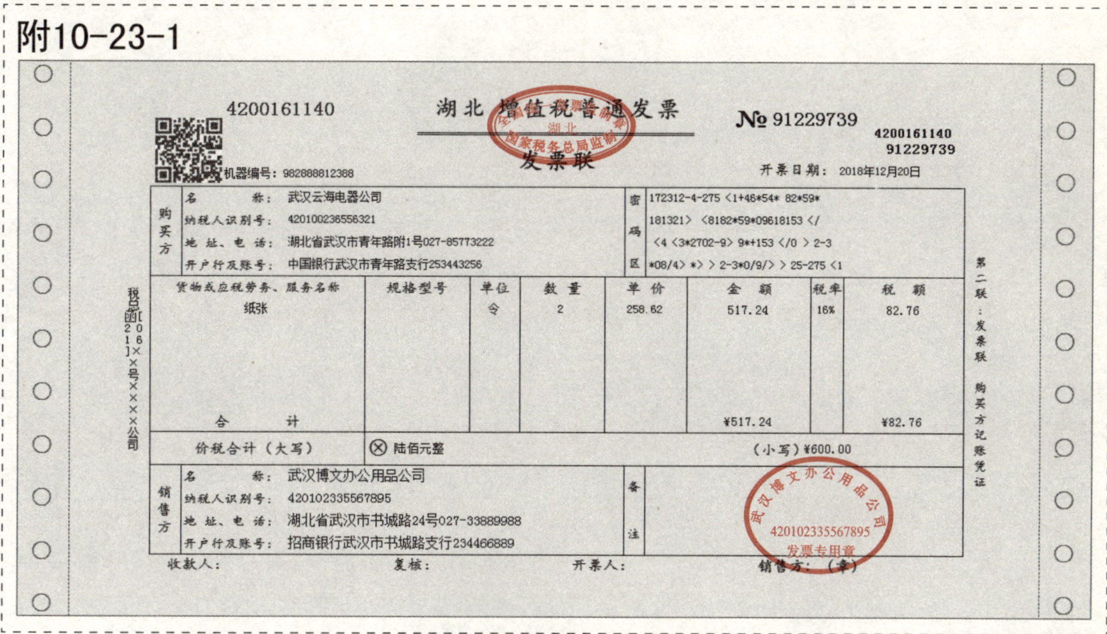

4200161140　　湖北增值税普通发票　　№ 91229739
4200161140
91229739

发票联

机器编号：982888812388　　开票日期：2018年12月20日

购买方	名　称：武汉云海电器公司 纳税人识别号：420100236556321 地址、电话：湖北省武汉市青年路附1号027-85773222 开户行及账号：中国银行武汉市青年路支行253443256	密码区	172312-4-275 <1+46*54* 82*59* 181321> <8182*59*09618153 </ <4 <3*2702-9> 9**153 </0 > 2-3 *08/4> *> > 2-3*0/9/> > 25-275 <1

货物或应税劳务、服务名称	规格型号	单位	数量	单价	金额	税率	税额
纸张		令	2	258.62	517.24	16%	82.76
合计					¥517.24		¥82.76
价税合计（大写）	⊗ 陆佰元整				（小写）¥600.00		

销售方	名　称：武汉博文办公用品公司 纳税人识别号：420102335567895 地址、电话：湖北省武汉市书城路24号027-33889988 开户行及账号：招商银行武汉市书城路支行234466889	备注	

收款人：　　复核：　　开票人：　　销售方：（章）

第二联：发票联　购买方记账凭证

附10-23-2

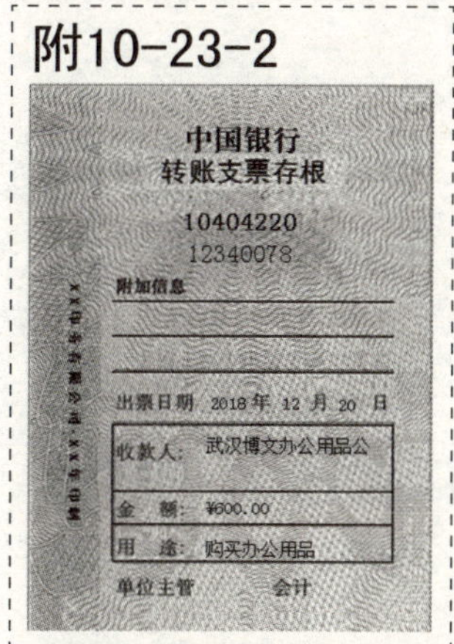

中国银行
转账支票存根
10404220
12340078
附加信息
出票日期 2018年 12月 20日
收款人：武汉博文办公用品公
金　额：¥600.00
用　途：购买办公用品
单位主管　　会计

附10-24-1

武汉 市行政事业单位往来结算收据

2018 年 12 月 20 日　　NO. 894579

今收到 武汉云海电器公司

交　来 绿化补偿费　　¥ 600.00

人民币(大写)　零 佰 零 拾 零 万 零 仟 陆 佰 零 拾 零 元 零 角 零 分

注：1、本收据仅作为收款单位向出款单位或个人出具的收到款项的凭证，不得作为报销凭证使用。
2、本收据不能用于收取行政事业性收费、政府性基金等非税收入项目。

收款单位(公章)：武汉市园林局　　审核人：刘珊　　收款人：林悦

第二联：付款方收据

附10-24-2

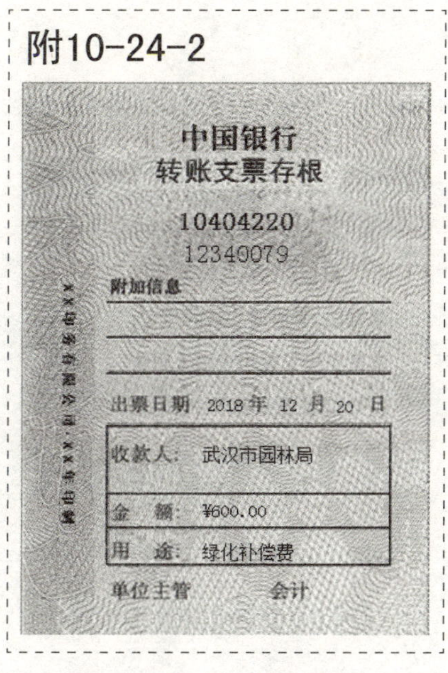

中国银行
转账支票存根

10404220
12340079

附加信息

出票日期　2018年12月20日

收款人：武汉市园林局

金　额：¥600.00

用　途：绿化补偿费

单位主管　　会计

××印务有限公司·××年印制

附10-25-1

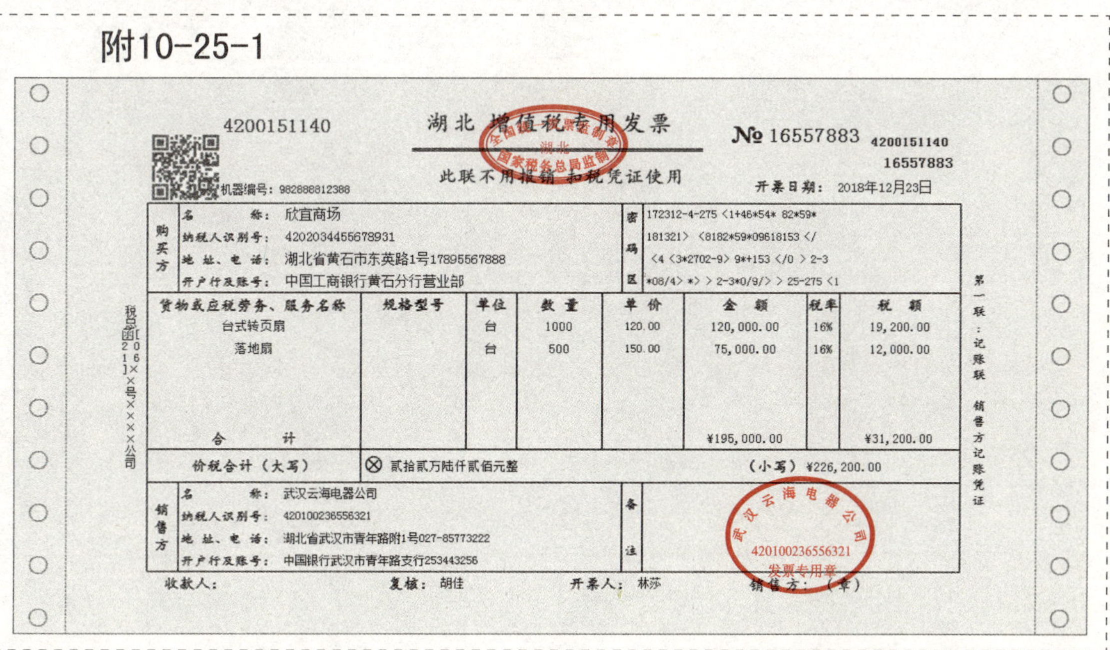

4200151140　　湖北增值税专用发票　　№ 16557883　4200151140 16557883

此联不作报销、扣税凭证使用

机器编号：982888812388　　开票日期：2018年12月23日

购买方	
名　　称：	欣宜商场
纳税人识别号：	4202034455678931
地 址、电 话：	湖北省黄石市东英路1号17895567888
开户行及账号：	中国工商银行黄石分行营业部

密码区：172312-4-275 <1+46*54* 82*59* 181321> <8182*59*09618153 </ <4 <3*2702-9> 9*+153 </0 > 2-3 *08/4> *> > 2-3*0/9/> > 25-275 <1

货物或应税劳务、服务名称	规格型号	单位	数量	单价	金额	税率	税额
台式转页扇		台	1000	120.00	120,000.00	16%	19,200.00
落地扇		台	500	150.00	75,000.00	16%	12,000.00
合　计					¥195,000.00		¥31,200.00
价税合计（大写）	⊗贰拾贰万陆仟贰佰元整				（小写）¥226,200.00		

销售方	
名　　称：	武汉云海电器公司
纳税人识别号：	420100236556321
地 址、电 话：	湖北省武汉市青年路附1号027-85773222
开户行及账号：	中国银行武汉市青年路支行253443256

备注：（印章：武汉云海电器公司 420100236556321 发票专用章）

收款人：　　复核：胡佳　　开票人：林莎　　销售方：（章）

税总函[2016]××号×××公司

第一联：记账联　销售方记账凭证

附10-25-2

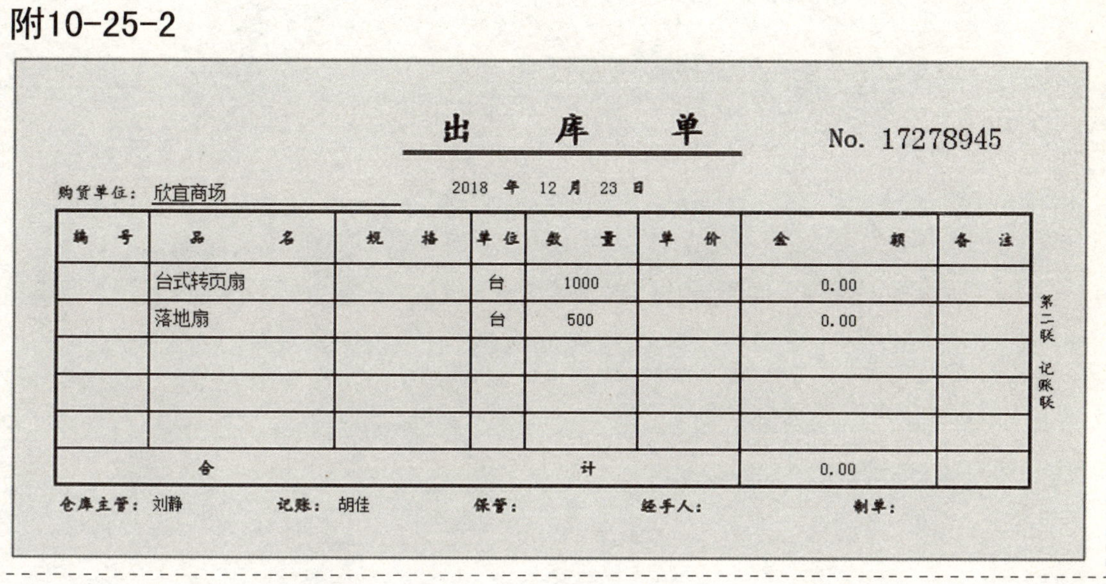

出　　库　　单　　No. 17278945

购货单位：欣宜商场　　2018 年 12 月 23 日

编　号	品　名	规　格	单位	数　量	单　价	金　额	备　注
	台式转页扇		台	1000		0.00	
	落地扇		台	500		0.00	
合				计		0.00	

第二联　记账联

仓库主管：刘静　　记账：胡佳　　保管：　　经手人：　　制单：

附10-26-1

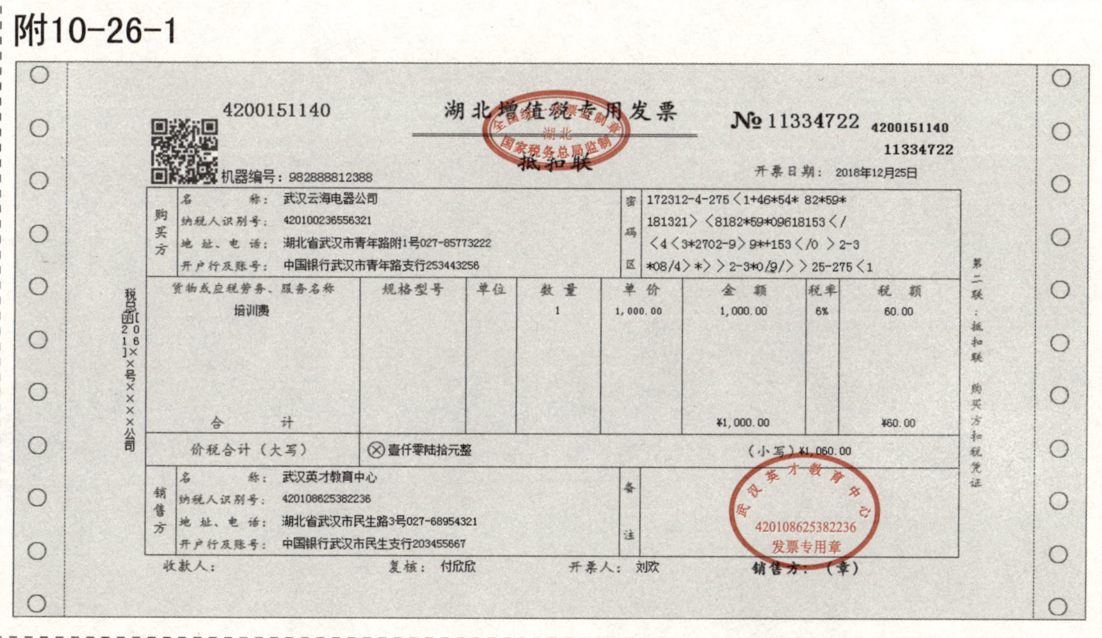

4200151140　　**湖北增值税专用发票**　　№ 11334722　4200151140　11334722

（印章：全国统一发票监制章　湖北　国家税务总局监制）

抵扣联

机器编号：982888812388　　开票日期：2018年12月25日

购买方		密码区	
名　　称：	武汉云海电器公司		172312-4-275 <1+46*54* 82*59*
纳税人识别号：	420100236556321		181321> <8182*59*09618153 </
地　址、电　话：	湖北省武汉市青年路附1号027-85773222		<4 <3*2702-9> 9*+153 </0 > 2-3
开户行及账号：	中国银行武汉市青年路支行253443256		*08/4> *> > 2-3*0/9/> > 25-275 <1

货物或应税劳务、服务名称	规格型号	单位	数　量	单　价	金　额	税率	税　额
培训费			1	1,000.00	1,000.00	6%	60.00
合　计					¥1,000.00		¥60.00
价税合计（大写）	⊗壹仟零陆拾元整				（小写）¥1,060.00		

销售方		备注
名　　称：	武汉英才教育中心	
纳税人识别号：	420108625382236	
地　址、电　话：	湖北省武汉市民生路3号027-68954321	
开户行及账号：	中国银行武汉市民生支行203455667	

（印章：武汉英才教育中心　420108625382236　发票专用章）

收款人：　　复核：付欣欣　　开票人：刘欢　　销售方：（章）

税总函[2016]××号××××公司

第二联：抵扣联　购买方扣税凭证

附10-26-2

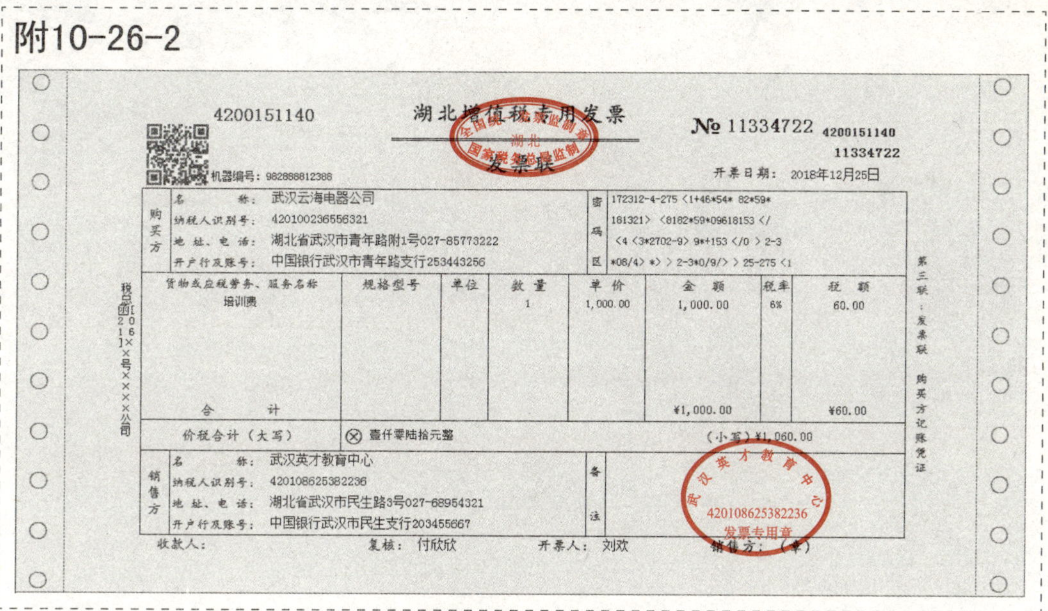

湖北增值税专用发票

4200151140　　　发票联　　　№ 11334722　4200151140　11334722

机器编号：982888812388　　　开票日期：2018年12月25日

购买方	名称：武汉云海电器公司 纳税人识别号：420100236556321 地址、电话：湖北省武汉市青年路附1号027-85773222 开户行及账号：中国银行武汉市青年路支行253443256	密码区	172312-4-275 <1+46*54* 82*59* 181321> <8182*59*09618153 </ <4 <3*2702-9> 9*+153 </0 > 2-3 *08/4> *> > 2-3*0/9/> > 25-275 <1

货物或应税劳务、服务名称	规格型号	单位	数量	单价	金额	税率	税额
培训费			1	1,000.00	1,000.00	6%	60.00
合计					¥1,000.00		¥60.00
价税合计（大写）	⊗壹仟零陆拾元整				（小写）¥1,060.00		

销售方	名称：武汉英才教育中心 纳税人识别号：420108625382236 地址、电话：湖北省武汉市民生路3号027-68954321 开户行及账号：中国银行武汉市民生支行203455667	备注	

收款人：　　复核：付欣欣　　开票人：刘欢　　销售方：（章）

第三联：发票联　购买方记账凭证

附10-26-3

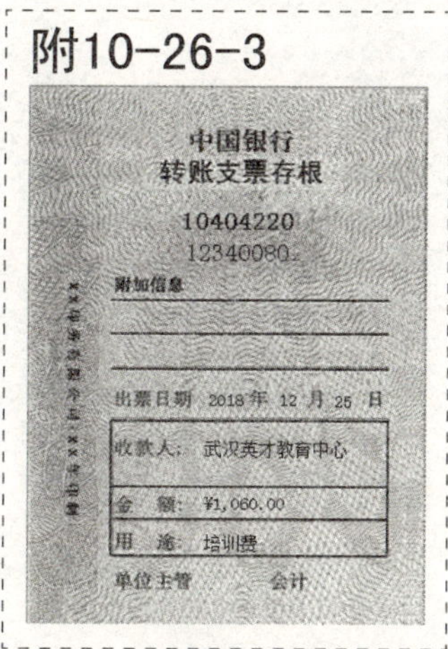

中国银行
转账支票存根

10404220
12340080

附加信息

出票日期　2018 年 12 月 25 日

收款人：武汉英才教育中心

金　额：¥1,060.00

用　途：培训费

单位主管　　　会计

附10-27-1

同城委托收款凭证（付款通知）

特约　　委托日期　2018 年 12 月 31 日　　委收号码：69409498　第　号

付款人	全称	武汉云海电器公司	收款人	全称	武汉水务集团公司
	账号	253443256		账号	638900556
	开户银行	中国银行武汉市青年路支行		开户银行	中国建设银行武汉市胜利支行

金额	人民币（大写）	壹仟捌佰柒拾元整	千	百	十	万	千	百	十	元	角	分
						¥	1	8	7	0	0	0

款项内容	12月份水费	委托收款凭据名称		附寄单证张数	1
备注：			收款人开户行盖章 中国建设银行武汉市胜利支行 2018.12.31 转讫 2018 年 12 月 31 日		

此联付款人开户银行给付款人按时付款的通知

附10-27-2

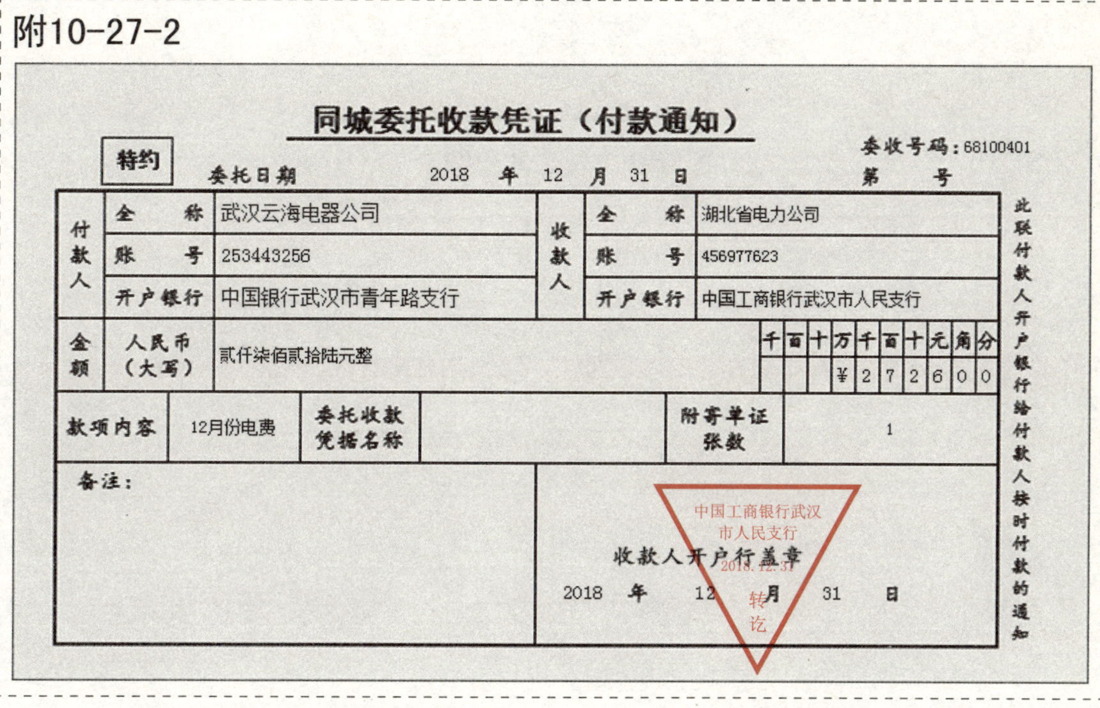

同城委托收款凭证（付款通知）

特约

委托日期　2018 年 12 月 31 日　　委收号码：68100401　第　号

付款人			收款人		
	全称	武汉云海电器公司		全称	湖北省电力公司
	账号	253443256		账号	456977623
	开户银行	中国银行武汉市青年路支行		开户银行	中国工商银行武汉市人民支行

金额	人民币（大写）	贰仟柒佰贰拾陆元整	千	百	十	万	千	百	十	元	角	分
							¥	2	7	2	6	0	0

款项内容	12月份电费	委托收款凭据名称		附寄单证张数	1

备注：

收款人开户行盖章
2018 年 12 月 31 日

中国工商银行武汉市人民支行
2018.12.31
转讫

此联付款人开户银行给付款人按时付款的通知

附10-27-3

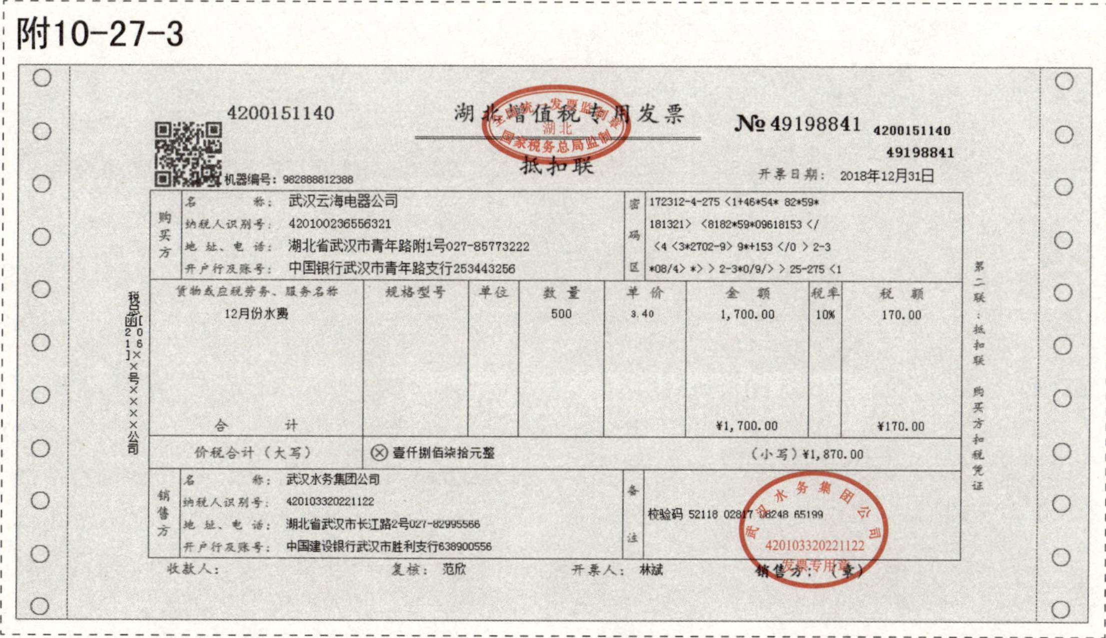

4200151140

湖北增值税专用发票

全国统一发票监制章 湖北 国家税务总局监制

抵扣联

№49198841　4200151140
49198841

机器编号：982888812388　　开票日期：2018年12月31日

购买方	
名　　称：	武汉云海电器公司
纳税人识别号：	420100236556321
地 址、电 话：	湖北省武汉市青年路附1号027-85773222
开户行及账号：	中国银行武汉市青年路支行253443256

密码区：
172312-4-275 <1+46*54* 82*59*
181321> <8182*59*09618153 </
<4 <3*2702-9> 9*+153 </0 > 2-3
*08/4> *> > 2-3*0/9/> > 25-275 <1

货物或应税劳务、服务名称	规格型号	单位	数量	单价	金额	税率	税额
12月份水费			500	3.40	1,700.00	10%	170.00
合　　计					¥1,700.00		¥170.00
价税合计（大写）	⊗壹仟捌佰柒拾元整				（小写）¥1,870.00		

销售方	
名　　称：	武汉水务集团公司
纳税人识别号：	420103320221122
地 址、电 话：	湖北省武汉市长江路2号027-82995566
开户行及账号：	中国建设银行武汉市胜利支行638900556

备注：校验码 52118 02817 08248 65199

武汉水务集团公司 420103320221122 发票专用章

收款人：　　复核：范欣　　开票人：林斌　　销售方：（章）

税总函[2016]××号××××公司

第二联：抵扣联　购买方扣税凭证

附10-27-4

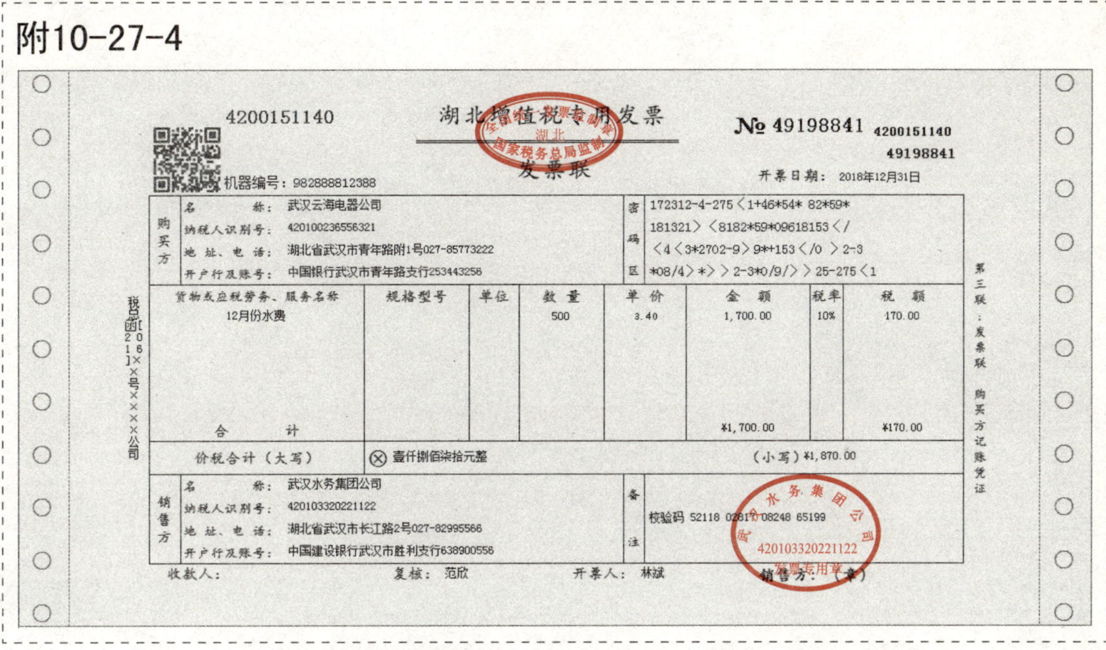

4200151140　湖北增值税专用发票　№ 49198841　4200151140　49198841

发票联

机器编号：982888812388　开票日期：2018年12月31日

购买方　名称：武汉云海电器公司
纳税人识别号：420100236556321
地址、电话：湖北省武汉市青年路附1号027-85773222
开户行及账号：中国银行武汉市青年路支行253443256

密码区：172312-4-275 <1+46*54* 82*59* 181321> <8182*59*09618153 </ <4 <3*2702-9> 9*+153 </0 > 2-3 *08/4> *> > 2-3*0/9/> > 25-275 <1

货物或应税劳务、服务名称	规格型号	单位	数量	单价	金额	税率	税额
12月份水费			500	3.40	1,700.00	10%	170.00
合计					¥1,700.00		¥170.00
价税合计（大写）	⊗壹仟捌佰柒拾元整				（小写）¥1,870.00		

销售方　名称：武汉水务集团公司
纳税人识别号：420103320221122
地址、电话：湖北省武汉市长江路2号027-82995566
开户行及账号：中国建设银行武汉市胜利支行638900558

备注：校验码 52118 02817 08248 65199

收款人：　复核：范欣　开票人：林斌　销售方：（章）

第三联：发票联　购买方记账凭证

税总函[2016]×号×××公司

附10-27-5

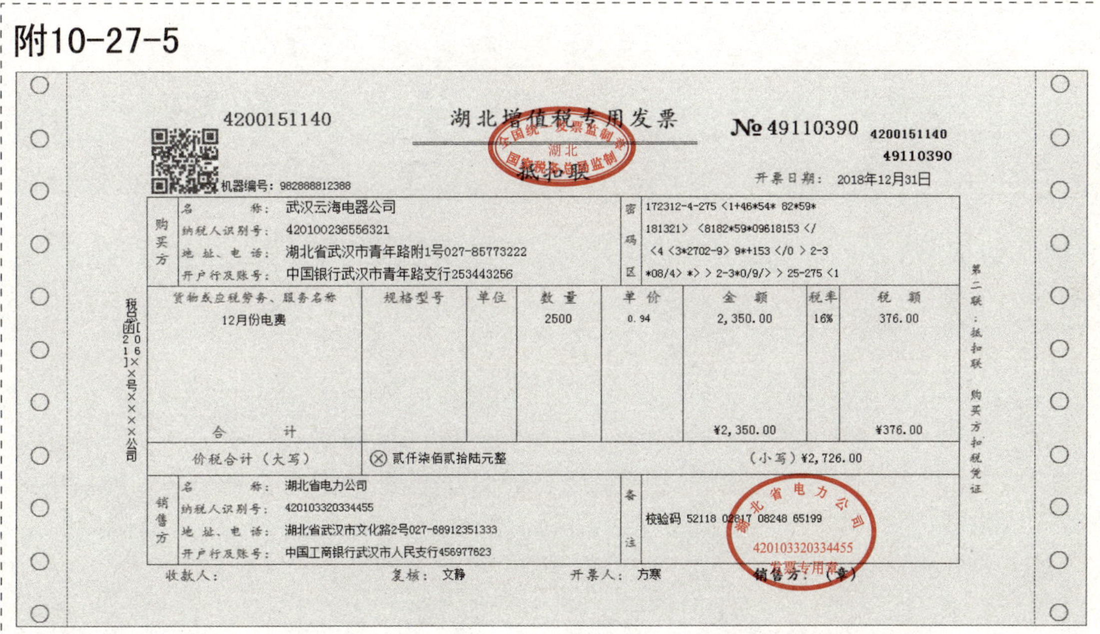

4200151140　湖北增值税专用发票　№ 49110390　4200151140　49110390

抵扣联

机器编号：982888812388　开票日期：2018年12月31日

购买方　名称：武汉云海电器公司
纳税人识别号：420100236556321
地址、电话：湖北省武汉市青年路附1号027-85773222
开户行及账号：中国银行武汉市青年路支行253443256

密码区：172312-4-275 <1+46*54* 82*59* 181321> <8182*59*09618153 </ <4 <3*2702-9> 9*+153 </0 > 2-3 *08/4> *> > 2-3*0/9/> > 25-275 <1

货物或应税劳务、服务名称	规格型号	单位	数量	单价	金额	税率	税额
12月份电费			2500	0.94	2,350.00	16%	376.00
合计					¥2,350.00		¥376.00
价税合计（大写）	⊗贰仟柒佰贰拾陆元整				（小写）¥2,726.00		

销售方　名称：湖北省电力公司
纳税人识别号：420103320334455
地址、电话：湖北省武汉市文化路2号027-68912351333
开户行及账号：中国工商银行武汉市人民支行456977623

备注：校验码 52118 02817 08248 65199

收款人：　复核：文静　开票人：方寒　销售方：（章）

第二联：抵扣联　购买方扣税凭证

税总函[2016]×号×××公司

附10-27-6

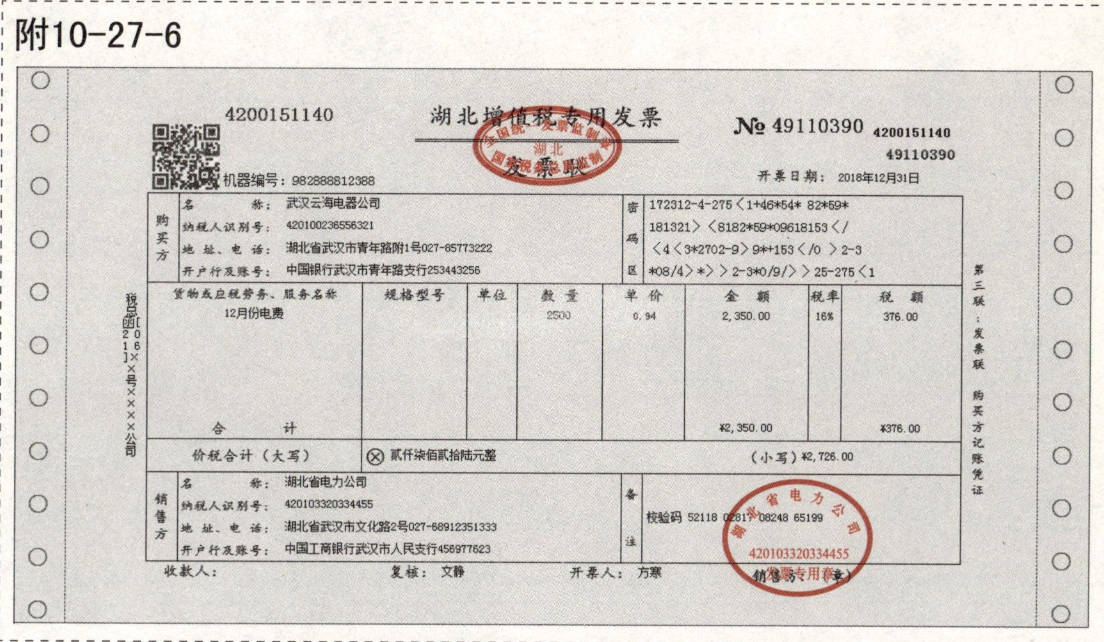

税总函[2016]××号×××公司

4200151140　　湖北增值税专用发票　　№ 49110390　4200151140　49110390

发票联

机器编号：982888812388　　开票日期：2018年12月31日

购买方	名　　称：武汉云海电器公司 纳税人识别号：420100236556321 地 址、电 话：湖北省武汉市青年路附1号027-85773222 开户行及账号：中国银行武汉市青年路支行253443256	密码区	172312-4-275<1+46*54* 82*59* 181321><8182*59*09618153</ <4<3*2702-9>9*+153</0 >2-3 *08/4>*>>2-3*0/9/>>25-275<1

货物或应税劳务、服务名称	规格型号	单位	数量	单价	金额	税率	税额
12月份电费			2500	0.94	2,350.00	16%	376.00
合　　计					¥2,350.00		¥376.00
价税合计（大写）	⊗贰仟柒佰贰拾陆元整				（小写）¥2,726.00		

销售方	名　　称：湖北省电力公司 纳税人识别号：420103320334455 地 址、电 话：湖北省武汉市文化路2号027-68912351333 开户行及账号：中国工商银行武汉市人民支行456977623	备注	校验码 52118 02817 08248 65199

收款人：　　复核：文静　　开票人：方寒　　销售方：（章）

第三联：发票联　购买方记账凭证

附10-27-7

水电费 分配表

2018 年　12 月　31 日　　单位：元

使用部门	分配金额
厂部管理部门	356.00
生产车间	3,694.00
合　　计	4,050.00

附10-28-1

短期借款利息　分配表

2018 年　12 月　31 日　　单位：元

使用部门	分配金额
计提12月份短期借款利息	250.00
合　　计	250.00

附10-28-2

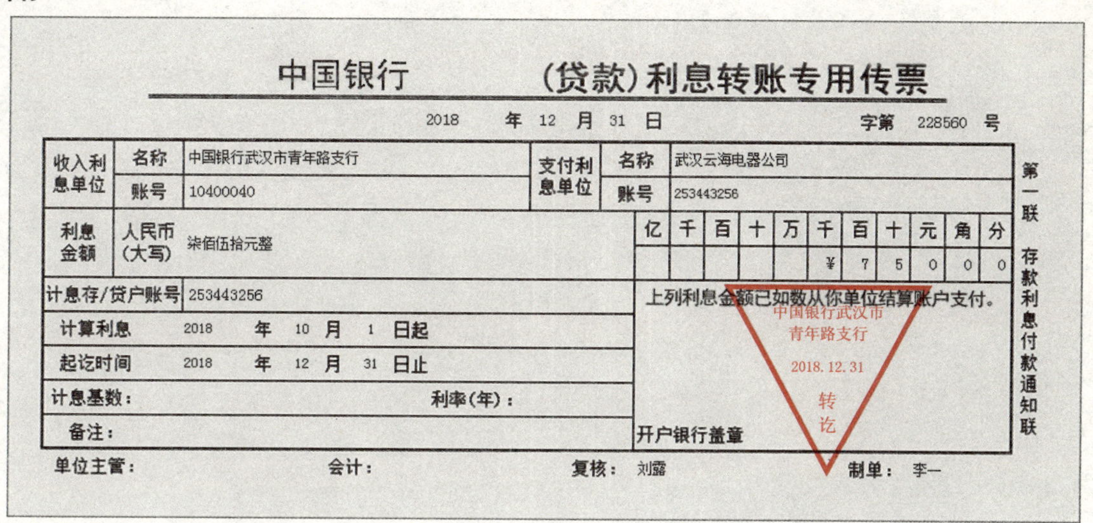

中国银行（贷款）利息转账专用传票

2018 年 12 月 31 日　　字第 228560 号

收入利息单位	名称	中国银行武汉市青年路支行	支付利息单位	名称	武汉云海电器公司
	账号	10400040		账号	253443256
利息金额	人民币（大写）	柒佰伍拾元整		亿 千 百 十 万 千 百 十 元 角 分	¥ 7 5 0 0 0
计息存/贷户账号	253443256		上列利息金额已如数从你单位结算账户支付。		
计算利息	2018 年 10 月 1 日起				
起讫时间	2018 年 12 月 31 日止				
计息基数：		利率（年）：			
备注：			开户银行盖章		

单位主管：　会计：　复核：刘露　制单：李一

第一联　存款利息付款通知联

附10-29-1

固定资产折旧汇总表

年　月　日　　单位：元

使用部门	类别	原值	月折旧率或单位折旧	折旧额
生产车间	厂房			
生产车间	机器设备			
厂部管理部门	厂房			
厂部管理部门	运输工具			
合计				

审核：　制单：

附10-30-1

武汉云海电器公司发料凭证汇总表

2018年12月31日

<table>
<tr><th rowspan="4">材料名称</th><th colspan="6">领用部门</th><th rowspan="4">合计</th></tr>
<tr><th colspan="4">生产产品</th><th colspan="2" rowspan="2">车间</th></tr>
<tr><th colspan="2">台式转页扇</th><th colspan="2">落地扇</th></tr>
<tr><th>数量</th><th>金额</th><th>数量</th><th>金额</th><th>数量</th><th>金额</th></tr>
<tr><td>Ⅰ型风扇电机</td><td>3,000</td><td>120,000</td><td></td><td></td><td></td><td></td><td>120,000</td></tr>
<tr><td>Ⅰ型风扇底座</td><td>3,000</td><td>15,000</td><td></td><td></td><td></td><td></td><td>15,000</td></tr>
<tr><td>Ⅱ型风扇电机</td><td></td><td></td><td>2,000</td><td>100,000</td><td></td><td></td><td>100,000</td></tr>
<tr><td>Ⅱ型风扇底座</td><td></td><td></td><td>2,000</td><td>20,000</td><td></td><td></td><td>20,000</td></tr>
<tr><td>塑胶扇叶</td><td>3,000</td><td>30,000</td><td>2,000</td><td>20,000</td><td></td><td></td><td>50,000</td></tr>
<tr><td>电机接线板</td><td>3,000</td><td>6,000</td><td>2,000</td><td>4,000</td><td>10</td><td>20</td><td>10,020</td></tr>
<tr><td>合计</td><td></td><td>171,000</td><td></td><td>144,000</td><td></td><td>20</td><td>315,020</td></tr>
</table>

财务主管：　　　　记账：　　　　复核：李冰　　　　制单：李飞

附10-31-1

武汉云海电器公司工资分配表

2018年12月

<table>
<tr><th rowspan="2">编号</th><th colspan="3" rowspan="2">部门</th><th rowspan="2">基本工资</th><th rowspan="2">津贴</th><th rowspan="2">奖金</th><th colspan="2">缺勤应扣</th><th rowspan="2">应付工资</th></tr>
<tr><th>事假</th><th>迟到早退</th></tr>
<tr><td>1</td><td colspan="3">厂部管理部门</td><td>10,000</td><td>4,000</td><td>3,000</td><td></td><td></td><td>17,000</td></tr>
<tr><td>2</td><td colspan="3">销售部门</td><td>8,000</td><td>3,000</td><td>2,300</td><td></td><td>300</td><td>13,000</td></tr>
<tr><td>3</td><td rowspan="3">生产车间</td><td colspan="2">管理人员</td><td>6,000</td><td>2,000</td><td>1,000</td><td></td><td></td><td>9,000</td></tr>
<tr><td>4</td><td rowspan="2">生产工人</td><td>台式转页扇</td><td>20,500</td><td>5,000</td><td>4,500</td><td></td><td></td><td>30,000</td></tr>
<tr><td>5</td><td>落地扇</td><td>28,000</td><td>7,000</td><td>5,000</td><td></td><td></td><td>40,000</td></tr>
<tr><td colspan="4">合计</td><td>72,500</td><td>21,000</td><td>15,800</td><td>0</td><td>300</td><td>109,000</td></tr>
</table>

制表：胡佳　　　　会计：李飞　　　　复核：李冰

附10-32-1

武汉云海电器公司工会经费计提表

年　月　日

工资总额	计提比例	工会经费计提金额	备注
			列作"管理费用"
合计			

编制：　　　　审核：

附10-33-1

武汉云海电器公司职工养老保险、医疗保险、失业保险计提表

年　月　日

编号	部门			应付工资	养老保险		医疗保险		失业保险		合计
					比例	计提金额	比例	计提金额	比例	计提金额	
1	厂部管理部门										
2	销售部门										
3	生产车间	管理人员									
4		生产工人	台式转页扇								
5			落地扇								
合计											

制表：　　　　会计：　　　　复核：

附10-34-1

武汉云海电器公司职工住房公积金计提表

年　月　日

编号	部门			应付工资	比例	计提金额
1	厂部管理部门					
2	销售部门					
3	生产车间	管理人员				
4		生产工人	台式转页扇			
5			落地扇			
合　计						

制表：　　　　会计：　　　　复核：

附10-35-1

武汉云海电器公司职工教育经费、福利费结转表

年　月　日

项目	金额	应借科目
合计		

编制：　　　　　　　　　　审核：

附10-36-1

武汉云海电器公司制造费用分配表

年　月　日　　制造费用总计：

分配对象	生产工人工资	分配率	金额
台式转页扇			
落地扇			
合计			

制表：　　　　会计：　　　　复核：　　　　主管：

附10-37-1

产品生产成本计算表

产品名称：台式转页扇　　　　年　月　日　　　　完工数量：3000件

项　目	直接材料	直接人工	制造费用	合计
月初在产品				
本月生产费用				
累计生产费用				
月末在产品				
完工生产成本				
单位成本				

制表：　　　　记账：　　　　复核：　　　　主管：

附10-37-2

产品生产成本计算表

产品名称：落地扇　　　　年　月　日　　　　完工数量：2000件

项　目	直接材料	直接人工	制造费用	合计
月初在产品				
本月生产费用				
累计生产费用				
月末在产品				
完工生产成本				
单位成本				

制表：　　　记账：　　　复核：　　　主管：

附10-37-3

产品入库单

年　月

产品名称	数量	单位成本	金额
台式转页扇			
落地扇			

制表：　　　记账：　　　复核：　　　主管：

附10-38-1

发出商品成本计算表

年　月　日

商品名称	本月期初		本月完工		加权平均	本月发出		月末结存	
	数量	金额	数量	金额	单　价	数量	金额	数量	金额
台式转页扇									
落地扇									
合计									

审核：　　　　制表：

附10-39-1

应交增值税计算表

年　月　日　　　　单位：元

项目	进项税额	销项税额	进项税额转出	本月应交增值税
金额				

审核：　　　　制单：

附10-40-1

税金及附加计算表

年　月　日　　　　单位：元

项目	计提基数			计提比例	计提金额
	增值税	消费税	合计		
城市维护建设税					
教育费附加					
地方教育费附加					

审核：　　　　制表：

附10-41-1

所得税计算表

年 月 日

项目	金额	备注
全年会计利润		
加：纳税调整增加额		
其中：业务招待费支出		
公益性捐赠支出		
职工福利费支出		
工会经费支出		
其他调增项目		
减：纳税调整减少额		
其中：加计扣除		
免税收入		
当期应纳税所得额		
所得税税率		
当期应纳所得税额		
递延所得税费用		
全年所得税费用		
1～11月已结转（预缴）所得税		
期末应结转所得税费用		

审核： 制表：

附10-44-1

利润分配计算表

年 月 日

分配项目	分配基数（全年净利润）	分配比例	分配金额
法定盈余公积金			
分配现金股利			
合计			

单位主管： 财务主管： 制表： 复核：